FAVOR
INMERECIDO

JOSEPH PRINCE

CASA
CREACIÓN

La mayoría de los productos de Casa Creación están disponibles a un precio con descuento en cantidades de mayoreo para promociones de ventas, ofertas especiales, levantar fondos y atender necesidades educativas. Para más información, escriba a Casa Creación, 600 Rinehart Road, Lake Mary, Florida, 32746; o llame al teléfono (407) 333-7117 en Estados Unidos.

Favor inmerecido por Joseph Prince
Publicado por Casa Creación
Una compañía de Charisma Media
600 Rinehart Road
Lake Mary, Florida 32746
www.casacreacion.com

A menos que se indique lo contrario, todos los textos bíblicos han sido tomados de la Santa Biblia, Nueva Versión Internacional (NVI), © 1999 por la Sociedad Bíblica Internacional. Usada con permiso.

Published in English under the title: *Unmerited Favor* by Charisma House, A Charisma Media Company, Lake Mary FL 32746 USA
Copyright © 2010 Joseph Prince
All rights reserved

Director de arte: Bill Johnson
Traducción: Grupo Nivel Uno, Inc.

ISBN 978-1-59979-599-7
Library of Congress Control Number: 2009944035

12 13 14 15 16 17 — 7 6 5 4 3
Impreso en los Estados Unidos de América

Dedicatoria

Dedico este libro con todo mi amor a:

Wendy
Después de todos estos años sigo esperando cada día el momento de llegar a casa. Si tuviera que volver a elegir, te elegiría a ti, siempre a ti.

Jessica
Eres tú la razón por la que papá se siente increíblemente bendecido.

Darren
Tu sabiduría le ha dado alas a este ministerio.

Iglesia Nueva Creación
Ustedes me ayudan a ver por qué Jesús ama a la Iglesia y la llama su esposa. Gracias por todo su apoyo y su amor.

Índice

Introducción

Todo en este libro tiene que ver con Jesús. Tiene que ver con su apasionado amor por ti y su deseo de que tengas éxito en tu vida. Pero antes de continuar, quisiera preguntarte algo: *¿Crees que a Jesús le interesa tu éxito?*

Tómate un momento para reflexionar.

Amigo, amiga, me alegra mucho que tengamos hoy la oportunidad de hablar sobre eso puesto que quiero que sepas que Jesús se deleita en bendecirte. Es su buena voluntad y placer ver que tengas bendición en todas las áreas de tu vida.[1] Ahora, no le pongas límite a las bendiciones de Jesús. Ellas no son —como creerán algunos, erróneamente— evidentes solo en las cosas materiales. A Jesús le interesa infinitamente tu bienestar *total*. Le interesa tu familia, tu carrera o profesión, tu plenitud, tu matrimonio, tu ministerio… y ¡la lista sigue!

Cuando se trata de tus deseos, esperanzas y sueños no hay detalle que sea demasiado minúsculo, diminuto o insignificante para Jesús. Créeme, si te importa a ti, ¡a Él también le importa! Y aunque acudieras a Él en oración para que te quitara ese granito que tienes en la nariz, no te miraría con ojos burlones ni te diría: "Oye… ¿te das cuenta de que tengo que ocuparme de un universo entero? Ven cuando tengas algo importante por qué orar". No, ¡no haría eso! ¡Mil veces te digo que no! Jesús jamás se burlará ni minimizará tus preocupaciones por considerarlas minucias. Jamás es condescendiente. No es como algunos de esos que se llaman "amigos" que se divierten burlándose de tus defectos. Porque ten por seguro que si algo te molesta, también a Él le incomoda.

Jesús es alguien con quien puedes ser tal cual eres. Puedes estar con Él y ser lo que eres sin fingir, sin actuar. Jesús siempre te ve con amor y puedes hablarle de lo que sea. Le gusta conversar contigo sobre tus sueños, aspiraciones y esperanzas. Quiere sanar las heridas de tu pasado que tal vez sigan molestándote. Le interesan tus problemas y desafíos de hoy. Quiere llorar contigo cuando estás triste y alegrarse en todas tus victorias.

Jesús es el amor y la ternura personificados. Cuídate de no confundir su ternura con esas afeminadas imágenes tan débiles que ves en algunos retratos religiosos. Jesús es ternura y fuerza, todo en uno. Es humildad y majestad, humanidad y deidad, terciopelo y acero a la vez. Verás, a veces cuando intentamos ser fuertes y firmes, arrollamos los sentimientos de los demás y acabamos hiriéndoles con nuestras palabras. Y si intentamos ser tiernos, exageramos la dosis de amabilidad y terminamos siendo felpudos, con lo cual hay quienes se aprovechan de nosotros.

Apartemos la mirada de nosotros mismos y miremos

a Jesús. Él supo enfrentar con toda severidad a los fariseos mentirosos y acusadores, haciéndoles retroceder con unas palabras: "Aquel de ustedes que esté libre de pecado, que tire la primera piedra".[2] Y al instante este mismo Jesús pudo mirar a los ojos a una mujer humillada a quien habían atrapado cometiendo adulterio y con compasión profunda y evidente en su voz, le preguntó: "Mujer, ¿dónde están? ¿Ya nadie te condena? ... Tampoco yo te condeno. Ahora vete, y no vuelvas a pecar".[3]

¡Ese es nuestro Dios!

Él es el que tiene todas las cualidades heroicas que tanto anhela la humanidad. Pero en lugar de buscar a Jesús, hay muchos en este mundo que se conforman con las baratas imitaciones hollywoodenses del heroísmo, basadas en artificiales ideales de "la hombría".

En un momento, un Jesús cansado estaría profundamente dormido en una barca de pescadores que se sacudía en medio de una tormenta, sin preocuparse por las olas del mar de Galilea que golpeaban la embarcación. Y enseguida, le vemos con la mirada fija en las turbulentas aguas, con sus bien formados brazos de carpintero elevados al cielo. Y con su única declaración de absoluta autoridad sobre el cielo y la tierra, las olas se calmaron al instante y el mar se volvió un plácido espejo de quietud.[4]

Jesús es cien por cien hombre y, al mismo tiempo, cien por cien Dios. Como hombre, puede entenderte y se identifica con todo lo que has pasado, con lo que pasas y con lo que pasarás en esta vida. Sabe, por ejemplo, lo que significa estar fatigado después de un largo día. Pero como Dios amoroso, todo su poder, autoridad y recursos están de tu lado.

¿Sabes que eres importante para Jesús? Con toda certeza en tu corazón has de saber que Jesús te conoce perfectamente y, aun así, te acepta y te ama perfectamente. Cuando empieces a entender eso, verás que es de veras un favor inmerecido, ese favor de Jesús que sabes que no mereces, que no te has ganado por mérito ni podrás ganar, que perfeccionará toda imperfección y debilidad en tu vida. Si hoy estás enfrentando desafíos o problemas, como carencias en algún aspecto, adicciones, miedos, enfermedades o relaciones rotas, el inmerecido favor de Jesús te protegerá, te liberará, te prosperará, te traerá restauración y proveerá para ti. Su inmerecido favor te transformará y te dará plenitud, y es la bondad de Dios —y no tus esfuerzos ni tu propia fortaleza— lo que te llevará a vivir triunfante para su gloria.

Hace unos años les dije a los miembros de mi iglesia que en esencia hay dos formas de encarar la vida. La primera es con total dependencia de tus propias fuerzas y esfuerzos, y la otra es con total dependencia del inmerecido favor y las bendiciones de Dios. En cuanto a mí y mi casa, la elección es absolutamente clara. Me apoyo por completo en su inmerecido favor en todas las áreas de mi vida: mi matrimonio, mi familia, mi iglesia y cualquier otra cosa en la que tenga participación.

Ahora, también *tú* tienes que elegir si vives basándote totalmente en tus propios esfuerzos, o en el inmerecido favor de Jesús. Solo hay dos caminos: o dependes del "merecido favor" de tus esfuerzos, o vives con la bendición por gracia

—el inmerecido favor—, a través de la cruz y la obediencia de Jesucristo. El primer camino es el del mundo. Y el segundo, el camino de Dios.

El camino del mundo hacia el éxito se basa en la meritocracia. Todas las religiones también se basan en este mismo principio del mérito. Pero el camino de Dios al éxito en el nuevo pacto está en total contradicción con eso y se basa en su inmerecido favor para tu vida. No puedes ganártelo. No puedes merecerlo. Y, por cierto, tampoco podrás hacer nada por lo cual merecerlo. Es que llega a ti por la gracia de Dios y por el poder de lo que se cumplió en el Calvario. Va contra la corriente de todo sistema del mundo que hayas conocido o tomado como base. Los caminos de Dios son más elevados y siempre llevan a un éxito bueno y perdurable.

Amigo, amiga, no hay caminos alternos. No puedes mezclar tus propios esfuerzos con la gracia de Dios. Elige su inmerecido favor y toda la gloria le pertenecerá a Jesús. Todo éxito, oportunidad, bendición o avance en tu salud, tu familia y trabajo —el éxito en cualquiera de los aspectos de tu vida— será por su inmerecido favor. ¡Nunca será por lo que hagas tú!

"Bueno, pastor Prince, pero ¿no será que el ser humano tiene que hacer su parte y Dios la suya? ¿No tiene que esforzarse uno y dejar que Dios haga el resto?"

¡Cuánto me alegra que me lo hayas preguntado!

Verás, cuando la gente afirma que uno tiene que hacer su parte, resulta que termina con una lista de requisitos que tiene que cumplir uno para calificar de modo que Dios le bendiga.

Dicen cosas como: "Para que Dios responda a tus oraciones tienes que hacer esto y lo otro, y no hacer eso ni aquello". Y todo el tiempo, esa lista de cosas permitidas y prohibidas para que Dios te bendiga, se hace más larga.

Detengámonos aquí por un momento. ¿No te parece terriblemente conocida esta lista de requisitos que tienes que cumplir para que Dios te bendiga? Creo que muchos de los que insisten en todos esos requisitos lo hacen con buena intención, con sinceridad. Pero lo que en realidad están haciendo es apuntar al viejo pacto de la ley, ¡lo sepan o no!

Es que así funciona la ley de Moisés. Bajo el viejo pacto las bendiciones de Dios dependían de si el hombre cumplía una lista de requisitos. Pero ya no estamos bajo ese viejo pacto de la ley.

Eso no es cristianismo. El *nuevo pacto* que hoy nos rige se basa completamente en la remoción de nuestros pecados ¡porque la sangre de Jesús los lavó! "La sangre de machos cabríos y de toros, y las cenizas de una novilla rociadas sobre personas impuras, las santifican de modo que quedan limpias por fuera. Si esto es así, *¡cuánto más la sangre de Cristo*, que por medio del Espíritu eterno se ofreció sin mancha a Dios, purificará nuestra conciencia de las obras *que conducen a la muerte*, a fin de que sirvamos al Dios viviente!"[5]

Depender de tus propios esfuerzos para merecer el favor de Dios es considerado una "obra que conduce a la muerte". Dios desea que dependamos enteramente del inmerecido favor de Jesús.

Para que quede claro, te explico que no es Joseph Prince

quien dice que el viejo pacto ya no se aplica. Dios mismo dijo: "Efectivamente, si ese primer pacto [el pacto de la ley] hubiera sido perfecto, no habría lugar para un segundo pacto [el pacto de la gracia]".[6] La vida cristiana no es una religión que se basa en lo que hagas o no hagas. En realidad, la vida cristiana no es una religión, en absoluto. Tiene que ver con una relación que se basa completamente en recibir ¡LO QUE DIOS MISMO HIZO EN LA CRUZ! Cuando recibes completamente lo que Jesús *hizo* por ti, tu "hacer" fluirá sin esfuerzo alguno.

Escucha lo que dice el gran apóstol de la gracia, Pablo, al respecto: "Pero por la gracia de Dios soy lo que soy, y la gracia que él me concedió no fue infructuosa. Al contrario, he trabajado con más tesón que todos ellos, aunque no yo sino la gracia de Dios que está conmigo".[7] Así que, en respuesta a tu pregunta quiero decir que no tienes que preocuparte por "la parte que te toca". Concéntrate, como Pablo, enteramente en la parte de Jesús, en su gracia y su inmerecido favor con tu vida. Y terminarás lleno de energía, la que el Señor te dará para que ores más, leas más la Biblia y sirvas más a Dios y a tu comunidad; sencillamente porque el inmerecido favor de Dios en tu vida no es en vano. También verás que incluso el resultado de todo lo que hagas no te pertenece, sino que proviene de su gracia que rebosa en ti y llega a los demás.

Hay personas que creen que la gracia pone en riesgo la santidad de Dios. ¡No es así! Los parámetros que establece la gracia son mucho más elevados que los de la ley de Moisés. Cuando se está bajo la gracia, uno cumple sin esfuerzo alguno, e incluso excede, las expectativas de la ley de Moisés. Yo espero que lo entiendas. Porque si puedes entender lo que digo aquí en la introducción, ¡ya has recibido bendición!

Ahora quiero cerrar esta sección. Y no sé tú, pero yo siento la presencia de Cristo mientras te escribo esto. Acabo de entregar lo que Él puso en mi corazón. Quiero darte una premisa respecto a esta obra, ya que tal vez te preguntarás por qué un libro que se supone que trate del inmerecido favor resulta ser uno ¡que tiene que ver en todo con Jesús!

Si tienes la Biblia, lee conmigo 2 Pedro 1:2. Es importante que veas esto con tus propios ojos, en la Palabra de Dios:

> **Que abunden en ustedes la gracia y la paz** por medio del *conocimiento* que tienen *de Dios y de Jesús nuestro Señor.*
>
> —*ÉNFASIS DEL AUTOR*

De veras es así de simple. El inmerecido favor de Dios fluirá como río correntoso regando todas las áreas resecas de tu vida, sean en tu cuerpo, en tu matrimonio, en tu trabajo o finanzas, *¡cuando veas a Jesús!* Cuanto más aumentes en el conocimiento de nuestro amoroso Salvador Jesucristo y su obra completada en la cruz, tanto más se multiplicará en tu vida el inmerecido favor de Dios. ¡Y es su inmerecido favor lo que hará que disfrutes de éxito más allá de tu inteligencia natural, tus calificaciones y capacidades!

Hay muchos escritos de gran calidad, de la pluma de grandes hombres de Dios que enseñan sobre el favor, pero lo que yo quiero que veas en este libro es que el inmerecido favor de Dios no es un tema. No es una lección ni una enseñanza. ¡EL INMERECIDO FAVOR DE DIOS ES EL EVANGELIO! El inmerecido favor de Dios no es un tema. Es una Persona y SU NOMBRE ES JESÚS. Cuando tienes a Jesús, ¡tienes favor inmerecido! Jesús y el inmerecido favor no existen por separado. Porque el inmerecido favor se hizo carne en todo su ser y en su obra cumplida en el Calvario.

Es bueno que en la iglesia moderna se haya hecho de la palabra "gracia" un tema teológico, o que se la haya clasificado como doctrina. Porque en el lenguaje moderno y cotidiano, se ha devaluado y degradado la palabra "gracia". Por ejemplo, en un lugar de estacionamiento podrán darte cinco minutos de "gracia" si te pasas de la hora en que debes retirar tu automóvil. ¡Eso sí que es tratar la palabra "gracia" como si valiera poca cosa!

Para que el lector moderno pueda entender la plenitud de la gracia utilizaré "inmerecido favor" y "gracia" indistintamente en este libro, puesto que la gracia es el inmerecido favor de Dios que no nos ganamos ni por mérito ni por esfuerzo. Para que puedas ver la gracia con nuevos ojos, cada vez que cite algún pasaje de las Escrituras en este libro y aparezca la palabra "gracia" añadiré entre paréntesis "inmerecido favor". Quiero que puedas empezar a entender y ver la gracia (inmerecido favor) en toda su plenitud.

Este libro trata sobre tu ventaja sobrenatural para una vida exitosa. De modo que cuando llegues al final, confío en que de veras puedas comenzar a creer que a Jesús le interesa personalmente tu éxito. Que te cuentas entre sus preciosos hijos y que Él quiere verte alcanzar el éxito en tu vida. Cuando lo creas, también tú comenzarás a depender de su inmerecido favor para triunfar en cada una de las áreas de tu ser.

Oro porque cuando te sumerjas en las páginas de esta obra puedas ver más y más de Jesús, y comiences a experimentar su inmerecido favor como nunca antes. Prepárate para experimentar el éxito sobrenatural de Dios por medio de su inmerecido favor. ¡Eso puede ser hoy mismo!

Capítulo 1
Definición de éxito

El sol abrasador de Egipto calienta el bullicioso mercado. El inconfundible aroma de las especias flota sobre los cientos de puestos donde los mercaderes anuncian y ofrecen sus mercaderías y tesoros, traídos desde tierras lejanas. Una mirada por encima de la multitud muestra un colorido cuadro: bailarinas, músicos, ladrones, amas de casa muy ocupadas, rufianes y adinerados propietarios de tierras, todos juntos en este lugar, comprando, regateando, mirando una y otra vez la innumerable cantidad de objetos, que tocan, dejan o levantan. Todo lo que hay aquí, desde las elaboradas creaciones en metales preciosos hasta los animales en venta, tiene su precio. En efecto, uno puede llevarse un esclavo por veinte piezas de plata. No hay reglas en cuanto al comercio justo. Todo irá al mejor postor y quien ofrezca menos, tal vez se vaya con las manos vacías.

En medio de esa multitud, inmerso en el alboroto de la plaza principal, hay un joven junto a la fuente. Tiene unos diecisiete años. Está maniatado y la gruesa soga también le rodea el cuello. Se nota por las feas marcas como de quemaduras, que los mercaderes no han sido compasivos al traerle hasta aquí, apurados para llegar *a tiempo y encontrar comprador para tan preciada mercancía. Han oído un rumor: Potifar, una de las autoridades más importantes de la corte del faraón, piensa venir a comprar algo esta mañana.*

El joven está mareado, agotado después de haber caminado durante tantos días. Se le doblan las piernas, tiene los brazos cansados por el constante tironeo, y el viento reseco del desierto le ha pegado la lengua al paladar. Está en una tierra extraña donde la gente habla una lengua incomprensible. No tiene nada, ni siquiera un taparrabos y está atado, en exhibición, completamente desnudo. En un rato más lo examinarán como si fuera un animal y será vendido contra su voluntad, como esclavo para ser propiedad de alguien de por vida.

Sin embargo, Dios mismo dice que este joven, de nombre José ¡es un hombre exitoso!

Ahora, piensa en todo esto por un momento e imagínate en esa escena del mercado egipcio. Si te contaras entre los muchos curiosos de la plaza, ¿pensarías que ese joven que está a la venta como esclavo es "un hombre exitoso"?

¡Claro que no! Sin embargo, Dios con sus propias palabras afirma que José lo fue.

> Cuando José fue llevado a Egipto, un egipcio llamado Potifar lo compró a los ismaelitas que lo habían llevado allá. Potifar era funcionario del faraón y capitán de su guardia. *Pero el Señor estaba con José, y le fue muy bien* mientras vivía en la casa de su amo egipcio.
> —GÉNESIS 39:1-2, DHH (ÉNFASIS DEL AUTOR)

El éxito llega como resultado de a quién tienes

Lo que Dios define como éxito no es lo que el mundo cree. El mundo corporativo mide el éxito según lo que hayas hecho, lo que hayas logrado y lo que hayas acumulado. Siempre se basan en ti, concentrando todo tu tiempo, energía y recursos en esfuerzos por merecer títulos y coleccionar logros.

Ahora, hemos visto la forma en que esta acumulación de autoindulgencia nos llevó a la crisis de las tasas de intereses bajas, a la quiebra de bancos de inversión y a una recesión financiera internacional.

Soy tu amigo y quiero animarte a que empieces a ver que el modelo de éxito que presenta el mundo es inestable y que se erige sobre un cimiento endeble. Tal vez por fuera parezca que es buenísimo, pero es temporal y todos hemos podido ver que la riqueza transitoria del mundo puede esfumarse como el humo, escurriéndose entre los dedos como la arena del desierto.

¡Es la presencia del Señor en tu vida lo que te convierte en exitoso!

Basado en Génesis 39:2, es claro que el éxito no depende de *qué* tengas, sino de *a quién* tengas. José no tenía nada, literalmente nada en términos materiales. Pero al mismo tiempo lo tenía todo, porque el Señor estaba con él. Las cosas materiales que has acumulado, o que con febril esfuerzo buscas tener, no son las que se convierten en alguien exitoso. ¡Es la presencia del Señor en tu vida lo que te convierte en exitoso!

Tenemos que aprender a dejar de correr tras los objetos,

para empezar a buscarle a Él. Dios ve tu relación con Él como lo único que necesitas para cualquier éxito en tu vida. No puedo siquiera imaginar un lugar ni una situación peor que la de José. Estaba completamente desnudo. ¡No tenía nada! Ni cuenta en el banco, ni diplomas universitarios, ni contactos con gente influyente. Nada. Gracias a Dios, la Biblia nos muestra esta imagen de José que comenzó sin nada, para que tú y yo podamos tener esperanzas en nuestros días. Si piensas que eres como José porque no tienes nada, bueno… puedes empezar a creer en el poder de la presencia del Señor en tu vida. ¡Empieza a buscar a Jesús y reclama para ti esa promesa que contiene la Biblia!

Quiero mostrarte cómo puedes personalizar esa promesa para ti. Inserta tu nombre aquí, en la promesa que Dios te ha dado:

"El Señor está con _____, por lo que soy una persona exitosa."

Ahora, léelo en voz alta. Cien veces si hace falta. Y empezarás a verlo como tu realidad. Pega esta promesa sobre el marco de tu espejo y todas las mañanas, al cepillarte los dientes, recuérdate que hoy, al ir camino al trabajo o la escuela, al comenzar tu día ocupándote de los niños en casa (o lo que sea que hagas cada mañana), el Señor está contigo. Y puesto que está contigo ¡YA ERES UN ÉXITO! Porque cuando uno tiene a Jesús en su vida, ya no intenta ser un éxito. ¡LO ES!

Dios también tiene un trabajo: salvarte

Quiero contarte una poderosa verdad oculta en el nacimiento de Jesús. Cuando María estaba comprometida con José, antes de que tuvieran intimidad como esposo y esposa, se supo que estaba encinta por el Espíritu Santo. José, que era nada más que un hombre y no quería que María pasara vergüenza ante todos, "quiso actuar discretamente para no difamarla".[1]

Recuerda que en ese momento José todavía no sabía que el niño por nacer era del Espíritu Santo. Él pensó que María había cometido fornicación. Pero ese hombre bueno y justo no quería difamarla. En esa época, si se descubría que habías tenido relaciones sexuales antes de casarte, te apedreaban hasta morir. Esa era la cultura y la ley del pueblo judío. Pero José amaba a su prometida María y quería proteger su dignidad así como preservar su vida lo mejor que pudiera.

Ahora bien, mientras José reflexionaba sobre todas esas cosas un ángel del Señor se le apareció en un sueño y le dijo: "José, hijo de David, no temas recibir a María por esposa, porque ella ha concebido por obra del Espíritu Santo. Dará a luz un hijo, y le pondrás por nombre *Jesús*, porque él salvará a su pueblo de sus pecados".[2]

En hebreo, Jesús es Yeshua, que contiene una abreviación de Jahvé, nombre de Dios en ese idioma. Así que "Jesús" significa literalmente: "Jahvé es nuestro Salvador" o "El Señor es nuestro Salvador". ¡Qué hermoso nombre!

Cada vez que pronuncias el nombre de Jesús, ese nombre que está por encima de todos los nombres, estás llamando a Dios mismo para que te salve. ¡Salvarte es el trabajo y la misión de Jesús! No importa cuáles sean los problemas y las circunstancias, las crisis que enfrentes —físicas, financieras o emocionales— ¡puedes pronunciar el nombre de Jesús y el mismo Dios todopoderoso te salvará!

Si quieres, puedes tomarte un tiempo para conocer los nombres de Dios, que reveló bajo el viejo pacto como *Elohim*, *El Shaddai*, *El Elyon*, *Jehová-Jireh*, *Jehová-Rapha* y *Jehová-Nisi*. Puedes dedicarte a estudiar en profundidad los nombres de Dios. No me opongo. Yo mismo enseño los nombres de Dios en mi iglesia. Pero todos esos nombres no significarán nada para ti si no sabes que el mismo Dios todopoderoso, Jesús, quiere salvarte primero de todos tus pecados y luego de todos tus problemas.

Dios puede ser todopoderoso, pero si no confías en que le interesa tu éxito, de nada te valdrá su poder. Así que, no hace falta que memorices todos los nombres de Dios del viejo pacto. Lo que necesitas es la plena revelación de que Jesús, en el nuevo pacto ¡es tu *Salvador!* ¿Por qué es famoso Tiger Woods? ¡Por el golf! ¿Y David Beckham? ¡Por el fútbol! (Y además, por las publicidades que hacen.) ¿Por qué es famoso Jesús? ¡Por salvarte!

¡Jesús es tu Salvador!

Y eso no es todo, amigo o amiga. La Biblia nos dice además que "todo esto sucedió para que se cumpliera lo que el Señor había dicho por medio del profeta: 'La virgen concebirá y dará a luz un hijo, y lo llamarán Emanuel' (que significa 'Dios con nosotros')".[3] Ahora bien, es muy interesante que notemos que el nombre de Jesús ¡no es solamente Jesús! Su nombre también es *Emanuel*, que significa Dios todopoderoso con nosotros.

Jesús es Emanuel, el todopoderoso Dios con nosotros

Un hermano muy amado me dijo que incluso siendo creyente, años atrás, tuvo problemas con el alcohol; por lo que todas las noches bebía al punto que ya no podía siquiera recordar cómo había llegado a su casa a la mañana siguiente. Lo intentó todo para dejar de beber, pero siempre fracasaba.

Un día salió con unos amigos a jugar squash [deporte de raqueta que se practica en interiores con dos o cuatro jugadores frente a una pared frontal de la cancha], después de lo cual se acostó en el suelo para descansar. En eso estaba cuando sintió que la presencia de Cristo descendía sobre él y, precisamente en ese momento, el Señor eliminó su adicción al alcohol, ¡quitándole completamente el deseo de beber!

Hoy, este hermano a quien el Señor libró del alcoholismo, es un líder clave en mi iglesia. Así es Dios: toma las cosas débiles del mundo para confundir a los poderosos, y usa lo tonto del mundo para confundir al sabio.

Quiero que sepas que todos nuestros esfuerzos, toda nuestra fuerza de voluntad y disciplina no pueden lograr lo que hace la presencia del Señor en un instante. Y ¿quién podría decir que mientras estamos hablamos sobre Jesús, su presencia no pueda llevarse algo que es destructivo en tu vida? Verás, no es tu esfuerzo el que te transforma. Lo que te transforma es contemplar a Jesús y creer que te ama y quiere salvarte.

Ahora bien, ¿qué significa decir "Dios con nosotros"?

Tenemos que entender eso como lo entendería el pueblo hebreo. Y aquí hay algo bellísimo, ¡el secreto de Emanuel! La mente judía entiende que cuando el Señor está *contigo*, te vuelves exitoso en cualquier emprendimiento al que te dediques. Y no tienes por qué creerme solo porque te lo diga yo. Observa las crónicas de la historia judía. La Biblia registra que cada vez que el Señor estuvo *con ellos* en la batalla, jamás pudieron los enemigos derrotar a los hijos de Israel; todas sus campañas militares terminaron en éxitos rotundos.

Es más, en la batalla por Jericó la ciudad fue suya ¡con solo gritar![4] ¿Por qué? Porque el Señor estaba con ellos. Incluso en batallas en las que el enemigo contaba con muchos más soldados, triunfaban porque el Señor estaba con ellos. En el contexto moderno nada ha cambiado. Cuando la Biblia afirma que Jesús está contigo, lo está para ayudarte, asistirte, dar vuelta a las cosas en tu favor y hacer que suceda todo para tu beneficio. No está contigo, como creen erradamente algunos, para criticar, juzgar o asignar culpas. Cuando Dios todopoderoso está contigo suceden cosas buenas en ti, alrededor de ti y a través de ti. ¡Lo he visto una y otra vez!

Cuando Dios todopoderoso está contigo suceden cosas buenas en ti, alrededor de ti y a través de ti.

Aprendí la verdad de lo que significa tener al Señor conmigo cuando entraba en la adolescencia. Una de las primeras verdades que me enseñó el Espíritu Santo fue Génesis 39:2: "el Señor estaba con José y las cosas le salían muy bien". ¿Y sabes qué? Empecé a reclamar ese versículo cada día y decía en voz alta: "Jesús está conmigo y las cosas me saldrán muy bien". Estaba ante la presencia de Jesús. Una cosa es asentir mentalmente diciendo que Cristo está contigo, pero otra muy diferente es cuando empiezas a estar consciente de su presencia. Puedes comenzar a invocarla afirmando que está contigo en voz alta.

Invoca su presencia y verás su poder

¿Sabes que el mejor momento para dar gracias a Jesús por su presencia es cuando parece que no la "sientes"? Porque cuando se trata de la presencia de Jesús, no te guías por tus sentimientos. Es que los sentimientos y emociones pueden ser engañosos. ¡Guíate por la promesa de Dios, de que Él es Emanuel!

¿Has oído el relato del novio que se acercó a su pastor apenas terminó la ceremonia de su boda? Bueno, el novio le dijo:

—Pastor, ¿puedo hablar con usted un momento?

—Sí, claro —contestó el pastor.

El novio dijo entonces:

—Bueno, ¿sabe...? No me *siento* casado.

El pastor lo tomó por el cuello de la camisa y le dijo en tono severo:

—Oye, chico. ESTÁS casado, lo sientas o no ¿entiendes? Tómalo por fe: ¡estás casado!

Ni las emociones ni los sentimientos se basan en la verdad. ¡La Palabra de Dios es la verdad!

¿Lo ves? No puedes guiarte por lo que sientes. Guíate por la verdad. Y la verdad es esta: Dios prometió lo siguiente: "Nunca te dejaré; jamás te abandonaré".[5] De modo que el mejor momento para estar en la presencia de Jesús es, precisamente, cuando sientes como si Jesús estuviera a cien mil kilómetros de distancia. Recuerda que los sentimientos no se basan en la verdad. ¡La Palabra de Dios es la verdad!

Bien, te contaré ahora que —a poco de terminar la escuela secundaria— conseguí un trabajo de medio tiempo en una escuela primaria, para enseñar en la clase de los niños de diez años. Recuerdo que un día, me arrodillé en la sala de casa y oré: "Señor, te doy gracias porque siempre estás conmigo". Mientras estaba arrodillado el Señor me dijo que orara específicamente por una de las niñas de mi clase, que ese día no había ido a la escuela.

Sé que es muy común que los niños falten a clase a veces y por diversas razones. Pero el Señor jamás me había guiado a que orara específicamente por uno de ellos. ¡Esta niña era la primera! El Señor me guió con toda claridad a orar para que Él protegiera a esta niña, pidiéndole que la cubriera con su preciosa sangre.

Al día siguiente, la escuela estaba muy conmocionada y me enteré de que era porque la pequeña había sido secuestrada por un conocido asesino en serie esa misma tarde en que el Señor me había hecho orar por ella. El asesino, Adrian Lim, había secuestrado a varios niños para ofrecerlos como sacrificio al diablo. Él creía que Satanás le daría poder si le ofrecía la sangre de esos chicos.

En los días siguientes, las noticias de nuestro país solo se ocupaban de esa niña de mi clase ¡porque fue liberada milagrosamente! Fue muy triste enterarnos de que había sido la única, ya que las demás niñas secuestradas habían sido brutalmente asesinadas.

Cuando volvió a la escuela le pregunté cómo había sido su liberación. Me dijo que su captor estaba cantando cosas sobre ella y que, de repente, dejó de cantar y le dijo: "Los dioses no te quieren". Esa misma noche la liberó. Por supuesto, tú y yo sabemos por qué los "dioses" no la querían: ¡estaba cubierta y protegida por la sangre de Cristo!

Pon atención a lo que digo ahora. Hoy, en los Estados Unidos y en el mundo entero, el diablo está intentando destruir a una nueva generación, porque teme que los jóvenes de este nuevo milenio ganen al mundo para Cristo. Por eso tenemos que cubrir a nuestros niños con la protección de Jesús.

Te digo todo esto, porque quiero que veas la importancia y el poder de estar en su presencia. Durante esa época, como maestro, tenía la responsabilidad de mi clase; así como hoy tengo la de mi congregación. Piensa en esto: ¿Qué probabilidad había de que yo, con mi limitado conocimiento e inteligencia, supiera que una de mis alumnas estaba en grave peligro? ¡Ninguna! Pero puesto que el Señor —que conoce todas las cosas—, estaba conmigo, hizo que yo fuera un maestro exitoso.

Del mismo modo, no importa cuál sea tu vocación u ocupación, seas maestro, líder empresarial o ama de casa, quiero que sepas que Cristo está contigo y que quiere que te vaya bien. Ahora, recuerda que todo eso pasó antes de que yo me dedicara a ser pastor de tiempo completo; así que no pienses que este favor inmerecido de Jesús solo es para los pastores. Amado, su inmerecido favor también es para ti. El Señor Emanuel está *contigo*.

No importa cuál sea tu ocupación, Jesús está contigo y quiere que te vaya bien.

Como ves, no somos nosotros, sino Él. Si Jesús está con nosotros, nos dará éxito en todo lo que hagamos y hará que tengamos buenos resultados en todas las áreas de nuestras vidas, para la gloria de Dios. Si Dios pudo hacerlo con José, un joven vendido como esclavo, ¡puede hacerlo contigo! Que esta sea tu realidad:

"El Señor está con _____, por lo que soy una persona exitosa".

Cuando tomes conciencia del modo en que Jesús está contigo, verás que te llevará al éxito en todo lo que tengas que hacer.

Capítulo 2

Todo lo que toques es bendecido

Para este momento, espero que ya puedas ver que Dios define el éxito de manera contraria a como lo define el mundo. Este mira *qué* es lo que tienes, en tanto Dios ve a *quién* tienes. El sistema del mundo se basa en lo que has hecho tú, en tanto Dios mira lo que Jesús hizo en la cruz por ti. Parece sencillo, pero no lo des por sentado ni lo descartes solo por eso. El evangelio es simple, ¡los teólogos lo complican!

Puedes decidir que vivirás dependiendo de tu propio esfuerzo para merecer, ganar, conseguir, luchar y acumular riquezas y éxito, según lo define el mundo. O puedes tomar hoy mismo la decisión de vivir dependiendo entera y completamente de Cristo, de su mérito y de lo que logró en la cruz para que te vaya bien en todo. En esencia, todo se reduce a la cuestión de la dependencia. ¿De quién dependes hoy? ¿De ti mismo? ¿O de Cristo? ¿Quieres luchar por tu propio esfuerzo? ¿O quieres que Dios todopoderoso, creador del cielo y de la tierra, luche por ti?

Verás, cuando dependes de tu propio esfuerzo, eres *tú* quien carga con todas las tensiones, el peso y la angustia que puedan presentarte las circunstancias. Pero si dependes de Cristo para que te vaya bien en todo, la Biblia te da una hermosa promesa: "No se inquieten por nada; más bien, en toda ocasión, con oración y ruego, presenten sus peticiones a Dios y denle gracias. Y la paz de Dios, que sobrepasa todo entendimiento, cuidará sus corazones y sus pensamientos en Cristo Jesús".[1] Si Cristo es la fuente de tu éxito, no hay tensión y la paz de Dios es el refugio de tu corazón y tu mente. En hebreo, "paz" se dice *shalom*, cuyo significado incluye: paz, prosperidad, salud, plenitud, seguridad y solidez. ¡Qué poderosa fortaleza tenemos en Cristo Jesús!

¿Estás en medio en una crisis? Jesús puede rescatarte

Tal vez tus circunstancias puedan parecer desfavorables. Tu cuenta bancaria está en rojo, has perdido tu fuente de ingresos porque han reestructurado la compañía y no tienes idea de cómo pagarás el alquiler de tu casa el mes que viene. O quizá corras el peligro de que te rematen la casa. Es probable que estés hundido en las deudas de tarjetas de crédito y que aquellos amigos en los que confiabas te hayan decepcionado. Otra posibilidad es que el médico te haya dado un diagnóstico que te devastó y que pienses que el mundo entero se te derrumba, por lo que sientes frustración y desaliento, todo a la vez.

¿Qué puedes hacer? Amado, amada, es este el momento en que tienes que dejar de mirarte, de mirar hacia dentro, para dirigir tu mirada a Cristo. En tu frustración te preguntarás: "¿Qué puede hacer Jesús por mí? ¿Puede rescatarme de esta crisis en la que estoy?" La respuesta es cierta y segura: ¡Sí que puede! Es lo que hizo por José y, por cierto, ¡puede hacer lo mismo por ti!

José, la luz de los ojos de su padre

Sigamos encontrando poderosas verdades de la vida de José en la Biblia. La historia comienza en Génesis 37. Su padre no ocultaba el hecho de que lo amaba más que a cualquiera de sus otros hijos e hizo una túnica de muchos colores, solo para él. En hebreo, "túnica de… colores" se dice *kethoneth pac*, y la frase significa abrigo con pedazos de varios colores. El abrigo es una larga túnica con mangas, que usaban los jóvenes y muchachas de la clase más alta, una prenda distinguida.[2] Por ello, esa túnica se diferenciaba de la vestimenta común de trabajo que usaban sus hermanos mayores. La túnica de José no estaba hecha con el lino crudo que casi siempre se usaba para hacer la ropa de todos los días, sino que el hilado de lino en este caso era mucho más fino y de mejor calidad. ¿Por qué es importante esto? Porque no significa solamente que su ropa era la más bella, sino que muestra que a los ojos de su padre, la posición de José con respecto a la de sus hermanos era más elevada.

Esta linda túnica de lino distinguía a José de sus hermanos en términos de las responsabilidades dentro de la familia. Significaba que, a diferencia de sus hermanos, José no tenía que trabajar en los campos ni cuidar a los animales. Lo único que tenía que hacer era atender a su padre y agradarle. ¡Qué gran trabajo! Por eso vemos que casi siempre estaba al lado de su papá mientras sus hermanos trabajaban de sol a sol.

La túnica de José, entonces, habla de una posición especial, de favor y descanso junto a su padre. No nos extraña entonces que cada vez que sus hermanos lo veían, recordaban que su padre lo amaba más que a cualquiera de ellos. Llenos de celos y envidia, odiaban a José; por lo que no podían hablar en paz con él. Además, José les había contado a ellos los dos sueños que había recibido del Señor, los que solo habían exacerbado más su odio contra él. Se burlaron de sus sueños, furiosos, y le decían: "¿De veras crees que vas a reinar sobre nosotros, y que nos vas a someter?".[3]

José, traicionado por sus hermanos

Un día, mientras los hermanos de José cuidaban las ovejas de su padre en los campos de Dotán, vieron al joven que se acercaba y les saludaba con la mano a la distancia. Sabían que lo había enviado su padre para controlarlos, por lo que el resentimiento ardió con furia en sus corazones al recordar que la última vez que el soplón ese había ido a espiarlos, su informe a Jacob no había sido favorable.

La furia y los celos con José fueron tan fuertes que los hermanos conspiraron para matarlo. Se decían entre ellos: "Ahí viene ese soñador. Ahora sí que le llegó la hora. Vamos a matarlo y echarlo en una de estas cisternas, y diremos que lo devoró un animal salvaje. ¡Y a ver en qué terminan sus sueños!".[4]

Sin sospechar nada y con su mirada alegre, José se acercó a sus hermanos dispuesto a abrazarlos. No hubo advertencia ni aviso previo: ellos lo tomaron por la fuerza y le quitaron su hermosa túnica con violencia. Mientras José luchaba por librarse, lo arrastraron a un pozo que había cerca y lo echaron en su oscura profundidad.

Si supuso en algún momento que se trataba de una broma pesada, esa idea se esfumó de la mente de José cuando ellos regresaron más tarde, para entregarlo amordazado y maniatado a unos comerciantes madianitas que iban de camino a Egipto. No volvemos a saber de José hasta el momento en que, atado con las sogas, es expuesto como si fuera un pedazo de carne, en el mercado egipcio.

No es el final, si el Señor está contigo

¿Sabes de alguien que esté en una situación peor que la de José en aquel momento? Todo su mundo parecía haberse derrumbado. Unos días antes, su padre lo abrazaba, pero ahora sus propios hermanos lo habían traicionado. Le habían quitado todo lo que tenía. Quedó reducido a nada más que un esclavo en tierra extraña.

No se trata de lo que tienes. Se trata de a quién tienes. Eso es lo que distingue.

¿Era el final para José? Visto en el plano natural, seguramente parecía serlo. Pero incluso con todas las probabilidades en contra de José, el Señor todavía no había terminado de cumplir su plan con él. Vimos en el capítulo anterior que aun en esta situación tan horrible el Señor estaba con José y que en esos momentos oscuros y tristes en la vida del joven ¡el Señor dice que le fue bien! Recuerda: No se trata de lo que tienes. Se trata de a *quién* tienes. Eso es lo que distingue.

"¿Cómo puede hacer el Señor que tenga éxito un joven esclavo sin un centavo?"

Bien. Sigamos con la historia de José. Génesis 39:2-3

nos dice: "*Su patrón egipcio* [Potifar] ... *se dio cuenta de que el Señor estaba con José y lo hacía prosperar en todo*". Es esta una declaración poderosa, que ofrece una promesa de Jesús en la que puedes creer, para todas las áreas de tu vida. ¿Te imaginas lo que sería si todos tus proyectos, todas tus asignaturas, todas tus tareas, terminaran siendo prósperas? Tus manos se convierten en manos de bendición. Tocas a tu familia y reciben bendición. Tal vez tu compañía tenga dificultades con un proyecto complicado, pero cuando lo ponen en tus manos, cobra bendición. Te vuelves una bendición caminante, que espera a cada uno para entrar en sus vidas ¡no importa dónde vayas!

La presencia de Dios en todo lo que hagamos

Pero, ¿cómo puede ser eso? Puede ser ya que el Señor Jesús hace que suceda cuando dependes de Él de la misma manera que José. Este joven no tenía nada. No podía confiar en su capacidad ni en su experiencia (no había sido esclavo anteriormente), ni podía confiar en sus conexiones o contactos (su padre de nada le serviría porque le habían dicho que lo había matado un animal salvaje). Lo único que tenía José era la presencia del Señor, de la que dependía para que manifestara su presencia, su poder y su gloria a través de él.

Cuando la presencia de Dios se hace manifiesta en tu vida, su gloria brilla con su luz a través de ti.

Eso es lo que necesitamos tú y yo: una manifestación de su presencia ¡en todo lo que hagamos! Verás, una cosa es tener su presencia (todos los cristianos la tienen porque le han aceptado como Señor y Salvador personal), pero cuando su presencia *se hace manifiesta* en tu vida ¡su gloria brilla con su luz a través de ti!

Hasta Potifar, que era pagano, pudo verlo

No olvides que el patrón de José, Potifar, no creía en Dios. Era un egipcio que adoraba ídolos. Pero cuando la presencia manifiesta del Señor brilló con su gloriosa luz a través del trabajo de las manos de José, incluso ese hombre pagano que no creía en Dios pudo ver los resultados tangibles de la unción especial, del poder y la bendición del Señor en la vida de José. Potifar se maravillaba y no podía más que reconocer que el Señor estaba con José y que "lo hacía prosperar en todo".

Ahora bien, ¿no es interesante que Potifar no llegara a la mera conclusión de que José era buen trabajador? Vemos, en cambio, que se daba cuenta de que no era la capacidad ni la habilidad de José sino su Dios lo que hacía que le fuera bien en todo. Génesis 39:3 afirma que "el Señor hacía que le fuera bien en todo". No puede tratarse de "discernimiento espiritual" de parte de Potifar ya que no era creyente y en cuanto a las cosas de Dios, no tenía discernimiento espiritual alguno. Lo cual me indica que Potifar tiene que haber visto resultados tangibles que no eran de este mundo. Tiene que haber visto resultados tan espectaculares como para darse cuenta de que estaban más allá de lo que pudiera lograr un ser humano común y corriente.

Es posible que Potifar le hubiera ordenado a José que cavara nuevos pozos de agua para su casa, y que los pozos hechos por José dieran agua aun en tiempos de sequía. O quizá los campos que cuidaba José dieran cosechas mucho más abundantes que las de los otros campos a su alrededor. Es probable que Potifar viera que José acudía a su Dios cuando los niños de la casa sufrían alguna epidemia, y que todos los pequeños sanaran. Fuese cual fuera el caso, Potifar sabía que los prósperos resultados que había visto no se debían a la capacidad natural de José, sino que tenían que deberse al hecho de que el Señor estaba con él y hacía que le fuera bien en todo. ¿No es bellísimo esto?

El deseo de tener resultados como los que da Jesús

Mi oración y deseo para mi ministerio es tener el mismo tipo de resultados que José. En todo lo que haga, ¡quiero que la gente vea a Cristo, solamente a Él! Cuando oro por un pequeño enfermo, por cierto, no busco los resultados que pueden producir mis propias manos. Si lo que resulta es lo que puede lograr Joseph Prince, te garantizo que el niño seguirá enfermo. No. ¡Yo quiero los resultados que solo Cristo puede producir! Cuando predico acerca de Jesús y su obra cumplida, oro porque la congregación y los que ven nuestros programas de televisión en todo el mundo oigan no lo que *yo* les digo sino a *Jesús*, que les habla al corazón a través de mí.

¡Desea los resultados que solo Cristo puede producir!

Yo soy solamente un instrumento, mis palabras en sí mismas no tienen poder alguno. Pero con su Palabra los pecadores nacen de nuevo y son salvados por toda la eternidad, sanan los cuerpos enfermos, huyen los demonios, se restauran matrimonios y vuelven a reunirse las familias. Se cancelan las deudas de manera sobrenatural, desaparecen los miedos en su perfecto amor, los corazones reciben aliento, se restaura la esperanza y se renueva el gozo. Ahora ESE es el tipo de resultados que yo quiero y por su maravilloso e inmerecido favor, hemos visto estas bendiciones en nuestra iglesia semana tras semana.

No es obra nuestra, sino el inmerecido favor de Dios

Por desdicha el mundo, e incluso algunos cristianos, no entienden lo que significa depender de Jesús. Por ejemplo, hay quienes piensan que Joseph Prince de alguna manera logró que la Iglesia Nueva Creación creciera de ciento cincuenta miembros a más de diecinueve mil por medio de alguna estrategia inteligente o uno de esos planes de crecimiento a diez años. Un compatriota pionero cristiano, ya mayor, me preguntó hace tiempo qué era lo que hacía yo para que la iglesia creciera. Le contesté que todo era por gracia, por el inmerecido favor de Dios. Y me respondió: "Sí, sí, ya sé que es por gracia pero, de veras, ¿qué es lo que estás haciendo?".

Cuando dejas de hacer y empiezas a depender del divino favor de Dios, comienzas a experimentar el tipo de resultados que produce Jesús.

Por desdicha, en muchos círculos cristianos la "gracia" se ha convertido en una palabra de esas que se repiten porque sí. Verás, la gente está muy ocupada "haciendo" y quieren saber qué es lo que estás haciendo para obtener los resultados que ven. Lo que este libro busca es animarte a que ya no te concentres en lo que estás haciendo sino en mirar a Cristo. Deja de tratar de merecer las bendiciones de Dios y empieza a depender del inmerecido favor de Jesús para que te vaya bien en la vida. Cuando dejes de hacer y empieces a depender de su divino favor, créeme que comenzarás a experimentar el tipo de resultados que produce Jesús.

De la misma manera, mientras escribo esto creo que obtendrás los resultados que produce Jesús. No quiero que leas lo que yo tengo que decirte sino que recibas lo que creo que Jesús ha puesto en mi corazón para ti. Soy solo un señalador, y escribo este libro ¡para señalarte a la persona de Cristo! Es su presencia manifiesta, su glorioso poder obrando en tu corazón y por medio de tus manos, lo que hará que todo lo que toques prospere con el tipo de resultados que produce Cristo al punto que hasta tu crítico más duro tendrá que llegar a la conclusión de que el Señor está contigo y hace que todo te vaya bien.

Amado amigo, amada amiga: deja ya de mirar las circunstancias que te rodean, o la posición en que estás. Si tu empleador es creyente o no, eso no importa. Jesús puede hacer que prospere TODO lo que haces, si dependes de su inmerecido favor en tu trabajo. Créeme que cuando eso empiece a suceder, tu empleador va a levantar la mirada y notará que hay algo especial en ti. ¡Te destacarás de entre la multitud! Recuerda que el mismo Señor que estuvo con José hoy está contigo. Su nombre es Jesús y como Él está contigo, ¡puedes esperar éxito en todo lo que hagas!

Por ejemplo, si te ponen al frente de un proyecto de ventas, cree que tu equipo de vendedores logrará niveles que nadie alcanzó antes en la historia de tu compañía. Cuando revises las finanzas de una empresa, cree que hallarás formas legales de ayudar a tu compañía a ahorrar en gastos operativos, aumentando su flujo de dinero como nunca en su historia. Cuando te pongan a desarrollar negocios, cree que Jesús hará que se te abran puertas que antes estuvieron cerradas para tu empresa, y todo por su inmerecido favor. Quizá tu empresa sea solo un pequeño emprendimiento informático en Silicon Valley, pero por alguna razón, los muchachos importantes de Microsoft, IBM y Oracle te tienen en gran estima. No saben por qué, pero hay algo especial en ti que hace que busquen cómo poder colaborar contigo ¡al punto que tendrás opciones para elegir!

Depende de Jesús, y solo de Él, si quieres experimentar su éxito.

Eso, amigo o amiga, es el inmerecido favor de Dios en acción. En el plano natural, tal vez no tengas calificaciones o experiencia, ¡pero recuerda que también tu falta de calificaciones existe en el plano de lo natural! Porque tú, amado amigo o amada amiga, vives y operas en el plano de lo sobrenatural. El Señor Jesús está contigo cien por cien. Eres una persona próspera a los ojos del Señor y si dependes de Él, el Señor hará que todo lo que tus manos toquen prospere.

Sin Él, no podemos. Sin nosotros, Él no lo hará

Antes de concluir este capítulo quiero enseñarte un poderoso principio que te ayudará a entender que Dios tiene tu prosperidad profundamente. Confío en que para este momento ya no haya dudas en tu corazón de que Cristo tiene infinito interés en que prosperes. Sin embargo, tal vez te preguntes: "Bueno, si fuera así ¿por qué no veo que todos los cristianos que conozco tienen ese tipo de éxito que produce Cristo?

En más de dos décadas de ministerio he aprendido esto del Señor: «Sin Él, no podemos. Sin nosotros, Él no lo hará». Esto significa sencillamente que necesitamos reconocer el hecho de que si no dependemos de Jesús, no puede haber éxito real, perdurable, permanente. Sin Él, no podemos. La Biblia nos dice que a menos que el Señor edifique la casa, en vano se esfuerzan los constructores.[5] Los creyentes que quieren la prosperidad del Señor necesitan reconocer esta verdad y empezar a depender de Cristo, y únicamente de Él.

Hay creyentes que tal vez no sepan expresarlo, pero que en sus corazones creen que sin Jesús igualmente pueden prosperar. Al creer eso y vivirlo, caen —del elevado lugar de la gracia de Dios (su inmerecido favor)— en la ley, en aquello de intentar merecer el éxito por sus propios esfuerzos. La Palabra de Dios nos dice: "Aquellos de entre ustedes que tratan de ser justificados por la ley, han roto con Cristo; han caído de la gracia [favor inmerecido]".[6]

Es una advertencia poderosa. Cuando empiezas a depender de tus propios méritos y esfuerzos para merecer el favor de

Dios, vuelves al sistema de la ley. Rompes con Cristo y caes del lugar en que tendrías su favor inmerecido obrando en tu vida. No me malinterpretes: Cristo sigue estando contigo ("Nunca te dejaré; jamás te abandonaré").[7] Pero al depender de tus propios esfuerzos, en efecto, estás rompiendo con su inmerecido favor.

Así que, ¿qué quiero decir con: "Sin nosotros, Él no lo hará"? Bueno, es que Jesús es todo un caballero. No nos impondrá su inmerecido favor, atragantándonos con el éxito. Necesita que tú le permitas obrar en tu vida. Espera con toda paciencia, a que confíes en Él. Espera con paciencia a que dependas de su inmerecido favor, así como José confiaba y dependía enteramente del Señor hasta que su presencia manifiesta se hizo cargo y su gloria irradiaba desde todo lo que tocara José.

Aprendamos sin tardanza que sin Jesús no podemos prosperar, y si decidimos no responder a su inmerecido favor, Él no nos lo va a imponer. El inmerecido favor de Dios siempre fluye hacia nosotros, por ello Jesús espera que lleguemos allí donde nosotros mismos acabamos. Él está esperando que dejes de luchar y esforzarte por "merecer", de alguna manera, su favor. Espera a que dependas únicamente de Él. Así que, empieza a descansar en el inmerecido favor de Cristo y comienza a experimentar su manifiesta presencia y su gloria ¡en todo lo que toques!

Capítulo 3

Cómo estar a salvo para triunfar

unque nos interesan los *resultados* que Jesús produce en nuestras vidas, también es igualmente importante que deseemos el *éxito* que Él ofrece. Dios no quiere que tengamos un éxito que nos aplaste. Estoy seguro de que has oído cantidad de historias acerca de personas que de repente reciben una enorme cantidad de dinero, porque heredan o porque ganan el primer premio en la lotería. Pero para algunos, la riqueza repentina no significó una vida mejor. Es más, en varios casos sabemos que la riqueza corrompió y destruyó sus vidas.

Es que con frecuencia, esas personas no pudieron lidiar con eso que llaman "éxito" y terminaron abandonando a sus esposas, permitiendo que sus familias se derrumbaran ante sus ojos. Sí, tal vez hayan comprado todo tipo de cosas, y vivido en mansiones. Pero aun así sentían una crónica sensación de soledad, vacío e insatisfacción. La triste realidad es que muchos de los que tuvieron la fortuna de recibir tamaña riqueza la despilfarraron, y algunos hasta quedaron en la bancarrota. Es claro que ese tipo de resultados no es el que produce Jesús, y tampoco son el éxito que brinda el Señor. Quiero dejar claro desde el principio que: Dios no tiene problema con que tengas dinero. Pero no quiere que el dinero te posea.

Preguntarás: *"Pastor Prince, ¿cómo puede decir que Dios no tiene problema con que tengamos dinero?¿No dice la Biblia que el dinero es la raíz de todos los males?"*

Un momentito. Eso no está en la Biblia. Seamos bíblicamente precisos. Lo que dice la Escritura es: "Porque *el amor al dinero* es la raíz de toda clase de males".[1] ¿Ves la diferencia? Tener dinero no te hace ser malo. Es la obsesión, así como el intenso amor, por el dinero lo que lleva a todo tipo de males. El hecho de que alguien no tenga dinero en el bolsillo no le convierte en santo. Tal vez piense, sueñe y anhele dinero todo el día. No hace falta tener mucho para amar al dinero. Si alguien compra todo el tiempo billetes de lotería, va al casino, apuesta en la bolsa de valores, es claro que ama al dinero. Está obsesionado con tener más dinero.

¡Quiere bendecirte para que puedas ser una bendición!

Cuando Dios llamó a Abraham, le dijo: "Te bendeciré … y serás una bendición".[2] Tú y yo, creyentes del pacto en Cristo, somos llamados "semilla de Abraham",[3] y al igual que este, estamos llamados a ser bendición. Ahora, ¿cómo podemos ser bendición si no somos bendecidos primero? ¿Cómo ser de bendición para los demás si estamos tirados en una cama, enfermos, o vivimos en la miseria extrema sin tener lo suficiente ni para nuestras familias, pidiendo prestado a los demás todo el tiempo? No podríamos. Dios quiere que tengas salud y fuerzas, y que tengas recursos económicos más que suficientes para que puedas dar con generosidad a parientes, amigos, tu comunidad o a quien necesite ayuda. ¿Cómo puede uno estar en posición de ayudar a los demás si lo que más necesita es que lo ayuden? En definitiva, no es esto lo que Dios quiere para ti. Él no quiere que te falte. ¡Quiere bendecirte para que puedas ser de bendición!

El Evangelio de Jesucristo trae sanidad y provisión sobrenatural

"Oh, pastor Prince, ¡veo que es usted uno de esos predicadores del evangelio de la prosperidad, la salud y la riqueza!"

No existe tal cosa como el "evangelio de la prosperidad". Solo hay un evangelio y es el de Jesucristo. Por la obra completada por Cristo en la cruz, puedes depender de Él para que su vida de resurrección palpite y fluya en tu cuerpo físico desde la punta de tus pies hasta la coronilla. Las enfermedades no son de Dios. En la cruz, Jesús cargó no solo con nuestros pecados, sino también con nuestras enfermedades y debilidades, y "gracias a sus heridas fuimos sanados".[4]

Y eso no es todo. En la cruz, ¡Jesús cargó también con la maldición de la pobreza! Eso lo declara la Palabra de Dios: "Ya conocen la gracia de nuestro Señor Jesucristo, que aunque era rico, por causa de ustedes se hizo pobre, para que mediante su pobreza ustedes llegaran a ser ricos".[5] Lee 2 Corintios 8. Verás que todo el capítulo trata sobre el dinero y acerca de ser de bendición económica para quienes están en necesidad. Así que no permitas que nadie te diga que el versículo se refiere a riquezas "espirituales".

Una de las cosas que siempre le recuerdo a mi iglesia es que hay que leer siempre el versículo en su contexto porque si lo extraes y lo lees aislado ¡no dirá lo mismo! No permitas que nadie te engañe con el fin de quitarte las bendiciones de Dios. Quiero preguntártelo de nuevo: ¿Cómo podrías ser de bendición para alguien si vives enfermo y siempre tienes que pedir prestado a alguien para poder pagar tu deuda a alguien más?

La religión te ciega. La religión te dirá que "Dios" quiere que tu enfermedad te enseñe paciencia y carácter. La religión te dirá que "Dios" quiere que seas pobre para que aprendas a ser humilde. Parece muy noble, ¿no es cierto? Pero son MENTIRAS, que vienen de lo más profundo del infierno. Quiero decirte algo: es el diablo quien quiere que vivas en la enfermedad y la pobreza, pero el Dios que yo conozco ha pagado un precio muy alto ¡para redimirte de la maldición de la enfermedad y la pobreza!

Alejémonos un poco, solo por un momento, de todas nuestras enseñanzas denominacionales. Olvidemos la religión para concentrarnos en la relación. Si tienes hijos, ¿cómo les enseñarías lo que es la paciencia y cómo formarías su carácter? ¿Enfermándolos? ¿Haciendo que vivan en la pobreza? ¡Claro que no! ¡Tenemos instituciones donde ponemos a gente que hace eso con sus hijos! Y ¿cómo le enseñarías a ser humilde a tu hijo? ¿Maldiciéndolo con la pobreza durante el resto de su vida? ¡Seguro que no! Ahora bien, ¿no es asombroso que veamos todo con tanta claridad cuando observamos las cosas desde el punto de vista del padre o la madre, poniendo a nuestros hijos en la imagen en cuestión?

Cuando piensas en términos de una relación, todo converge y empiezas a ver las cosas desde la perspectiva de Dios. Él es nuestro Padre y no opera en la frecuencia de onda de la religión, donde uno forma el carácter por medio de la enfermedad, y la humildad por medio de la pobreza. Nuestro Padre celestial opera en la frecuencia de onda de las relaciones y a través de su inmerecido favor en nuestras vidas aprendemos lo que es el carácter, la paciencia y la humildad cuando dejamos de depender de nuestros propios esfuerzos y dependemos solamente de Él.

Cuanto más conocemos a nuestro Padre, más parecidos nos volvemos a Él. Así es como Dios hace que crezcamos de gloria en gloria en todas las áreas de nuestras vidas. ¡Simplemente con mirarlo a Él![6]

Todos sabemos que como padres, buscamos siempre lo mejor para nuestros hijos. ¡Cuánto más querrá lo mejor para nosotros, sus preciosos hijos, nuestro Padre celestial! Así como queremos que nuestros hijos sean sanos, Dios quiere que disfrutemos de su divina salud. Y así como queremos que nuestros hijos tengan siempre más que suficiente, Dios quiere que disfrutemos de su provisión sobrenatural. Cuando Él provee, ¡tenemos que prepararnos para recibir tanto como para que se hunda la barca![7] ¡Tanto como para que las sobras llenen doce canastos![8] La Biblia pone todo en perspectiva con toda claridad en Mateo 7:11: "Pues si ustedes, aun siendo malos, saben dar cosas buenas a sus hijos, ¡cuánto más su Padre que está en el cielo dará cosas buenas a los que le pidan!".

*Así como queremos que nuestros hijos tengan
siempre más que suficiente, Dios quiere que
disfrutemos de su provisión sobrenatural.*

Ahora, ven conmigo a visitar la unidad de terapia intensiva de cualquier hospital. Mira allí a los que luchan por poder respirar siquiera una vez más, y gimen de dolor a pesar de que les inyectan calmantes en sus pobres y adoloridos cuerpos. Mira a esa mujer que, inconsolable, llora histérica porque acaba de perder a su esposo. Y después, mírame a los ojos y dime que realmente piensas que esto es obra de nuestro Padre amoroso.

Luego date una vuelta conmigo por las calles infestadas de malaria en cualquier barrio donde reine la miseria, y mira a los niñitos que rebuscan en la basura, comiendo con ansias cualquier bocado que puedan rescatar. Echa una mirada a las niñas obligadas a prostituirse, y a los padres desesperados, con cicatrices porque no han tenido más alternativa que la de vender algún órgano con tal de poder comprar algo de comida para sus familias. Y después mírame a los ojos y dime que crees que la pobreza viene de nuestro Padre.

¡Vamos, vamos! Si hasta el mundo tiene a veces más sentido común que algunos cristianos. Mira lo que están haciendo personas como Bill y Melinda Gates, Warren Buffett y Bono. Usan su fama, sus recursos y su tiempo para luchar contra la enfermedad y la pobreza. Y aquí tenemos creyentes totalmente cegados por la religión, que nos dicen que la enfermedad y la pobreza vienen de Dios. Espero que puedas empezar a ver lo retorcido y vergonzoso de tal perspectiva.

*Dios no está en contra de que poseas dinero y
cosas materiales. Está en contra de que el dinero
y las cosas materiales te posean a ti.*

A ver si puedes entenderlo: Dios detesta la enfermedad y odia la pobreza. Dio todo lo que tenía para aniquilar a la enfermedad y la pobreza cuando nos dio a su único Hijo Jesucristo para que muriera por nosotros en la cruz. Puso todo el pecado de la humanidad, y la maldición de la enfermedad y la pobreza, sobre el cuerpo de Cristo. En este mismo momento lo único que necesita hacer la humanidad es responder a la obra cumplida por Jesús, y les serán perdonados sus pecados, y sanarán sus cuerpos enfermos ¡y su pobreza será cosa de la historia!

Dios quiere que tengas bendición en espíritu, alma y cuerpo. No está en contra de que poseas dinero y cosas materiales. Pero quiero dejar algo en claro: Él está en contra de que el dinero y las cosas materiales *te posean a ti.* Suelo decirles algo a los de mi iglesia, es esto: Usen el dinero y amen a las personas. No amen al dinero y usen a las personas. Dios quiere que tú y tu familia tengan abundantes bendiciones, y más de lo que les haga falta para que puedan ser de bendición para los demás. Pero al mismo tiempo, quiere asegurarse de que el éxito no te destruya, ni haga que se desintegre tu familia. Para que el éxito no sea un peligro, mantén tu corazón encendido con la pasión por Jesús y su presencia en vez de centrarlo en cosas materialistas y vacías.

Para que el éxito no sea un peligro mantén la mirada en Jesús

La Palabra de Dios dice: "Más bien, busquen primeramente el reino de Dios y su justicia, y todas estas cosas les serán añadidas".[9] Ahora, ¿qué es el Reino de Dios? El apóstol Pablo dice en Romanos 14:17 que el reino de Dios no es cuestión de comer y beber, sino "de justicia, paz y alegría en el Espíritu Santo".

Cuando mantienes la mirada fija en Jesús y buscas el Reino de Dios, que es la justicia, la paz y la alegría divina, la Palabra de Dios te promete que "todas estas cosas" vendrán por añadidura. "Estas cosas" se refiere a lo que comerás, lo que beberás y lo que te pondrás encima para vestirte. Jesús nos dice que no debemos angustiarnos por eso. "Fíjense en las aves del cielo: no siembran ni cosechan ni almacenan en graneros; sin embargo, el Padre celestial las alimenta. ¿No valen ustedes mucho más que ellas?"[10]

Con amor, te digo que mantengas la mirada en Cristo y en su obra cumplida en la cruz. No solo añadirá Él las cosas que necesitas en esta vida sino que además hará que el éxito no sea un peligro. Ven, vamos a ver el libro de Jeremías para leer qué dice el Señor sobre poseer riquezas, sabiduría y poder.

> "Que no se enorgullezca el sabio de ser sabio, ni el poderoso de su poder, ni el rico de su riqueza. Si alguien se quiere enorgullecer, *que se enorgullezca de conocerme, de saber que yo soy el Señor,* que actúo en la tierra con amor, justicia y rectitud, pues eso es lo que a mí me agrada. Yo, el Señor, lo afirmo."
> —Jeremías 9:23-24

Seamos de los que no dependen de su propia sabiduría, poder y riquezas (en resumen, de sus propios méritos). Más bien, que nuestro orgullo (dependencia) esté en entender y conocer a Jesús. Has de saber que por su gracia Él nos otorga favor inmerecido. Que ejecuta justicia contra toda injusticia. Que es recto y justo y nos viste con sus vestiduras de justicia. Cuando más te centras en contemplar a Jesús en todo su amor, y cuanto menos te esfuerzas por ganar cosas por tus propios méritos, tanto menos peligroso será el éxito para ti y tu vida.

Cuando más te centras en contemplar a Jesús en todo su amor, y cuanto menos te esfuerces por ganar cosas por tus propios méritos, tanto menos peligroso será el éxito para ti y tu vida.

Sigamos ahora estudiando la vida de José. Hay muchas gemas preciosas ocultas en ella, que todavía no hemos mirado. Quisiera que vieses lo que significa que un hombre no corra peligro ante el éxito. En el capítulo anterior vimos que la presencia manifiesta del Señor en su vida hacía que a José le fuera bien en todo y que prosperara. Los resultados que producía José eran tan espectaculares que incluso Potifar, un hombre pagano sin discernimiento espiritual, pudo ver que el Señor estaba con José. Potifar no era ningún tonto. Cuando vio que todo lo que José tocaba daba fruto, el joven "encontró favor con él" y Potifar le ascendió al puesto de supervisor de su casa, y puso "todo lo que tenía" bajo la autoridad de José. La Biblia entonces nos dice que el Señor bendijo la casa de Potifar "por motivo de José" y que la bendición del Señor estuvo sobre todo lo que poseía Potifar, en su casa y en el campo.[11]

Quiero decirte que el favor inmerecido que tienes con

el Señor desbordará y, como resultado, llegará a quienes te rodean. En tu profesión, cuando Jesús haga que prospere todo lo que toques, recibirás favor de tus superiores y eso significará abundancia y ascenso. Cree que a causa de ti, hijo o hija de Dios, tu organización prosperará y será bendecida. El Señor bendecirá a tu organización porque estás allí.

La diferencia entre el favor inmerecido de Dios y el favoritismo

Hemos visto que a José le iba bien porque el Señor estaba con él y porque dependía del inmerecido favor de Dios. También es importante que reconozcas que hay una diferencia muy grande entre el *inmerecido favor* de Dios y el *favoritismo*.

El inmerecido favor de Dios se basa enteramente en el mérito de Jesús, y nosotros lo recibimos a través de su obra cumplida en la cruz. Nada hemos hecho para merecer su favor. Es totalmente inmerecido.

Ahora, el favoritismo indica esfuerzo propio. Las personas que dependen del favoritismo para su promoción siempre tienen que andar lustrando manzanas, agradando a los de la oficina, utilizando tácticas de manipulación, serruchando el piso a otros y todo tipo de negociaciones y renuncias a valores, con tal de conseguir lo que quieren. Usan todos sus esfuerzos para abrirse puertas y, mientras tanto, se pierden ellos mismos.

Dios tiene un camino más elevado, un camino mejor para ti. Le apena ver que sus preciosos hijos se arrastran como sicofantes solo para conseguir un avance en sus vidas. Si una puerta se cierra, ¡pues que así sea! Cree entonces con plena confianza que Dios tiene un camino mejor que ese para ti y que no tienes por qué depender del favoritismo para que se te abran puertas y oportunidades, ¡si tienes el inmerecido favor de Dios de tu lado!

Así operaba José. Dependía del Señor para su éxito y no del favoritismo, que habría requerido que arriesgara o renunciara a sus creencias. Cuando la esposa de Potifar insistió en tratar de seducir a José para que durmiera con ella, este se mantuvo firme sobre su fundamento del favor inmerecido. Digo, de paso, que supongo que para José era una tentación real. No olvidemos que Potifar era un oficial de alto rango, capitán de la guardia, hombre de posición, influencia y riqueza. Como hombre de mundo no se habría casado con una mujer fea por su belleza interior ¡y seguro que tampoco con una abuela de ochenta años! Definitivamente, habría elegido a una joven y bella mujer para que fuera su esposa, de manera que sería una de las mujeres más hermosas de la tierra.

No hay duda entonces de que para José, la tentación era real ¡y por eso tenía que huir de ella! Esa mujer no tentó a José solo una vez. La Biblia nos dice que "ella insistía con José todos los días para que se acostara con ella y estuviera a su lado".[12] Pero el joven se negaba, diciendo: "En esta casa no hay nadie más importante que yo. Mi patrón no me ha negado nada, excepto meterme con usted, que es su esposa. ¿Cómo podría yo cometer tal maldad y pecar *así contra Dios*?".[13]

A partir de sus palabras queda claro que José conocía el origen de su éxito, su favor y sus bendiciones. Ceder a las tentaciones de la mujer de Potifar para él no era una maldad o pecado contra su amo solamente, sino también contra Dios. Sabía que toda bendición en su vida era resultado del favor del Señor con él y sabía que no había sido Potifar quien le hizo llegar a ser supervisor de todas las propiedades de ese hombre, aun cuando José había llegado como simple esclavo. ¡Había sido el Señor!

Forja una relación viva con Jesús y anda en sus caminos

Ahora, esto sí es realmente bello. Muchas veces me preguntan: "Pastor Prince, si no enseña usted los Diez Mandamientos a su iglesia, ¿qué será lo que les gobernará?". "¡El Señor mismo!", respondo. Observa la vida de José. Vivió muchos años antes de que se le dieran los Diez Mandamientos a Moisés en el Monte Sinaí. Y sin embargo, podía mirar a la bella esposa de Potifar, que se le regalaba, y decirle: "¿Cómo podría yo cometer tal maldad y pecar así contra Dios?".

Todo esto sucedió antes de que hubiera un mandamiento que ordenara: "No cometerás adulterio".[14] Ahora bien, mi pregunta es: ¿Quién le enseñó eso a José? ¿Quién le enseñó que el adulterio era una gran maldad contra Dios? Reflexiona en eso. Era joven, un hombre de sangre caliente que estaba muy lejos de su tierra y sabía que si dormía con la esposa de Potifar conseguiría muchas ventajas, si decidía depender del favoritismo. Podría haber sentido amargura contra Dios y sus hermanos que le habían traicionado. Podría haber elegido aprovechar la situación que se le presentaba, ya que al parecer las únicas personas que amaba lo habían abandonado. No había nadie allí, por lo que nadie se enteraría. Pero, ¿sabes qué? José tenía una relación con Dios. Tenía una relación con el Rey de reyes. Sabía que el Señor estaba con él a cada paso del camino y que no lo había abandonado.

Lo que hace que el éxito no represente peligro
para ti es saber que Cristo es tu éxito.

Verás, no podemos forjar una relación con la ley, con dos frías tablas de piedra. Pero sí podemos tener una relación viva con Jesús, por lo que pondrá sus leyes en nuestras mentes y las escribirá en nuestros corazones,[15] haciendo que caminemos en sus caminos, que llevan a la vida. José no tenía Diez Mandamientos que rigieran su vida. Lo único que tenía era una relación viva con el Señor. Sabía que Jesús era su éxito, ¡y eso hacía que no hubiera peligro con el éxito en su vida!

Capítulo 4

Éxito más allá de tus circunstancias

La presencia de Jesús es todo lo que te hace falta. Disfrutar de su presencia a diario en todo lo que haces te da entusiasmo. La Biblia cuenta la historia de un grupo de amigos que hicieron un agujero en el techo de una casa para evitar las multitudes que les impedían acercarse a Jesús. Querían que Él sanara a su amigo paralítico.[1] Me encanta ese espíritu de "hacer lo que sea" con tal de estar en presencia de Jesús. Pero, ¿sabes qué? Hoy no necesitamos escalar montañas, ni cruzar a nado vastos océanos ni romper techos para estar en su presencia. Allí adonde estás, Jesús, tu Emmanuel, ¡está contigo!

Hay una pregunta retórica muy importante en la Biblia. Te animo a que la aprendas de memoria:

> Si Dios está de nuestra parte, ¿quién puede estar en contra nuestra?
>
> —Romanos 8:31

Por desdicha, siguen habiendo creyentes que hoy se preguntan: "¿Está Dios realmente de mi parte?". Bueno, quiero decirte que la Palabra de Dios no dice "*tal vez* esté de nuestra parte", o *"esperemos que* Dios esté de nuestra parte". Dice, sencillamente: "Si Dios está de nuestra parte, ¿quién puede estar en contra nuestra?". Entonces, si Dios está de tu parte, ¿qué oposición podría estar en contra? Si es Dios mismo el que pelea por ti, que te defiende y te reivindica, ¿qué adversidad o adversario podría contigo? ¡Nadie ni nada! ¡Aleluya!

Es probable que digas: *Pero pastor Prince, ¿cómo es que Dios está de nuestra parte? Porque aunque soy cristiano sé qué lejos estoy de ser perfecto. Sigo perdiendo los estribos en el tráfico de vez en cuando y, además, suelo enojarme a menudo con mi esposa y mis hijos. ¿Por qué estaría Dios de mi parte, si yo no cumplo con todos sus parámetros? ¿No sabe usted que Dios es santo?*

Es una buena pregunta. Y te diré por qué. La respuesta está en la cruz. La sangre que Jesucristo, el Hijo de Dios, derramó en la cruz, ha puesto a Dios de tu parte. Hoy, Dios puede estar de tu parte aunque no seas perfecto, ¡porque la sangre de Cristo te lavó para que estés más blanco que la nieve!

¿Has visto la película de Cecil De Mille, *Los Diez Mandamientos*? ¿O *El príncipe de Egipto*? ¿Recuerdas lo que pasó la noche de la Pascua? Los hijos de Israel pintaron los dinteles de sus puertas con sangre de cordero. ¿Qué significó esa sangre? ¡Esa sangre puso a Dios de parte de ellos! Ninguna de las familias que pintaron con sangre sus puertas temía que muriera su primogénito.

---

*Hoy Dios está de tu parte a causa de la sangre
del Cordero perfecto, Jesucristo.*

Ahora, pensemos en esto por un momento. ¿Esos

primogénitos de Israel se salvaron porque tenían conducta perfecta? ¿O fue por la sangre del cordero? ¡Por la sangre del cordero!

Asimismo Dios no te bendice, como creyente del nuevo pacto, por tu conducta perfecta. Él está de tu parte hoy a causa de la sangre del Cordero perfecto, Jesucristo. Por eso es que como creyentes de hoy, no tenemos que pelear por nosotros mismos. Me gusta decirlo de esta manera: "Si Dios está de nuestra parte, ¿quién podría oponérsenos y tener éxito en ello?". Recuerda siempre que Dios está de tu parte hoy, a causa de la sangre de Jesús. Su santidad y su justicia, a lo que temen los hombres, están de tu lado a causa de la sangre de Cristo. Su inmerecido favor está de tu parte, y son tuyos todos los recursos del cielo ¡por la sangre de Cristo! Ahora, ¿quién podrá vencerte? Ni la enfermedad, ni los acreedores, ni las acusaciones malvadas, ni los chismes, ni ninguna de las armas que se forjen o levanten en contra de ti podrán tener éxito.[2]

No te puedes ganar el favor de Dios puesto que es un regalo

"Bueno, pastor Prince, pero Jesús está de parte de algunos porque son los que hacen el bien. Yo no hago el bien ni para Dios ni para los demás, así que ¿cómo podría estar Jesús de mi parte?"

Hay gente que piensa que si hace buenas obras o se dedica mucho a la caridad, pondrán a Dios de su parte. No sé cómo, creen que si han donado bastante dinero a los pobres o han dado su tiempo para servir en la iglesia, todas esas cosas les ganarán favor con Dios y harán que Él esté de su lado. Seamos sinceros y hablemos con franqueza. Dios no está contigo por lo que hagas o dejes de hacer, ni por lo que hayas hecho o hayas dejado de hacer. Ese tipo de pensamiento sigue centrando la atención en ti, y eso se llama religión. No es religión, de lo que se trata es de ¡relación!

Todas las religiones se centran en ti, en lo que debes y no debes hacer, y en la frecuencia con que debes hacer tal o cual cosa. La religión siempre centra la atención en la persona, en que haga o no algo para poder ganar el favor de Dios y así tenerlo de su lado. El cristianismo se convierte en religión para los cristianos que creen que al pasar mucho tiempo leyendo la Biblia, orando, ayunando o dando de su tiempo en la iglesia, ganan favor con Dios. Piensan que todas sus buenas obras pondrán a Dios de su lado, para que les conteste sus oraciones.

Pero, ¿realmente piensas que puedes torcerle el brazo a Dios con tus mal llamadas "obras religiosas"? Quiero preguntarte algo: ¿Responde Dios tus oraciones por mérito tuyo o por mérito de Jesús? ¿Está Dios de tu parte por mérito tuyo o de Cristo? Vamos, es importante tener bien claras estas verdades fundamentales, y no estar yendo y viniendo para merecer el favor de Dios cuando lo que Él quiere es que lo recibamos todo por su inmerecido favor. ¿Estoy diciendo que no hay que leer la Biblia, ni orar, ni ayunar, ni servir al Señor en la iglesia? ¡No! ¡Mil veces no! Lo que digo es que cuando haces estas cosas, las haces de corazón, de un corazón que quiere hacerlo y no de un corazón obligado a hacerlo por motivos religiosos.

Reflexiona conmigo por un momento. ¿Te gustaría que tu cónyuge pasara tiempo contigo porque lo desea o porque tiene que hacerlo? ¿Crees que es diferente nuestro amoroso Dios? A Jesús no le interesan para nada tus obras religiosas. Es más ¡no le interesa la religión en absoluto! Lo que le interesa es que desees pasar tiempo valioso con Él en su Palabra, para que pueda hablarte, animarte e impartirte la sabiduría necesaria para el día. No se trata de cumplir con tu cuota de lectura bíblica cada día, ni de acumular suficientes minutos de oración ni de ayunar tanto tiempo como sea necesario para obtener las bendiciones de Cristo. Nada de eso.

Si haces todas esas cosas, ha de ser porque tienes una revelación permanente de que la presencia de Jesús está contigo, porque entiendes que su inmerecido favor es para ti, y porque tienes la certeza de que está de tu parte. Y de esa sobreabundante apreciación de su amor, que no mereces, quieres oír su voz, y buscar su rostro. Empiezas a confiar en el Señor con todo tu corazón, y ya no confías en tu propio entendimiento. Empiezas a reconocerle en todos tus caminos y le permites que dirija tus pasos.[3] ¿No es asombroso que el ser humano, cegado por sus propios esfuerzos, pueda convertir en obra algo tan bello como pasar tiempo valioso con Cristo?

La presencia de Cristo en tu vida es un regalo de Dios. No puedes merecer su favor, por muchas obras religiosas que hagas.

Amigo, amiga, Dios está contigo hoy a causa de su precioso Hijo, Jesús. Porque Dios amó tanto al mundo que dio a su único Hijo, cuyo nombre es Emanuel. Dios nos dio a Jesús. La presencia de Cristo en tu vida es un regalo de Dios. No puedes merecer su favor, por muchas obras religiosas que hagas.

Su presencia en tu vida es un regalo. Ahora, ya que no hiciste nada para merecer su presencia en tu vida, no hay nada que puedas hacer para que su presencia te abandone. Si has recibido a Jesús en tu corazón, jamás te dejará ni te abandonará.[4]

"Pero, pastor Prince, si yo fallo ¿no me abandona Jesús?"

No. Jesús está allí, a tu lado, para animarte y restaurarte a la plenitud. Es posible que digas: "¡No lo merezco!". Y tienes razón. Es por eso que es su favor inmerecido, en tu vida. Hay un hermoso salmo que dice: "El Señor afirma los pasos del hombre cuando le agrada su modo de vivir; podrá tropezar, pero no caerá, porque el Señor lo sostiene de la mano".[5] Así que, cuando tropiezas el Señor te sostiene. A diferencia de algunos de los que llamas "amigos", Él no se aleja de ti. Puedes contar con Él. Es un amigo fiel, confiable, de quien puedes depender. Y aun cuando tú le falles, Él sigue allí contigo, listo para levantarte y restaurarte a la plenitud. ¡Amén! La Biblia habla del amigo "más fiel que un hermano".[6] ¡Ese es Jesús!

Divino intercambio

Hubo un tiempo, bajo la ley del Antiguo Testamento, en que Dios estaba contigo solo si eras completamente obediente. Si fallabas, Él se apartaba. Hoy, sin embargo, tú y yo estamos bajo un pacto completamente diferente, por lo que Dios jamás nos abandonará. ¿Por qué? Por lo que hizo Jesús en la cruz. En la cruz se convirtió en nuestro sacrificio, nuestro holocausto. Cargó con nuestros pecados y sufrió el castigo que nos correspondía. El juicio de Dios contra nuestros pecados cayó sobre Jesús, que fue abandonado por su Padre en la cruz para que hoy podamos tener la constante e incesante presencia de Dios en nuestras vidas.

Jesús gritó: "Dios mío, Dios mío, ¿por qué me has abandonado?".[7] Para que tú y yo sepamos exactamente qué fue lo que pasó en la cruz. Allí se concretó el intercambio divino. En la cruz Jesús cargó con nuestros pecados y renunció a la presencia de Dios, en tanto nosotros adoptamos la rectitud y la justicia de Cristo y recibimos la presencia de Dios que tenía Cristo. La presencia de Dios ahora es nuestra por toda la eternidad. ¡Qué clase de intercambio divino!

Si haces todo bien, Él está contigo. Y si no lo haces, ¡sigue allí contigo!

Mira conmigo lo que dice la Biblia sobre nuestra herencia en Cristo: "Porque Dios ha dicho: 'Nunca te dejaré; jamás te abandonaré'. Así que podemos decir con toda confianza: 'El Señor es quien me ayuda; no temeré. ¿Qué puede hacerme el ser humano?'".[8] ¡Qué gran confianza podemos tener hoy! ¿Sabes lo que significa ese "nunca" y ese "jamás"? Significan que cuando estás en lo alto, Él está contigo. Y cuando estás en el pozo más profundo, también lo está. Cuando estás feliz, Él está contigo. Y cuando estás triste, también. Cuando haces las cosas bien, Él está contigo. Y aunque te equivoques y no lo hagas todo bien, sigue estando contigo. ¡Eso es lo que significan las palabras de Jesús cuando afirma que jamás nos abandonará ni nos dejará!

En caso de que todavía no te hayas convencido, quiero mostrarte lo que declara el texto original en griego. Cuando

Jesús dijo: "Nunca te dejaré. Jamás te abandonaré", utilizó un "doble negativo"[9] para transmitir el sentido del "nunca" más poderoso que existe en la lengua griega. Utiliza los términos *ou me*, que en esencia significan "nunca nunca" o "nunca jamás". Y este doble negativo aparece dos veces en esta declaración del Señor. Tanto en "nunca" como en "ni". Es decir que Dios nos está afirmando: "¡Nunca jamás te dejaré ni nunca jamás te abandonaré!". La Biblia en inglés Amplified Bible, destaca la fuerza de esta declaración de Dios:

> De ningún modo te fallaré ni te dejaré ni te abandonaré, no lo haré, no lo haré, no lo haré jamás, ni te dejaré indefenso ni renunciaré a ti, ni te soltaré la mano. Con toda certeza lo digo.
>
> —Hebreos 13:5*

¡Eso es lo que ha hecho Jesús por nosotros! ¡Nos ha dado la presencia constante de Dios! Ahora necesitas que esto quede grabado en tu corazón, de una vez por todas: ¡Dios jamás te dejará! ¡Dios jamás te abandonará! Y si oyes a alguien que afirme que puedes renunciar a la presencia de Dios, ya no lo oigas más. No permitas que esa persona te robe la certeza de la presencia de Dios en tu vida. Porque cuando Dios dice "nunca jamás", lo dice con la intención de que sea "nunca jamás". ¡Y nuestro Dios no miente!

No evalúes la presencia de Dios y el favor inmerecido según tus circunstancias

Ahora que sabes que la presencia de Dios en tu vida es una constante garantizada, quiero que reconozcas que no puedes

---

* N.T.: Traducción libre de texto bíblico de la *Amplified Bible*.

evaluar la presencia de Dios y su inmerecido favor basándote en tus circunstancias. Para ayudarte a entender lo que significa esto, quiero que sigamos estudiando la vida de José, desde donde la dejamos en el capítulo anterior.

José ha rechazado los avances de la esposa de Potifar y, dicho en lenguaje cotidiano: "¡No hay furia mayor que el de una mujer despechada!". Con malicia, ella acusa a José diciendo que intentó violarla, y como "evidencia" muestra la ropa que el joven dejó en sus manos al escapar de ella. Cuando Potifar oyó la versión de su esposa, enfureció y mandó buscar a José. Le quitó su autoridad y lo envió a prisión.

Ahora, ponte en el lugar de José. ¿Qué pasa aquí? Todo parece tan conocido, ¿verdad? Con el doloroso recuerdo de la traición de sus hermanos, que le echaron en el pozo, aquí está José una vez más, en un calabozo, aunque no había hecho nada malo. Cualquiera sentiría resentimiento y amargura contra Dios. Muchos dirían: "¿Dónde está Dios? ¿Para qué le hizo llegar tan alto y ahora lo abandona? ¿Cómo puede ser? ¿Dónde está la justicia contra esta falsa acusación?"

Pero José no era "Juan de los palotes". Sabía que el Señor nunca le dejaría, que jamás le abandonaría. Consideró, no sus circunstancias, sino la presencia del Señor y allí centró su mirada. Ya fuera un esclavo común, un supervisor en casa de Potifar o un prisionero como ahora, con la posibilidad de pasar la vida en la cárcel por un delito que no había cometido, José no evaluó el inmerecido favor de Dios según sus circunstancias. En vez de amargarse, mantuvo su esperanza en el Señor. En lugar de tirar la toalla y renunciar a Dios y a la vida, mantuvo su confianza, sabiendo que todo su éxito estaba cubierto por la presencia del Señor.

¡Y claro que el Señor lo liberó! Quiero que leas esto para que veas qué hizo el Señor por José:

> El Señor estaba con él y no dejó de mostrarle su amor. Hizo que se ganara la confianza del guardia de la cárcel, el cual puso a José a cargo de todos los prisioneros y de todo lo que allí se hacía. Como el Señor estaba con José y hacía prosperar todo lo que él hacía, el guardia de la cárcel no se preocupaba de nada de lo que dejaba en sus manos.
>
> —GÉNESIS 39:21-23

Cuando tienes el inmerecido favor de Dios, tu única opción es la prosperidad

Cuando el favor inmerecido de Dios está en tu vida dondequiera que estés, como el caso de José, (1) no puedes más que encontrar favor, (2) todo lo que haces prospera, y (3) tu única opción es avanzar y prosperar más de lo que podrías haber soñado.

¿Ves entonces que este era el patrón de la vida de José? Un patrón congruente. No importaba si era esclavo o prisionero. Lo mismo se aplica a ti. Cuando el inmerecido favor de Dios está en tu vida, eres como una pelota de goma en un estanque de agua. Habrá circunstancias naturales que intentarán hundirte y mantenerte bajo la superficie, pero el inmerecido favor de Dios ¡siempre hará que salgas a flote y sigas subiendo, cada vez más alto!

No dejes que tus circunstancias actuales te desalienten. Sé

que a veces las cosas se ven mal, tristes, desalentadoras y hasta devastadoras. Pero no acaba allí la cosa. Escribí este libro para decirte que ¡la cosa no acaba allí! No creo ni por un momento que entre los millones de libros que se publican en este momento, tengas este en tus manos por coincidencia o casualidad. Esta es una cita divina. Creo que Dios te está diciendo: "No te des por vencido ahora. ¡Esto no acaba aquí!".

Hay muchas ocasiones en que las cosas más tristes de la vida son en realidad plataformas de lanzamiento, que Dios usa para darte el impulso más grande. ¡Así fue en el caso de José! Rebobinemos para ver las huellas digitales del Señor en los altibajos de la vida de José. Si sus hermanos no lo hubiesen traicionado, él no habría sido vendido como esclavo. Si no hubiera sido vendido como esclavo, no habría estado en la casa de Potifar. Si no hubiera estado en la casa de Potifar, no habría acabado en una prisión egipcia que era específicamente para los prisioneros del rey. Si no hubiera estado en esa prisión en particular, no habría interpretado los sueños de los oficiales del faraón. Si no hubiera interpretado los sueños de ellos, no le habrían llamado dos años más tarde para interpretar el sueño del monarca. Si no hubiera interpretado el sueño del faraón, este no habría ascendido a José al puesto de ¡primer ministro de todo el Imperio Egipcio!

> *Los puntos más bajos y oscuros de tu vida*
> *pueden ser la plataforma de lanzamiento que*
> *Dios use para darte el mayor impulso.*

Esto es lo que le dijo el faraón a José: "Puesto que Dios te ha revelado todo esto, no hay nadie más competente y sabio que tú. Quedarás a cargo de mi palacio, y todo mi pueblo cumplirá tus órdenes. Sólo yo tendré más autoridad que tú, porque soy el rey. Así que el faraón le informó a José: Mira, yo te pongo a cargo de todo el territorio de Egipto".[10] Si recordamos el pasado, es claro que el Señor convirtió la hora más oscura de José en su momento más brillante.

Has visto que la presencia de Dios en la vida de José y su inmerecido favor, hicieron que este pasara de lo más bajo y profundo de un pozo al palacio, como si de una montaña de estiércol pasara al Capitolio, o del retrete a la Casa Blanca. Deja ya de mirar tus circunstancias, no dejes que te desalienten. El mismo Señor que estuvo con José, está contigo ahora mismo. ¡No puedes fracasar! ¡Solo puedes esperar el éxito más allá de tus actuales circunstancias!

Capítulo 5

Vive la presencia de Cristo

chemos una mirada a un par de prácticas clave en cuanto a cómo puedes comenzar a experimentar la presencia manifiesta de Dios en tu vida. Una cosa es saber que Dios está contigo en teoría, pero para experimentar su presencia, ¡debes aumentar tu conocimiento de su presencia, viviéndola! No es algo difícil. Es más, no debería requerir mucho esfuerzo de tu parte. ¿Sabías que incluso cuando has estado leyendo o sigues leyendo acerca de Cristo ahora mismo, has estado y estás experimentando la presencia de Jesús? Mientras lees acerca de Cristo y descubres lo que Él dice acerca de ti en su Palabra, instantáneamente te vuelves más consciente de su presencia contigo ahora mismo (valga la redundancia), sin hacer esfuerzo alguno.

Cuanto más y más pienses en Cristo, empezarás a sentir una paz como nunca tuviste, una fuerza que nunca sentiste y una alegría que no puedes describir con palabras. La sabiduría comienza a fluir y se perfecciona tu habilidad para tomar decisiones. El solo hecho de estar expuesto a la presencia del Hijo del Dios viviente, hace que ocurra el gran avance sobrenatural por el cual has estado luchando.

Amigo, amiga, los árboles no se esfuerzan ni luchan para producir fruto. Más bien, con la exposición a la luz del sol y la cantidad de agua adecuada, los frutos se producen sin esfuerzo alguno. De manera similar, con una exposición adecuada a la luz del HIJO y el agua viviente de la Palabra de Dios, se producen buenos frutos en tu vida sin esfuerzo algo. Tu victoria es un fruto. Tu éxito es un fruto. Tu salud es un fruto. La armonía familiar es un fruto. El éxito en tu carrera es un fruto. ¡Todos estos frutos buenos nacen con el solo hecho de estar en presencia del Señor! El estrés, la depresión y el enojo se esfuman y ya no dominan tus pensamientos. La preocupación no tiene sustento en tu mente. El conocimiento del amor perfecto de Jesús por ti remueve todo vestigio de inquietud y miedo. Te sientes y comienzas a vivir como la creación nueva en Cristo que eres, sin importar las circunstancias en que te encuentres. ¡Aleluya!

La presencia de Dios está contigo para hacer de ti un éxito, no para encontrar fallas en ti

Cuando ves que el Señor está contigo sucede algo muy único y precioso. Confía en el Señor para que abra tus ojos de modo que puedas verlo en tu situación, y cuanto más lo ves, más se manifestará a sí mismo. Si estás a punto de comprometerte en un importante acuerdo de negocios, te aseguro que si puedes ver al Señor allí contigo, su sabiduría fluirá a través de ti y te dará una perspectiva sobrenatural para localizar cualquier falla, detalles o cláusula de salida que esté faltando en el contrato que estás a punto de firmar.

Una vez que involucres a Jesús y reconozcas su presencia, lo sentirás interviniendo en cada decisión que estás por tomar, por medio de la ausencia o la presencia de su paz. En apariencia, todo puede parecer en orden, pero de alguna forma, si sientes que está apareciendo una disconformidad en ti cada vez que piensas en tu decisión, mi consejo sería que no te apresures a tomarla. Una vez que involucres al Señor, la falta de paz que sientas muchas veces es su guía para protegerte. Incluso podrías estar en medio de una discusión con tu cónyuge, pero tus palabras cambiarán en el momento en el que reconozcas la presencia de Dios. De alguna manera, habrá una moderación sobrenatural que sabrás que no proviene de ti. ¡Ese también es el Señor!

La presencia de Dios está contigo para guiarte, para dirigirte, para llevarte a ser más como Cristo y para hacer de ti un éxito en todos tus emprendimientos.

Antes de que continuemos, solo tengo que decir esto: es importante que erradiques la idea de que el Señor está presente para *encontrar las fallas* en ti. Es posible que hayas sido criado en un ambiente en el que tus padres todo el tiempo estaban señalando tus fallas y tus errores, pero no proyectes esta característica en el Señor. Dios lo conoce todo acerca de ti, y aun así te ama perfectamente porque te ve a través de los lentes de la cruz, ¡donde su Hijo *eliminó* toda falla de tu vida!

De modo que incluso tu discusión actual con tu cónyuge es lavada por la sangre de Jesús. La presencia de Dios no está contigo para juzgarte ni para golpearte en la cabeza con un palo gigante en el momento en el que cometes un error. No amigo, amiga, su presencia está contigo para dirigirte, para guiarte, para llevarte a ser más como Cristo y hacerte exitoso en todo lo que hagas.

No importa dónde estés, el Señor está contigo. Incluso en medio de tus temores, mientras estás a solas en tu habitación, Él está allí contigo. Cuando comiences a estar al tanto de su presencia y a cultivarla, todos tus miedos, tus ansiedades y tus preocupaciones se derretirán como manteca en un día caluroso, o como lo describe el salmista David: "Ante el Señor, dueño de toda la tierra, las montañas se derriten como cera".[1]

No puedes alejarte sicológicamente del miedo ni de las preocupaciones. No puedes simplemente decirte: "Vamos, deja de preocuparte. No hay de qué preocuparse". Eso no funciona. La duda seguirá mirándote a la cara y tus problemas continuarán siendo más insuperables que nunca, no importa cuánto te esfuerces por levantarte sicológicamente. Eso es lo que está intentando hacer el mundo, pero no funciona. La presencia del Señor es lo que se necesita para mantenerte alejado de las preocupaciones.

Jesús no te está pidiendo que te levantes a ti mismo sicológicamente y vivas en un estado de negación. ¡De ninguna manera! Lo que te dice es: "En medio de tu aflicción, yo soy tu escudo. Yo soy tu defensor. Yo soy tu fortaleza. Yo soy tu refugio. Yo soy tu reserva. Yo soy tu sanación. Yo soy tu proveedor. Yo soy tu paz. Yo soy tu gozo. Yo soy tu sabiduría. Yo soy tu fuerza. ¡Yo soy la gloria y quien mantiene en alto tu cabeza!".[2]

¡Amén! No te está pidiendo que finjas que los hechos no

están allí. ¡Quiere que te des cuenta que ÉL ESTÁ ALLÍ CONTIGO!

Cuando sepas que está contigo y de tu parte, y cuando pongas tus problemas en sus manos gloriosas, comenzarás a obtener una evaluación más certera de qué tan "grandes" son tus problemas. Cuando estaban en tus manos, el peso y la presión de tus problemas podrían haberte aplastado. Pero cuando involucras a Jesús, ¡los problemas que en algún momento fueron monumentales se vuelven microscópicos en sus manos!

El amor de Dios por ti es privado, detallado y completamente profundo

¿Sabes por qué hay tantos creyentes hoy en día que no entregan sus preocupaciones al Señor? Es porque no tienen la revelación de que Él se preocupa por ellos. Mira lo que dice su Palabra: "Depositen en él toda ansiedad, porque él cuida de ustedes".[3] A menos que confíes absolutamente que Jesús cuida de ti, no depositarás tus ansiedades en Él. Solo piensa, ¿llamarías a un pariente o a un amigo para pedirle ayuda en tus momentos de necesidad si no confiaras que esa persona respondería a tu llamado? Jesús cuida de ti. Cuando lo llamas, ¡debes saber que tienes toda su atención puesta en ti con todos los recursos del cielo apoyándote!

Quizás ahora estés pensando: *"Bueno, seguro que Jesús tiene cosas más importantes que hacer en lugar de preocuparse de mi problema"*. Espera. Al decir eso, acabas de demostrar que en realidad no crees que Jesús cuide de ti. Ahora veamos qué dice la Biblia: "Así mismo sucede con ustedes: aun los cabellos de su cabeza están contados. No tengan miedo; ustedes valen más que muchos gorriones".[4]

Amo y cuido de mi dulce hija, Jessica. Pero a pesar de todo lo que la amo y me ocupo de su bienestar, nunca, ni siquiera una vez, ¡conté la cantidad de cabellos en su cabeza! Ella no sabe qué bendición tan grande ha sido para mí. Me encanta besarla, oler su cabello y abrazarla con fuerza. Aun así, con todo mi amor por ella, en todos estos años, ¡nunca me tomé el tiempo de contar la cantidad de cabellos de su cabeza!

Pero, ¿sabías que tu Padre celestial cuenta cada cabello de tu cabeza? Espero que estés comenzando a entender el corazón de Cristo y no generalices su amor por ti. Su amor por ti lo abarca todo. Si cuida tanto de ti como para llevar la cuenta de los cabellos de tu cabeza, ¿existe algo tan pequeño para Él como para que no puedas hablarle de eso?

Dios está vital e intensamente involucrado en los detalles del minuto a minuto de cada día de tu vida.

El amor de Dios por ti es infinitamente minucioso. Jesús dijo que ni un gorrión cae al suelo apartándose de la voluntad del Padre. ¿No vales tú más que un gorrión? ¿Es Dios un Dios que pone a funcionar el reloj y deja que ande solo hasta que Cristo vuelva? ¿Está involucrado solo en los hechos relevantes del mundo como nuestra salvación, o está vital e intensamente involucrado en los detalles del minuto a minuto de cada día de tu vida? ¿Qué crees? La Biblia dice que Él llama por nombre a sus ovejas.[5] Amigo, amiga, ¡su amor por ti es privado, detallado y completamente profundo!

Ve a Jesús en medio de todas las cosas que hagas

Cuando estudias tu Biblia, sabiendo que el Señor está contigo, te asombrarás de cómo se hace vida la Palabra de Dios. Así es como yo leo la Palabra. No estudio solo para preparar los sermones de los domingos. Voy a la Palabra para beber del agua viva de Cristo. Soy consciente de que Él está a mi lado, enseñándome, hablándole a mi corazón, y puedo decirte que tenemos las mejores conversaciones durante esos momentos, por ello siempre termino renovado y con nuevas energías.

Leer su Palabra se ha vuelto un gran momento de intimidad entre Jesús y yo. Me pierdo y me quedo completamente absorto en su presencia hasta que pierdo la noción del tiempo. ¡No puedo explicarte la cantidad de veces en las que miré mi reloj luego de sumergirme en su Palabra y me di cuenta de que ya eran las cinco de la mañana! ¿Sabes lo que se siente cuando estás disfrutando de una buena taza de chocolate en una cafetería con los amigos que quieres, y te diviertes tanto, riéndote y compartiendo, que el tiempo simplemente parece desaparecer? Bueno, ¡puedes disfrutar de la presencia de Jesús de la misma manera!

Una vez que eres consciente de que Jesús está contigo, leer la Biblia ya no se siente como una tarea o una obligación. No estarás mirando el reloj haciendo tic, tac, tic, tac y sintiendo como si hubiera pasado una eternidad ¡a pesar de que solo hayan sido cinco minutos! Así es como se siente una obligación, como si el tiempo se detuviera y estás impaciente por terminar. El estudio de la Biblia separado de su presencia es un trabajo muerto. Pero cuando es como ponerse al día con tu mejor amigo, ¡nunca parece haber tiempo suficiente!

Ve al Señor en medio de todo lo que hagas y aprende a ponerlo en escena. Él hace que todo en tu vida sea hermoso. Cuando recuerdas tu pasado, las cicatrices de ayer todavía pueden estar latentes en tu memoria. Tal vez hayas sido maltratado sexualmente en tu niñez o alguien en quien confiabas hirió tus sentimientos. Ahora, al recordar el pasado, sientes enojo, decepción y frustración, todo al mismo tiempo, y el dolor todavía destroza tu corazón. Pero en medio de tu dolor, quiero desafiarte a que comiences a involucrar a Jesús. Observa al Señor sosteniéndote, sanando con gentileza tus heridas. Jesús está justo allí restaurándote, poniendo valor en tu corazón y quitando todo el sentimiento de vergüenza y culpa.

Amigo, amiga, Él quiere que sepas que tu pasado no determinará el futuro que tiene para ti. Una vez que involucres al Señor y lo ubiques en tus aguas amargas, Él convertirá la amargura en dulzura. Eso es lo que hizo el Señor por los hijos de Israel. Cuando llegaron al lugar llamado Mara, no podían tomar sus aguas porque eran amargas. Moisés llamó al Señor y este le mostró una planta que Moisés sumergió en las aguas. Cuando hizo eso, la Biblia dice que "el agua se volvió dulce".[6]

Tu pasado no determinará el futuro que Él tiene para ti.

¿Por qué las aguas amargas, imbebibles se volvieron refrescantes y dulces? La respuesta está en esa planta, en ese árbol. El árbol es una imagen de la cruz en la que nuestro

Señor Jesús fue colgado, limpiando todo corazón quebrantado y toda señal de traición. Cuando traes a Jesús a tu situación, ¡Él puede hacer que toda experiencia amarga se vuelva dulce! ¡Habla con Él y permite que su presencia te restaure hoy!

Cuando vives en la presencia de Cristo, te contagias de su gloria, su hermosura y su poder

David es un ejemplo excelente de alguien que habló con el Señor y vivió en su presencia todo el tiempo. Incluso siendo un joven adolescente, ocupándose de las ovejas de su padre en los campos, cantaba salmos e himnos al Señor y tocaba su arpa.

En 1 Samuel 16, la Biblia recuerda que el rey Saúl estaba muy inquieto y sus sirvientes le dijeron que lo que lo estaba aquejando era un espíritu angustioso. Le aconsejaron que llevara a David ante él para que tocara el arpa, diciendo que los espíritus malignos se iban cuando David tocaba su arpa. Uno de los sirvientes describió al joven David como "un muchacho que sabe tocar el arpa. Es valiente, hábil guerrero, sabe expresarse y es de buena presencia. Además, el Señor está con él".[7] ¿Sabes por qué David pudo hacer que Saúl se mejorara solo por el hecho de tocar su arpa? ¿Sabes por qué David podía tener tales honores sobre él? Creo que la clave está en la última parte del versículo: "el Señor está con él".

Unos años después de que Wendy y yo nos casáramos, sucedió un accidente que nunca olvidaré. Un día yo estaba regresando a casa y me subí a un ascensor lleno de gente. Un grupo de mujeres subió al mismo ascensor cuando paró en otro piso ... sus perfumes eran tan densos y fuertes que deben haber estado usando Chanel No. 1000.

No puedes estar ante la presencia del Señor sin contagiarte su gloria, su majestuosidad, su belleza, su poder, su amor y su paz.

Bueno, casi mareado y sofocado, llegué a casa y besé a Wendy con mi típico "Hola querida, volví". Entonces, ella me miró y dijo: "Esa es una fragancia de mujer. Conozco esa fragancia". Le dije: "Escucha querida, escucha... de veras, recién...". ¡Y por eso es tan importante que haya confianza en tu matrimonio!

Estoy seguro de que te ha pasado algo similar antes. ¿Alguna vez has caminado por un restaurante o algún otro lugar que esté lleno de humo? Es probable que no fumes, pero en el momento en el que atraviesas el lugar, el olor del humo se impregna en tu pelo y tu ropa. De la misma manera, no puedes estar ante la presencia del Señor sin contagiarte de su gloria, su majestuosidad, su belleza, su poder, su amor y su paz. ¡Comienzas a "oler" a Jesús, a ser poderoso como Él y a llenarte de paz como Él! No hay duda de por qué Hechos 4:13 dice esto acerca de Pedro y de Juan: "Los gobernantes, al ver la osadía con que hablaban Pedro y Juan, y al darse cuenta de que eran gente sin estudios ni preparación, quedaron asombrados y reconocieron que *habían estado con Jesús*".

Vive en la presencia de Jesús con tu profesión

Estés donde estés, sea lo que sea que hagas, con la presencia del Señor y su favor inmerecido cubriéndote, no hay manera de que no seas exitoso. Cuando comencé a trabajar, a poco de cumplir veinte años, empecé con el hábito de vivir en la presencia de Jesús y, en poco tiempo, llegué a ser el mejor vendedor de la compañía. No solo cerraba los tratos más importantes de mi compañía, sino que también aseguraba la mayor frecuencia de transacciones de ventas.

Comencé como uno de los empleados peor pagados de la compañía, pero el Señor me promovió constantemente y me dio diferentes caudales de ingresos dentro de la misma empresa hasta que me convertí en unos de los empleados mejor pagados de esa organización. Por favor, entiende que no estoy hablando esto contigo para sentirme orgulloso. Por sobre todas las cosas sé que todo el éxito que experimenté en mi carrera profesional es resultado de la presencia y del favor inmerecido de Jesús conmigo.

Hablé contigo sobre algunos aspectos de mi carrera profesional (antes de entrar al ministerio a tiempo completo) para que no andes por la vida pensando que tuve éxito gracias al Señor solo por ser pastor. No. Como mencioné antes, sea cual sea la carrera en la que te encuentres, puedes vivir en la presencia de Jesús y de su favor inmerecido, y ¡Él te hará un triunfador!

No importa si eres chef, chofer o ejecutivo. Dios está a tu lado para bendecirte y hacer de ti alguien exitoso. Por supuesto, comprende que me estoy refiriendo solo a profesiones correctas moralmente. No puedes depender del favor inmerecido de Dios si estás en una industria que requiere que renuncies a tu moral cristiana. Si estás involucrado en una industria corrupta moralmente o en un trabajo que espera que mientas, engañes o traiciones, ¡mi consejo es que te salgas de eso! No tienes que depender de un trabajo que te pone en una posición que comprometa tu moral para obtener tu ingreso. Dios te ama de manera íntima y tiene algo mucho mejor para ti. Confía en Él.

Dios está aquí para salvarte de tu autodestrucción. Quiere darte éxito y te ama demasiado como para verte permanecer en un trabajo que te obliga a comprometerte. La Biblia dice: "Vale más la buena fama que las muchas riquezas, y más que oro y plata, la buena reputación".[8] ¡Dios tiene un camino más alto y un plan mejor para tu vida!

Vive en la presencia de Jesús agradeciéndolo y apreciándolo

Hay cristianos que saben en teoría que Jesús está con ellos, pero no viven en su presencia. Personalmente, para mí una de las mejores maneras de vivir en la presencia del Señor es darle gracias todo el tiempo. Puedes darle gracias por todo. Sólo di: "Señor, te agradezco por este hermoso atardecer. Te agradezco por tu amor y por rodearme de cosas buenas y de buenos amigos".

No existe límite para lo que puedes agradecerle ya que toda buena dádiva y don perfecto que disfrutamos hoy proviene directamente de Él.[9] Incluso si has tenido un día difícil en el trabajo y estás afrontando un desafío aparentemente imposible de superar, puedes estar en su presencia. El momento en que veas que tu corazón está apesadumbrado por preocupaciones y tu mente es acosada por la ansiedad, comparte tu desafío con Jesús y agradécele porque este problema no es más grande que sus manos. Comienza a rendirte a Él y a depender de Él por su fuerza, poder y paz.

Al hacer eso, ya estás ubicándote ante la presencia del Señor. Y al honrar su presencia y comportarte como Él lo hace contigo, lo ve como fe en Él e interviene a favor de ti, por tu éxito en cualquier situación en la que te encuentres.

Es triste cuando los cristianos se comportan como esposos que llevan a sus esposas a una fiesta solo para ignorarlas por completo. Ellas podrán estar ahí mismo con ellos físicamente, pero estos tipos están tan ocupados con sus propios amigos, hablando acerca del mercado de valores, la economía y del último partido que vieron por televisión, que sus mujeres podrían muy bien no estar con ellos.

Mujeres, ¿conocen hombres así? Ahora, a los hombres que están leyendo este libro, sé que no son así, de modo que no se ofendan, ¿está bien? Sé que cada uno de ustedes aprecia y ama a su esposa. Lo que estoy tratando de ilustrar es que solo porque alguien esté con ustedes físicamente, no significa que esa persona sienta que ustedes la aprecian. El aprecio solo puede evidenciarse cuando comienzas a reconocer la presencia de esa persona.

A mí lo que me gusta es mirar a Wendy desde el otro lado de una habitación llena de gente, y cuando nuestros ojos se conectan a la distancia, es como si el resto de la gente se esfumara de manera instantánea y quedara solo ella. Quiero que sepa que la aprecio por ir conmigo a una cena o a una reunión. No estoy diciendo que todo el tiempo sea sensible con Wendy, pero hay momentos, y quiero hacer de eso uno distinto para hacerla sentir especial. Ella es muy especial para mí, pero apreciarla verdaderamente y hacérselo sentir es algo mejor. De cualquier manera, como todo esposo, todavía estoy creciendo en este aspecto.

Lo que aprecias aumenta en valor a tus ojos.

Ahora, ¿qué significa la palabra "apreciar"? Significa "aumentar el valor". Si aprecias a alguien, la persona crece en valor a tus ojos. Amigo, amiga, el Señor ya está contigo, de modo que comienza a ubicarte ante su presencia. Comienza agradeciéndole, apreciándolo y aumentando su valor a tus ojos.

¿Qué quiso decir David con: "Engrandezcan al Señor conmigo..."?[10] ¿Podemos agrandar a Dios? Por supuesto que no. El Señor ya es muy grande. Pero el problema es que a veces, nuestro concepto de Él es demasiado pequeño. Me hace recordar la historia de un niño que estaba jugando a orilla del mar. Iba y venía corriendo entre su castillo de arena y el mar, vertiendo balde tras balde de agua en la zanja que había cavado alrededor de su castillo. Cuando llegó el momento de irse, su carita se ensombreció y tiró de la manga de su madre con preocupación. "Mami", dijo, "creo que el mar podría quedarse sin agua porque le saqué muchos baldes de agua".

Estemos al tanto o no, así es como a veces vemos a Dios. Tenemos miedo de dejarlo sin nada, sin saber que sus fuentes son inagotables. Nos volvemos como el niño que tenía miedo de secar el océano con su pequeño balde de plástico. Entonces David dijo: "Hey hermanos, vamos, engrandezcamos al Señor. Hagámoslo más grande en nuestros corazones, en nuestras mentes, en nuestras conciencias. ¡Vamos, engrandezcan al

Señor conmigo!". No podemos hacer al Señor más grande de lo que ya es, pero por supuesto podemos agrandarlo en nuestra conciencia reconociendo más y más que su presencia está con nosotros.

Conoce a tu Comandante en Jefe

Es interesante escuchar cómo hablan algunos cristianos. Es probable que los escuches hablando acerca de lo que les hizo el diablo, cómo se enojaron con él y cómo pasaron toda la noche reprochándole. Tales cristianos también andan por allí contándole a la gente qué les ha estado diciendo el diablo, pero nunca los escucharás hablando acerca de los que *el Señor* les ha estado diciendo. Adivina qué. ¡Están en la frecuencia equivocada!

En vez de engrandecer a Jesús y a su presencia, y ser conscientes de Él, están engrandeciendo al diablo y siendo más y más consecuentes con él que con Jesús. ¡Es realmente triste! Siempre están hablando acerca de la guerra y del diablo. ¿Sabías que la mejor guerra en la que puedes involucrarte es en la de engrandecer al Señor Jesús en tu vida? La Biblia declara: "Que se levante Dios, que sean dispersados sus enemigos…".[11] ¡Amén!

Hace poco tuve una conversación con una doctora acerca de la guerra espiritual. Ella me dijo: "Cuando hay una dolencia en tu cuerpo, debes saber cuál es el nombre médico correcto de ella a fin de que puedas orar de la manera correcta para sanar". Luego, con cierta superioridad me comentó: "Si estuviste en el ejército deberías saber esto: la estrategia militar más importante es conocer a tu enemigo".

Le sonreí y dije: "En realidad, creo que la estrategia militar más importante no es conocer a tu enemigo, sino conocer a tu comandante en jefe y las órdenes que él te da".

Amigo, amiga, ¿conoces a tu comandante en jefe, Jesucristo? ¿Sabes con seguridad que su presencia y su favor inmerecido están contigo? ¡Comienza hoy a vivir en la presencia de Jesús y observa qué diferencia traerá a tu situación!

Capítulo 6

Tu derecho al inmerecido favor de Dios

o hay duda de que todos los creyentes quieren experimentar el inmerecido favor de Dios. Todos queremos que nos vaya bien en el matrimonio, la familia, el trabajo y también en nuestro ministerio. Anhelamos disfrutar de las mejores y más ricas bendiciones de Dios. Deseamos su provisión, su salud y su poder, fluyendo en nuestras vidas de manera poderosa y sabemos que todas esas bendiciones vienen con el inmerecido favor de Dios. Cuando su inmerecido favor está de tu parte no hay nada que pueda en contra de ti. Pero, ¿cómo es que podemos obtenerlo, si es inmerecido? Si no podemos ganarlo ni merecerlo, ¿cómo confiar en que lo tenemos?

Por los largos corredores de la historia de la Iglesia ha habido muchos escritos valiosos que hablan de cómo puede el creyente experimentar el favor de Dios. Se nos ha enseñado a pensar en grande, a ser positivos y a esperar un trato preferencial. Doy gracias a Dios por los ministros y escritores cristianos que presentan a los creyentes el reto de esperar en sus vidas el favor divino, ahora mismo. He sido muy bendecido por esos ministerios que llevan enorme esperanza y aliento al Cuerpo de Cristo.

Nos hacen falta más ministerios del nuevo pacto como esos, en todo el mundo. Requerimos ministerios llenos de la persona de Jesús, que exalten la cruz y eleven en alto la obra completada por Cristo. Necesitamos ministerios que les recuerden a los creyentes que Dios ya no está enojado con ellos a causa de sus pecados, y que todos sus errores —los del pasado, los del presente e incluso los del futuro— han sido perfectamente clavados y juzgados ya en la cruz. Ya hemos tenido bastantes ministerios basados en la antigua ley, que representa imprecisamente a Dios como alguien duro y enojado.

Una de las cosas clave que quiero hacer en esta obra es edificar sobre las enseñanzas existentes a favor, y dar a los creyentes un fundamento firme en cuanto a por qué tienen derecho al inmerecido favor de Dios en sus vidas ahora mismo. ¿Conoces las respuestas a las siguientes preguntas?

¿Por qué puedes esperar que te ocurra lo bueno?

¿Por qué puedes disfrutar del inmerecido favor de Dios?

¿Por qué puedes pedirle a Dios cosas grandes?

Tu justicia en Cristo es tu derecho al inmerecido favor de Dios

Queridos hermanos y hermanas, las respuestas están en el Monte Gólgota, el lugar del Calvario. Es ese el sitio donde el Hombre libre de pecado se convirtió en pecado para que tú y yo recibiéramos la justicia divina. Su justicia es tu derecho al inmerecido favor de Dios.

Puedes esperar que te ocurra lo bueno…

Puedes disfrutar del inmerecido favor de Dios…

Puedes pedirle a Dios grandes cosas…

…¡porque has recibido la justicia de Dios a través del sacrificio de Jesús en la cruz!

No hace falta que me creas porque yo lo diga. Es importante que leas y conozcas las Escrituras, con tus propios ojos:

> Al que no cometió pecado alguno, por nosotros Dios lo trató como pecador, para que en él recibiéramos la justicia de Dios.
> —2 Corintios 5:21

Tu justicia en Cristo es el fundamento seguro sobre el que puedes erigir sus expectativas en cuanto a recibir el inmerecido favor de Dios. Dios te ve a través del lente de la cruz de su Hijo y así como Jesús hoy merece bendiciones, paz, salud y favor ¡también tú los recibes![1]

La correcta definición de justicia

Hoy se malentiende mucho lo que es la "justicia" y la "rectitud". Muchos creyentes relacionan ambas cosas con una lista de asuntos que tienen que hacer y, en caso de cumplirlos, sienten que son "justos y rectos". Y por el contrario, si no llegan a cumplir con su conducta todo eso, sienten que son "injustos". Pero eso tergiversa la definición y el entendimiento de la justicia.

Volvamos a la Biblia, para ver qué tiene que decir al respecto. Veamos 2 Corintios 5:21 otra vez. No somos justos porque *hagamos* lo que es correcto. Sino que hemos sido hechos justos por *lo que hizo Jesús* en la cruz.

Entonces, la "justicia" no se basa en lo "recto" o "justo" de nuestra conducta. Se basa enteramente en lo justo que ha obrado Jesús. El cristianismo no tiene que ver con portarse bien para ser justos, sino con creer en la justicia de Jesús, para poder recibirla.

¿Has notado que todas las religiones del mundo se basan en la conducta humana? Todas se fundamentan en un sistema de méritos mediante el cual tienes que cumplir con determinados requisitos —como dar a los pobres, hacer el bien y ocuparte de los necesitados—, para poder acceder a un estado de justicia determinado. Todo parece muy noble, muy atractivo y sacrificado, puesto que a la carne le gusta sentir que nuestras buenas obras nos hacen ser justos y rectos.

Sin embargo, Dios no mira tu nobleza, tus sacrificios ni tus buenas obras para justificarte. Solo le interesa la humildad de Jesús en la cruz. Mira el perfecto sacrificio de su Hijo en el Calvario ¡para justificarte y darte justicia! Si intentas ser justo por tus buenas obras, y te esfuerzas por cumplir los Diez Mandamientos para merecer la justicia, lo que haces es negar la cruz de Jesús. Es como si dijeras: "La cruz no basta para justificarme. Tengo que depender de mis buenas obras para ser justo y limpio ante Dios".

Hay un bellísimo versículo en el Nuevo Testamento, en que el apóstol Pablo afirma: "No desecho la gracia de Dios. Si la justicia se obtuviera mediante la ley, Cristo habría muerto en vano".[2]

Querido amigo, querida amiga, no tomemos este versículo a la ligera. Considera con atención lo que está diciendo Pablo aquí. En efecto, dice que si dependes de tus buenas obras, de tu hacer y de tu capacidad para guardar a la perfección los Diez Mandamientos para ser justo, ¡quiere decir que Jesús murió para nada! Eso es lo que significa "en vano". ¡Para nada!

Tu justicia te es dada gratis. No puedes ganártela

Si todavía no has visto *La pasión de Cristo*, dirigida por Mel Gibson, te animo a que consigas el DVD y veas lo que hizo Jesús por ti en su camino a la cruz. Observa la angustia que sufrió en el jardín de Getsemaní, donde oró preparándose para el trago amargo que sabía que debería soportar.

Mira cómo fue apresado tu Rey por los crueles soldados romanos, que se burlaron de Él y le encajaron una corona de espinas en la cabeza. Mira cómo sufrió tu Salvador los latigazos, diseñados para infligir el dolor más cruento, con tientos que tenían ganchos y vidrios rotos para que cada golpe rompiera la carne de su ya lacerada espalda.

En una escena, Jesús cae a causa de los golpes. En mi corazón di un grito, deseando que quedara en el suelo para que quienes le atormentaran dejaran de hacerlo. Pero no fue así. Pensando en ti y en mí, se aferró al poste y con esfuerzo volvió a ponerse en pie, para recibir la plena medida de los azotes, sabiendo que por sus heridas nos sanaba a nosotros.[3]

Su agonía no acabó cuando los endurecidos soldados se cansaron de azotarlo. Los soldados le pusieron una pesada cruz sobre su espalda totalmente desgarrada, obligándolo a cargar con el madero hacia el Gólgota. Y después de sobrevivir a tan cruel trato, no nos extraña ver que cayera bajo el peso de la cruz avanzando a tumbos. Los soldados tuvieron que obligar a un hombre que pasaba por allí, para que lo ayudara a llevar la cruz. Entonces, extendieron los brazos de nuestro Señor sobre el madero y clavaron con crueldad unos largos y enormes clavos, atravesando sus manos y sus pies.

¿Soportó Jesús todo eso para nada? ¿Fue en vano todo eso?

Eso es precisamente lo que están diciendo los cristianos que insisten en ganar su propia justicia por medio de la ley.

Vuelvo a citar a Pablo para que veas con tus propios ojos lo que quiero decir:

> No desecho la gracia de Dios. Si la justicia se obtuviera mediante la ley, Cristo habría muerto en vano.
>
> —GÁLATAS 2:21

No deseches la gracia (el inmerecido favor) de Dios en tu vida por centrar la mirada en ti y en tus esfuerzos por hacerte justo ante Dios. No podemos ganarnos el favor ni la aceptación de Dios. Solo podemos recibir justicia como don, como regalo divino. La justicia de Dios es gratis para nosotros, pero a Él le costó muy caro. Pagó por ella con la sangre de su único Hijo, Jesucristo. Es un regalo que puede darnos gratis, no porque sea barato sino porque en verdad ¡no tiene precio!

"Pero, pastor Prince, ¿cómo puedo recibir esa justicia si no hice nada bueno?"

Bien, respóndeme esto primero: ¿Cómo pudo Jesús, que no conoció pecado, convertirse en pecado por nosotros en la cruz?

Nuestra justicia es resultado de la obra de Jesús y solo podemos recibir su justicia por su inmerecido favor.

Verás, Jesús no tenía pecado propio, pero cargó sobre sí con todos los pecados de la humanidad. Por otra parte, tú y yo no teníamos justicia propia pero en esa cruz, Él cargó con todos nuestros pecados pasados, presentes y futuros, y a cambio nos dio su perfecta y eterna justicia. Ahora bien, ¿esa justicia que recibimos, es por nuestras propias obras? ¿O por su obra? Es claro que nuestra justicia es resultado de su obra y que solo podemos recibirla por medio de su inmerecido favor.

Quiero darte la definición de gracia (inmerecido favor) más clara que tenemos en la Biblia:

> Y si es por gracia [inmerecido favor] ya no es por obras; porque en tal caso la gracia [inmerecido favor] ya no sería gracia [inmerecido favor].
> —ROMANOS 11:6

¿Me sigues? No hay caminos intermedios. O eres hecho justo por el inmerecido favor de Dios, o intentas merecer justicia con tus propias obras. O dependes de Jesús, o dependes de ti mismo.

La voz acusadora

Tal vez te estés preguntando: "¿Qué es lo tan maravilloso? ¿Por qué es tan importante la forma en que recibo justicia? ¿No es algo que les interesa solo a los teólogos y a los que estudian la Biblia?"

Es que estamos llegando a la parte más emocionante. Es importante porque aunque intentes creer en Dios en cuanto a las cosas grandes y trates de confiar en que responderá a tus oraciones, hay una voz que te persigue y te acusa:

¿Quién crees que eres?

¿No recuerdas que hoy le gritaste a tu cónyuge? ¿Por qué iba a darte Dios favor para esa presentación que tenías en la oficina?

Fíjate… pierdes los estribos enseguida cuando vas conduciendo el auto. Y todavía crees que puedes esperar cosas buenas.

¿Y dices que eres cristiano? ¿Cuándo leíste tu Biblia por última vez? ¿Qué has hecho para servir a Dios? ¿Por qué crees que Dios va a sanar a tu hija?

¿Te suenan horriblemente conocidas estas acusaciones? Ahora, la forma en que respondas a esa voz acusadora mostrará qué es lo que realmente crees. Es la prueba de tu límite. ¡Es donde se nota lo que crees de verdad! Algunos pensarán: "Sí, claro. No merezco nada de eso. ¿Cómo voy a esperar que el favor de Dios me acompañe en la presentación de la oficina, si hoy le grité a mi esposa por la mañana?". Bueno, esa es la respuesta de alguien que cree que se tiene que ganar la justicia y la aceptación a los ojos de Dios. Es lo que dirá quien piense y crea que solo puede esperar algo bueno de Dios si tiene buena conducta, y si cumple con la lista de requisitos autoimpuestos al pie de la letra.

Tal vez entre en la oficina todavía furioso por lo de su esposa y lo peor es que se sienta quizá apartado, separado de la presencia de Cristo a causa de su enojo y crea que por ello no puede pedirle a Dios que le acompañe con su favor durante la presentación. Entra en la sala de reuniones molesto y nervioso.

Olvida lo que tiene que decir, balbucea… y su empresa pierde entonces una cuenta importante. Sus jefes sienten desilusión y le reprenden, enojados. Lleno de frustración y vergüenza, conduce de regreso a casa como un loco, haciendo sonar la bocina cada vez que un auto no avanza de inmediato cuando la luz cambia a verde. Y al llegar al hogar, está más enojado que antes porque culpa a su esposa por haberle puesto de tan mal humor esa mañana, y por haber estropeado su importante presentación… ¡y por haberle hecho perder esa cuenta importante! Todo es culpa de ELLA.

Ahora, fíjate en la diferencia, si este hombre pensara: "Sí, tienes razón. No merezco el favor de Dios porque hoy en la mañana perdí los estribos con mi esposa. Pero, ¿sabes una cosa? No pienso en lo que merezco. Pienso en lo que merece Jesús. Porque ahora mismo, Señor, te agradezco que a tus ojos sea perfectamente justo. Gracias a la cruz y a tu perfecto sacrificio puedo esperar el inmerecido favor de Dios en mi presentación. Todos mis defectos, incluso el tono que usé esta mañana, están cubiertos por tu justicia. Puedo esperar lo bueno, no porque yo lo sea, ¡sino porque tú lo eres! ¡Amén!".

¿Notas la enorme diferencia? Esa persona está firme en la justicia de Jesús, y no depende de su propia conducta ni de sus buenas obras. Va a trabajar, dependiendo del favor inmerecido de Jesús. Su presentación es excelente, y por ello la compañía consigue una cuenta importante. Sus jefes quedan impresionados y le han echado ya el ojo para un ascenso. Conduce a casa sintiendo paz y gozo, sintiendo el amor y el favor del Padre. En consecuencia, no se impacienta con los demás conductores.

Ahora, ¿significa eso que oculta todos sus defectos y finge que jamás los cometió? ¡No, claro que no! Este hombre, lleno de la conciencia de que el Señor está con él, encontrará fuerzas en Cristo para disculparse con su esposa por el tono de enojo de esa mañana. Es que el corazón que ha sido tocado por el inmerecido favor no puede aferrarse a la falta de perdón, al enojo ni a la amargura.

¿Cuál de los dos casos te muestra verdadera santidad? El segundo, por supuesto. Depender del favor de Dios da como resultado una vida de santidad práctica. Vive bien quien cree bien.

La gracia de Dios te responde cuando menos lo mereces

La gracia divina es el favor inmerecido de Dios que no puedes ganarte. Cuando Dios te responde, en ese momento en que menos lo mereces, eso es gracia. ¡Ese es su maravilloso e inmerecido favor! En tu peor momento, en tu hora más oscura, su luz brilla para ti y recibes su inmerecido favor, y quien recibe favor no puede sino dar favor a los demás.

Amigo, amiga… no merecemos nada bueno por nosotros mismos. Pero como estamos en Cristo y en su justicia, Dios nos bendecirá. No tenemos que esforzarnos por independizarnos de Dios, mereciendo bendición por nuestras propias obras. Tenemos que centrarnos en recibir de Él todo lo que necesitemos.

Creo que cuanto más conscientes estemos de esta justicia, tanto más favor inmerecido de Dios tendremos en nuestras vidas. Cuando esa voz acusadora te recuerde todo lo malo, todos tus defectos, es ese justamente el momento en que tienes que volverte a Jesús y escuchar su voz, porque ella te prepara. ¡Esa es la verdadera batalla de la fe! La pelea de la fe es pelear por creer que la fe, y no las obras, te justifican. Pablo, hablando de sus propios logros bajo la ley, dijo que los consideraba "estiércol, a fin de ganar a Cristo y encontrarme unido a él. No quiero *mi propia justicia que procede de la ley*, sino la que se obtiene mediante la fe en Cristo, la *justicia que procede de Dios, basada en la fe*".[4]

Así que, en la Biblia tenemos dos tipos de justicia: (1) la que proviene de tu obediencia y de tus esfuerzos por conseguirla, y (2) la que viene de la fe en Jesucristo.

Solamente una tiene un fundamento sólido, inconmovible. Porque mientras la primera se fundamenta *en ti y en tu capacidad* para cumplir la ley, la otra se basa en la roca de la eternidad, Jesucristo. La primera, puede darte la confianza ocasional de pedir el favor de Dios, dependiendo de si percibes o no que te has portado bien. Pero la otra te da confianza TODO EL TIEMPO, para acceder a su inmerecido favor, incluso cuando sientes que no lo mereces en absoluto.

¿De qué quieres depender, cuando llegan esos momentos tan oscuros? ¿De tu endeble justicia o de la perfecta justicia de Jesús, sólida como la roca? Lo que te da derecho al inmerecido favor de Dios es tu fe en la justicia de Cristo. Hoy, gracias a lo que Jesús hizo en la cruz, puedes esperar que te sucedan cosas buenas. Puedes pedirle grandes cosas a Dios y alcanzar el bendecido destino que tiene para ti y tu familia.

Su justicia es el derecho que tienes al inmerecido favor de Dios.

¡No permitas que ninguna voz acusadora te diga lo contrario!

Capítulo 7

La paz de Dios para tu éxito

La paz no es ausencia de problemas. No es ausencia de confusión, de desafíos ni de cosas que no son armoniosas en tu entorno físico. Es posible estar en medio de una gran crisis y aun así experimentar la paz. Ese es el verdadero tipo de paz que puedes experimentar con Jesús; paz que sobrepasa al entendimiento. Dicho de manera natural, no es lógico que te sientas completamente relajado y en paz cuando estás en grandes apuros, pero sobrenaturalmente, ¡puedes estarlo!

El mundo define la paz, la armonía y la tranquilidad basándose en lo que está sucediendo en el reino sensorial. La noción mundana de la paz se vería más o menos así: Un hombre acostado en una hamaca en una playa de arena blanca en Hawái con música *luau* de fondo, con palmeras de coco balanceándose en un ritmo perfecto y olas cálidas y azules rompiendo a orillas del mar. El mundo dice que eso es paz, hasta que golpea la realidad y ¡la paz transitoria que se experimentó momentos antes se disipa!

Verás, amigo, amiga, no puedes utilizar tu entorno para

influir de manera permanente en la confusión que estás sintiendo en tu interior. Solo Cristo puede afectar lo que estás sintiendo en tu interior y convertir esa confusión en paz. Con el Señor a tu lado, y desde el interior de ese lugar perdurable, puedes influir tu entorno exterior. No es al revés. Con Jesús, la transformación es siempre desde adentro y no desde afuera.

Paz en medio de la tormenta

Recuerdo haber leído acerca de un concurso de arte en el que el tema era la "paz". El artista que ilustrara la paz de la manera más efectiva en su obra, ganaría la competencia. Los artistas reunieron sus pinturas, sus lienzos y sus pinceles, y comenzaron a trabajar para crear sus obras de arte. Cuando llegó el momento de juzgar las obras, los jueces se sorprendieron por la gran cantidad de escenas de tranquilidad ilustradas por los artistas. Había una pieza majestuosa que captaba la brillantez del sol poniéndose sobre un exuberante verdor, otra que ilustraba un campo sereno de colinas iluminadas por la luz de la luna y aun otra evocando que enseñaba a un hombre solitario caminando y relajado por un arrozal en el campo.

Luego, los jueces se encontraron ante una pieza peculiar que se veía casi terrorífica y hasta fea para algunos. Era en verdad la antítesis de todas las demás piezas que habían visto los jueces. Era una cacofonía de colores violentos y era obvia la agresión con la cual el artista había arremetido el lienzo con su pincel. Ilustraba una tormenta poderosa en la que las olas del océano subían a grandes alturas y golpeaban con fuerza los bordes rocosos de un acantilado. Un rayo caía zigzagueando por el medio del oscuro cielo y las ramas del único árbol que estaba en la cima del acantilado estaban todas dobladas por la fuerza del temporal. Ahora, ¿cómo podía esta imagen ser la personificación de la paz?

Sin embargo, los jueces otorgaron por unanimidad el primer premio al artista que pintó la tormenta turbulenta. Aunque al principio los resultados parecían ser pésimos, la decisión de los jueces inmediatamente se volvía más clara una vez que miraban más de cerca al lienzo ganador. Escondida en una fisura del acantilado hay una familia de águilas cómodamente acogida en su nido. El águila madre enfrenta a los vientos huracanados, pero sus pequeños pichones están totalmente ajenos a la tormenta y se han refugiado bajo las alas de su madre.

Bueno, ¡ese es el tipo de paz que Jesús nos da a ti y a mí! Nos da paz, seguridad, cobertura y protección incluso en medio de una tormenta. El salmista describe esto de una manera hermosa: "El que habita al abrigo del Altísimo se acoge a la sombra del Todopoderoso… pues te cubrirá con sus plumas y bajo sus alas hallarás refugio. ¡Su verdad será tu escudo y tu baluarte!".[5]

Jesús nos da paz, seguridad, cobertura y protección incluso en medio de una tormenta.

No hay lugar más seguro que el refugio protector de las alas de nuestro Salvador. No importa qué circunstancias puedan rodearte. Puedes pedirle su favor inmerecido, tal como hizo David en el Salmo 57:1: "Ten compasión de mí, oh Dios; ten compasión de mí, que en ti confío. A la sombra de tus alas me refugiaré, hasta que haya pasado el peligro". ¡Qué bendición más segura podemos tener hoy, al saber que incluso si la destrucción está bramando alrededor nuestro, podemos refugiarnos en el Señor!

Comienza el día con Cristo

¿Sabías que Dios prometió que no prevalecerá ningún arma que se forje contra ti?[6] Ahora bien, Él no prometió que no se forjará ningún arma contra ti. Prometió que aunque se forjen armas contra ti, no te lastimarán ni te vencerán.

Hay todo tipo de armas forjadas contra la humanidad, sobre todo en estos últimos tiempos. Solo piensa en la gran cantidad de tipos de virus y enfermedades mortales que hay en el mundo. Cuando enciendes la televisión y ves las noticias, parecería que lo único que escuchas son guerras, disturbios, desastres, colapsos financieros, violencia, desempleo, hambruna, derretimiento global, deudas de tarjetas de crédito, caídas del mercado de valores y grandes organizaciones que van a la bancarrota. Es sorprendente la cantidad de gente que se levanta en la mañana y lo primero que hacen es agarrar el periódico y leer las malas noticias antes de ir al trabajo. Luego, justo antes de irse a la cama, ¡miran el noticiero!

Ahora, por favor comprende que yo no estoy en contra de leer el periódico ni de ver el noticiero o programas que abarquen esos temas. Pero quiero alentarte a que comiences tu día con Jesús, que es mejor; que te ejercites en su presencia, que comiences a reconocerlo, a comprometerte con tus planes con Él y a confiar en Él por su favor, su sabiduría y su fuerza inmerecida para el día. Recuerda que debes ser como José.

¡El Señor estaba con él, por lo que fue un hombre exitoso! Tu éxito no es resultado de que estés al tanto del último virus o que sepas del último desastre. No, ¡tu éxito vendrá como resultado de que tu vida esté en sintonía con la presencia de Cristo!

En mi iglesia hay muchas personas que comienzan cada mañana participando de la Santa Cena, no como un ritual, sino como un tiempo para recordar a Jesús y al poder de su cruz. Van a Jesús en busca de nuevas fuerzas, recibiendo su vida divina para sus cuerpos físicos mientras comen del pan. Renuevan su conciencia del don gratis comprado por la sangre de Jesús en la cruz mientras toman de la copa. ¡Qué manera de comenzar el día!

También me he dado cuenta de que el último pensamiento antes de ir a la cama y dormirte es muy importante. Yo lo probé y tú también puedes probarlo; ve a la cama pensando en Cristo, dándole gracias por el día. También puedes meditar acerca de una de sus promesas, como la que encontramos en Isaías 54:17. Solo di: "Gracias, Padre. Tu Palabra declara que ¡no prevalecerá ningún arma que se forje contra mí!". La mayoría de las veces me levanto sintiéndome rejuvenecido, energizado y refrescado, aunque no haya dormido muchas horas.

Por el contrario, si me voy a la cama con lo que acabo de escuchar en las noticias rondando en mi mente, podría dormir más horas de lo habitual, pero aun así me levantaría sintiéndome fatigado. A veces incluso con dolor de cabeza. ¿Te ha pasado eso? Bueno, no tienes que pasar por ello de nuevo. Haz un sándwich de tu vida con la presencia de Jesús. ¡Comienza el día con Él, disfrútalo durante la jornada y termínala con Él en tu mente!

Sabes, el Salmo 127:2 describe muy bien lo que estamos hablando. Dice así: "En vano madrugan ustedes, y se acuestan muy tarde, para comer un pan de fatigas, porque Dios concede el sueño a sus amados".[7] Cuando te alimentas de Él, te nutres física, emocional y espiritualmente, mientras que el pan del mundo solo te llena físicamente y te lleva al estrés, la ansiedad y las preocupaciones de tu vida.

¿No es hermoso que la calidad del sueño sea un regalo de Dios? Si tienes dificultades para dormir por las noches, mira a Cristo. Acepta en tu corazón que eres su amado, su amada y descansa en la promesa de que "Él concede el sueño a sus amados". ¿Eres su amado o amada? ¡Por supuesto que sí! Entonces calificas para disfrutar del sueño bendecido. El insomnio no es de Dios. ¡El sueño sí!

Ten cuidado con lo que entra por la puerta de tus ojos y de tus oídos

Estaba viendo un programa muy popular en televisión en el que el animador entrevistaba a algunos supuestos expertos en la economía de Estados Unidos. Uno de esos "expertos" era muy positivo y expuso sus razones. Luego, otro "experto" intervino y argumentó una perspectiva sombría sobre la economía. Miré ese programa más de una hora y al final ninguno de los expertos concluyó adecuadamente.

Lo que tienen las conversaciones como esa, sea en la

televisión, los periódicos o en la Internet, es que se supone que representen dos lados: uno bueno y otro malo. En realidad, no se ofrece ninguna solución o resolución pertinente. Cierta vez, luego de ver ese programa, le dije a mi equipo pastoral que, sin saberlo, me había estado alimentando del árbol del conocimiento del bien y del mal. Eso es todo lo que obtuve de esos programas, más conocimiento acerca de lo que es bueno y lo que es malo, pero ese conocimiento no hizo nada por mí.

Por otro lado, cuando nos alimentamos de la persona de Jesús, que es el árbol de la vida, encontramos que ¡Su sabiduría, su entendimiento, su paz, su gozo y su favor inmerecido fluirán en nuestras vidas! De nuevo, no estoy diciendo que no deberías ver el noticiero. Lo que estoy diciendo es que es importante que eches una mirada a tu dieta visual. Estar lleno de Jesús es mucho más poderoso que llenarse de conocimiento mundano.

¡Cuando comemos de Jesús, la sabiduría, el entendimiento, la paz, el gozo y el favor inmerecido fluirán en nuestras vidas!

Siempre aliento a mi iglesia a que vigile sus puertas visuales y auditivas. En esencia, esto significa que necesitamos ser conscientes de lo que miramos o escuchamos a diario. El libro de Proverbios, que está repleto de sabiduría divina, nos cuenta: "Hijo mío, atiende a mis consejos; escucha atentamente lo que digo. No pierdas de vista mis palabras; guárdalas muy dentro de tu corazón. Ellas dan vida a quienes las hallan; son la salud del cuerpo".[8]

Dios nos indica que cuidemos lo que *escuchamos*, lo que

vemos y lo que hay *en nuestros corazones*. Él quiere que tengamos nuestros oídos llenos de palabras gratas a Jesús, nuestros ojos llenos de la presencia de Jesús y nuestros corazones meditando en lo que hemos escuchado y visto en Él. Eso es lo que significa "no pierdas de vista mis palabras" hoy en el Nuevo Testamento, porque Jesús es la Palabra de Dios hecha carne. Juan 1:14 afirma: "Y el Verbo se hizo hombre y habitó entre nosotros. Y hemos contemplado su gloria, la gloria que corresponde al Hijo unigénito del Padre, lleno de gracia [favor inmerecido] y de verdad".

¡Cuanto más escuchamos y vemos a Jesús, más sanos y fuertes nos volvemos! ¡Nuestros cuerpos mortales se impulsan con su vida y el poder de su resurrección!

Se trata de contemplar a Jesús y, al hacerlo, nos volvemos más y más parecidos a Él, ¡llenos de verdad y favor inmerecido! Amigo, amiga, no te pierdas esta promesa poderosa. El resultado de poner las puertas de nuestros ojos y nuestros oídos en sintonía con Cristo es que Él será *vida* y *salud* para nosotros. La Biblia nos muestra que hay una relación directa entre escuchar y ver a Jesús y la salud de nuestros cuerpos. ¡Cuanto más escuchemos y veamos a Jesús, más sanos y fuertes seremos! ¡Nuestros cuerpos mortales se impulsan con su vida y el poder de su resurrección!

Si nos alimentamos constantemente de las noticias de los medios, no es extraño que nos sintamos cansados y débiles. Simplemente, eso no nos nutre. Por favor, analiza lo que estoy diciendo. Está bien mantenerse al día de los hechos actuales del mundo y estar enterado de lo que está pasando en el Medio Oriente, de la tendencia de la economía y de los desarrollos en el área de la política. Tal información incluso podría ser necesaria para la industria en la que estás. No te estoy pidiendo que te vuelvas un ignorante o que te aísles y vivas en una cueva. Solo estoy diciendo que no deberías tomar una sobredosis de noticias y hechos del mundo y dejar que te consuman.

Recibe el *shalom* de Jesús para el estrés de la vida

La mejor manera de saber si estás envuelto en las cosas de este mundo es siendo objetivo y preguntarte: "¿Está mi corazón perturbado?". Creo que el asesino número uno del mundo moderno es el *estrés*. Algunos médicos de mi iglesia me contaron que si el paciente tiene presión alta, pueden aconsejarle que deje de consumir sodio. También pueden aconsejarle que deje otros excesos como el azúcar o el colesterol. Pero como doctores, hay una cosa que no pueden controlar en sus pacientes, y es el nivel de estrés.

Particularmente creo que la raíz de la causa física de muchas de las enfermedades de hoy es el estrés. Este puede producir todo tipo de desequilibrios en tu cuerpo. Puede hacer que envejezcas prematuramente, darte salpullidos, causarte dolores gástricos e incluso derivar en tumores en tu cuerpo. En resumen, ¡el estrés mata! Los doctores nos indican que ciertos síntomas físicos en la naturaleza son "sicosomáticos". Eso se debe a que tales síntomas provienen de problemas sicológicos como el estrés. El estrés no es de Dios. ¡La paz es de Él!

Confío en que estás comenzando a entender por qué Jesús dijo: "La paz les dejo; mi paz les doy. Yo no se la doy a ustedes

como la da el mundo. No se angustien ni se acobarden".[9]
Ahora, Jesús no hubiese utilizado la palabra "paz". El Nuevo
Testamento griego traduce "paz" como *eirene*, pero puesto que
Jesús hablaba en hebreo arameo, hubiese utilizado la palabra
"shalom", por lo cual la expresión sería así: "*Shalom* les dejo,
mi *shalom* les doy. Yo no se la doy a ustedes como la da el
mundo".

En el lenguaje hebreo, "shalom" es una palabra muy valiosa y
cargada. En español no hay una que pueda captar la totalidad,
la riqueza y el poder que contiene "shalom".

Por lo tanto, los traductores de la Biblia en español solo
pudieron traducirla como "paz". Pero a pesar de que la palabra
"shalom" incluye paz, también significa *mucho* más. Echemos
una mirada al *Brown, Driver & Briggs Hebrew Lexicon* [Léxico
hebreo Brown, Driver y Briggs] para obtener una mejor idea
de a lo que se refirió Jesús cuando dijo: "Shalom les dejo".

El léxico hebreo describe "shalom" como *conclusión,
seguridad, sonido* (en el cuerpo), *bienestar, salud, prosperidad,
paz, silencio, tranquilidad, satisfacción, paz que se usa en las
relaciones humanas, paz con Dios especialmente en pactos de
relación y paz en la guerra.*[10] ¡Qué palabra tan poderosa! Este
es el shalom que Jesús te ha legado: su plenitud, su seguridad,
su enteraza, su bienestar, su salud, su prosperidad, su paz, su
silencio, su tranquilidad, su satisfacción, su paz en las relaciones
humanas, su paz con Dios por medio de un pacto hecho en
la cruz y su paz para la guerra. Amigos, ¡todo esto es parte
de la herencia de Él en Cristo hoy! No sé tú, ¡pero yo estoy
saltando de alegría en mi corazón y gritando alabanzas al

Señor mientras dejo que esto penetre profundamente en mí!

¿Puedes ver la totalidad de las implicaciones que significan experimentar el shalom de Jesús en tu vida? ¿Te imaginas viviendo libre de reproches, ansiedades y preocupaciones? ¡Qué saludable, vibrante, enérgico y fuerte serás!

La paz que da Jesús te prepara para el éxito en la vida

Cristo Jesús te da su shalom de forma que te prepares para triunfar en esta vida. Si estás paralizado e incapacitado por el miedo, no puedes tener éxito en tu matrimonio, en tu familia ni en tu carrera. Hoy, mientras lees esto, creo con todo mi corazón que Jesús ya ha comenzado a obrar en ti para liberarte de todos tus miedos, sean cuales sean. Puede ser el miedo al fracaso, al éxito, a las opiniones de la gente o incluso a que Dios no esté contigo.

Todos los miedos que estás experimentando hoy en tu vida comenzaron con una falta a la verdad, una mentira que de alguna forma has creído. Quizás hayas pensado que Dios está enojado e inconforme contigo, y que su presencia está lejos de ti. Por eso es que la Biblia dice que "el amor perfecto echa fuera el temor. El que teme espera el castigo, así que no ha sido perfeccionado en el amor".[11]

Estas Escrituras nos indican que cuando comienzas a tener la revelación de que Dios te ama de manera perfecta (no por lo que hayas logrado, sino por lo que Jesús logró por ti), esa revelación de favor inmerecido de Jesús echará fuera todo temor, toda mentira, toda ansiedad, toda duda y toda preocupación de que Dios está en contra de ti. Cuanta más revelación tengas de Jesús y cómo te ha hecho perfecto, ¡más libre serás para recibir su shalom completo y más éxito tendrás en la vida!

El shalom de Jesús está a tu lado para hacerte exitoso en la vida.

Amigo, amiga, debes saber que como creyente en Jesucristo, tienes paz absoluta con Dios. El Nuevo Testamento de gracia también se conoce como el pacto de paz. Hoy te paras sobre la justicia de Jesús y no sobre la tuya. Hoy, por Jesús, Dios te dice lo siguiente: "Así he jurado no enojarme más contigo, ni volver a reprenderte. Aunque cambien de lugar las montañas y se tambaleen las colinas, no cambiará mi fiel amor por ti ni vacilará *mi pacto de paz*".[12]

Dios está de tu lado. El shalom de Jesús está de tu parte para hacerte triunfador. Todos los recursos del cielo están a tu disposición. Incluso si ahora mismo estás en medio de una tormenta, solo piensa en la imagen de los pichones de águila acurrucados bajo las alas de su proveedor, durmiendo plácidamente a pesar de la tormenta. Que el shalom de Dios, que sobrepasa todo entendimiento, guarde tu corazón y pensamiento en Cristo Jesús.[13] ¡Ve en esta paz, amigo, amiga, y descansa en su shalom!

Capítulo 8

Pacto para el éxito en la vida

ste capítulo tal vez sea uno de los más cruciales en este libro. Creo que si te tomas el tiempo para entender lo que el Señor ha puesto en mi corazón para que te lo diga hoy, Él echará un fundamento muy poderoso en tu vida, tanto que te preparará para el éxito en todos los aspectos. Mi deseo es que ya no haya renuncias ni negociaciones cuando se trate de entender el evangelio del inmerecido favor de Dios en tu vida. La gracia e inmerecido favor de Dios ES el nuevo pacto que puedes disfrutar hoy. La confusión, la negociación y la renuncia a la fe ocurren cuando el creyente comienza a esforzarse por volver a estar bajo el viejo pacto de Moisés.

Quiero ilustrar, en esencia, lo que hacen algunos creyentes cuando insisten en permanecer bajo el viejo pacto de la ley. Imagínate lo siguiente: Tu compañía te ha ascendido y recibiste un aumento importante, de miles de dólares al mes, un auto nuevo, además de una linda casa como beneficio adicional. Para documentar este ascenso, el departamento de recursos humanos prepara un nuevo contrato de empleo para ti en el que quedan registrados los nuevos términos que han acordado tus empleadores. Ahora bien, supongamos que insistes en que te sigan pagando el salario de antes, en que quieres seguir con tu viejo auto y no quieres dejar tu apartamento. En vez de regocijarte ante los nuevos términos que te ofrecen, peleas con tus jefes y exiges seguir con la remuneración que se basa en tu acuerdo de empleo anterior.

¿Te parece ridículo?

¡Claro que sí!

Sin embargo, eso es exactamente lo que hacen hoy algunos creyentes. Han decidido que seguirán bajo el viejo pacto de la ley, y dependerán de sus obras y conducta para ganar la bendición, aprobación y favor de Dios. Han negado la cruz, olvidando que Dios ha forjado un nuevo pacto con su inmerecido favor a través del perfecto sacrificio de Jesucristo. Ahora, quiero darte algunos pasajes que tratan acerca de la comparación entre el nuevo pacto y el antiguo, para que sepas que no es invento mío.

Dios vio que el antiguo pacto no era perfecto

Estás bajo el nuevo pacto, el del inmerecido favor bajo la obra cumplida por Cristo. El viejo pacto basado en tus obras ya es obsoleto. Observa lo que dice Hebreos 8:13:

> Al llamar "nuevo" a ese pacto, ha declarado obsoleto al anterior; y lo que se vuelve obsoleto y envejece ya está por desaparecer.
> —HEBREOS 8:13

Lee con atención este versículo en tu Biblia. No es Joseph

Prince quien dijo que el viejo pacto es obsoleto. Solo estoy repitiendo lo que leo en mi Biblia. La Palabra de Dios nos dice en términos inequívocos que el pacto de Moisés es antiguo y obsoleto. ¡Ya no tiene relevancia para el creyente del nuevo pacto que está en Cristo hoy! Así que no soy yo quien encuentra que ya no es útil el viejo pacto de la ley, sino Dios mismo.

Veamos otro versículo:

> Efectivamente, si ese primer pacto hubiera sido perfecto, no habría lugar para un segundo pacto.
>
> —HEBREOS 8:7

Hay una traducción de la Biblia al inglés, The Living Bible [Biblia Viviente], que capta la exasperación de Pablo ante el antiguo pacto de la ley, por lo que afirma: "El viejo pacto no funcionó siquiera. Porque si así hubiera sido, no habría existido necesidad de otro pacto que lo reemplazara. Pero el mismo Dios vio que no funcionaba...".[1]

Piensa en esto objetivamente, por un momento nada más. Por un segundo deja de lado todas las enseñanzas tradicionales que has oído o leído. Razonemos juntos, no basándonos en lo que dice el ser humano sino en lo que ha dicho Dios en su Palabra. Esta es nuestra única premisa inconmovible. Basándonos en esta porción de las Escrituras que acabamos de leer, si no hubiera habido nada que no funcionara en el viejo pacto de la ley ¿por qué Dios habría entregado a su único y precioso Hijo para que fuera brutalmente crucificado en la cruz, de modo de que pudiera formar un nuevo pacto con nosotros? ¿Por qué habría estado dispuesto a pagar un precio tan alto, permitiendo que Jesús fuera públicamente humillado y que sufriera tal clase de violencia, si no hubiera habido algo fundamentalmente errado en el viejo pacto de la ley?

La cruz demostró que Dios encontró fallas en el viejo pacto y decidió declararlo obsoleto. Estaba decidido a rescatarnos de nuestros pecados al formar un nuevo pacto con su Hijo Jesús. Ese es el maravilloso amor incondicional que Dios tiene por ti y por mí. Sabía que ningún ser humano podía justificarse ni hacerse justo mediante la ley. Solo la sangre de su Hijo podría justificarnos y darnos justicia en Cristo.

En los mil quinientos años de Israel bajo el viejo pacto de la ley, ni una sola persona fue hecha justa por ella. Incluso el mejor, como David, fracasó. La Biblia dice que David era un hombre que agradaba a Dios, que era conforme a su corazón.[2] Pero hasta él falló. Cometió adulterio con Betsabé y mandó matar a su esposo Urías. ¿Qué esperanza tenemos entonces tú y yo bajo la ley?

Bajo la ley, hasta el mejor falló. Bajo la gracia ¡hasta el peor puede ser salvo!

Demos gracias a Dios porque bajo el nuevo pacto de su inmerecido favor, incluso el peor de nosotros puede clamar al nombre de Jesús y recibirle como Señor y Salvador personal. ¡En un instante podemos recibir justicia por la fe en el poderoso nombre de Cristo! Bajo la ley, hasta el mejor falló. Bajo la gracia ¡hasta el peor puede ser salvo!

Conoce tus derechos por el pacto en Cristo

No me cansaré de destacar lo importante que es hoy para el creyente saber que está bajo el nuevo pacto del inmerecido favor de Dios y ya no bajo la ley. Hay muchos creyentes sinceros y bien intencionados que siguen derrotados porque no conocen el nuevo pacto y todos los beneficios que Jesús ha comprado para ellos en la cruz.

"Pero, pastor Prince, ¿es malo que busquemos beneficios al creer en Jesús?"

Me alegra que menciones esto. Veamos lo que piensa el salmista al respecto: "Alaba, alma mía, al Señor; alabe todo mi ser su santo nombre. Alaba, alma mía, al Señor, y no olvides ninguno de sus beneficios. Él perdona todos tus pecados y sana todas tus dolencias; él rescata tu vida del sepulcro y te cubre de amor y compasión; él colma de bienes tu vida y te rejuvenece como a las águilas".[3]

Este es, amado amigo, amada amiga, el corazón de Dios. ¡Él quiere que recuerdes *todos* los beneficios que Cristo compró para ti con su sangre! Es de su agrado verte disfrutar de cada beneficio, de cada bendición, de cada favor de su parte en el nuevo pacto de su gracia. El perdón de los pecados es tuyo. La salud es tuya, la divina protección es tuya. El favor es tuyo. ¡Lo bueno y la renovación de la juventud son tuyos! Son todos preciosos regalos del Señor para ti y a Él le da gozo indecible ver que disfrutas de estos dones y te va bien en la vida. Sin embargo, la falta de conocimiento de lo que logró en la cruz les roba a muchos creyentes la posibilidad de disfrutar de estos regalos y beneficios.

Esto me recuerda algo que leí y que dice: La historia de un hombre que fue a visitar a una pobre anciana que estaba a punto de morir. Sentado junto a la cama, en el reducido espacio de la vieja y casi destruida casita, le llamó la atención ver un marco colgado en la pared.

No tenía una pintura, sino un amarillento pedazo de papel con algo escrito. Así que le preguntó a la señora acerca de ese papel y ella respondió: "Bueno, no sé leer, así que no tengo idea de lo que dice. Pero hace mucho yo solía trabajar para un hombre muy rico que no tenía familia. Antes de morir, me dio esa hoja de papel y la he guardado durante cuarenta o cincuenta años, en memoria de él". El hombre miró más de cerca el papel, dudó un momento y luego dijo: "¿Sabe usted que este papel es el testamento de ese hombre? ¡Aquí la nombra a usted única beneficiaria de todas sus propiedades y toda su riqueza!".

Lo que necesitamos es una mayor revelación y apreciación de Jesús ¡y de todo lo que ha hecho por nosotros!

Durante cincuenta años aquella mujer había vivido en la más terrible pobreza, trabajando día y noche para poder subsistir a duras penas. Durante todo ese tiempo, en realidad había sido propietaria de una mansión y de muchísimo dinero. Pero su ignorancia le había robado la riqueza y el lujo que podría haber disfrutado. Es una historia triste, pero es más triste todavía ver que la tragedia se repite día a día en las vidas de creyentes que no se dan cuenta de la riqueza que Jesús les ha legado cuando entregó su vida en la cruz.

Lo que necesitamos hoy no son más leyes que gobiernen a

los creyentes. Lo que nos hace falta es una mayor revelación y apreciación de Jesús ¡y de todo lo que ha hecho por nosotros! En Oseas 4:6, Dios se lamenta: "Por falta de conocimiento mi pueblo ha sido destruido". No nos incluyamos en ese pueblo. Seamos un pueblo lleno del conocimiento de Jesús, de su persona, su amor y su obra cumplida. No permitas que tu ignorancia te robe nada más. ¡Descubre todos tus derechos del pacto en Cristo, ya mismo!

División correcta del antiguo y el nuevo pacto

Para poder apreciar plenamente el nuevo pacto de gracia, primero tenemos que entender lo que es un pacto. A lo largo de la historia de la humanidad, Dios se ha relacionado con el ser humano por medio de pactos. Un pacto no es meramente un contrato o acuerdo legal. Es mucho más que eso. Y en todo pacto, hay un elemento que es la sangre. Al consumarse el matrimonio, se supone que hay sangre. Esto muestra lo importante que es un pacto a los ojos de Dios. Se basa en la sangre y la sangre lo inicia.

Voy a mostrarte una manera muy simple en que puedes entender toda la Biblia. Observa la parte que se llama Antiguo Testamento, que es, en esencia, el viejo pacto. Cuando ves la sección del Nuevo Testamento, estás frente al nuevo pacto, en esencia. Pero este no comienza en verdad con los cuatro evangelios, a saber Mateo, Marcos, Lucas y Juan, porque esos libros tratan principalmente sobre la vida de Jesús antes de la cruz. En efecto, el nuevo pacto comienza después de la resurrección de Jesucristo. Por eso, la cruz es nuestra más clara marca de inicio del nuevo pacto.

"Pastor Prince, este tema del viejo y el nuevo pacto, ¿no es solo para los que estudian para ser pastores? ¿Qué relevancia tiene para mí?"

Espera un segundo. Antes de que alces las manos y abandones todo, quiero explicarte por qué es tan importante para todos y cada uno de los creyentes entender la división entre el antiguo y el nuevo pacto. Es de enorme importancia ya que gran parte de la confusión y la mala interpretación de la Biblia que vemos hoy en la iglesia es resultado de que la gente lee, estudia, interpreta y enseña la Escritura ¡sin entender con claridad cómo dividir el antiguo pacto y el nuevo! Alegremente citan pasajes del Antiguo Testamento, sin lo propio de la cruz de Jesús en sus interpretaciones. Hacen que parezca ¡que la cruz no marca diferencia alguna!

Así que, antes de citar un versículo del Antiguo Testamento que muestra a Dios enojado con los creyentes por sus pecados, no olvides que eso está en el contexto del Antiguo Testamento, donde Cristo todavía no había muerto en la cruz. ¿Estoy diciendo que no hay que leer el Antiguo Testamento? No. Hay que leerlo, pero con Jesús como la clave que nos da acceso a todas las gemas preciosas que contiene la Palabra de Dios. En el Antiguo Testamento, Jesús está oculto y en el Nuevo Testamento, está revelado. Si tu fundamento en el nuevo pacto es fuerte, podrás ver a Cristo también en el Antiguo Testamento.

Si conoces mi ministerio sabrás que soy un predicador de la gracia del nuevo pacto al que le encanta enseñar el Antiguo Testamento ¡revelando los secretos de Jesús que están allí, pero que no se ven a simple vista! Toda Escritura es inspirada por Dios y útil. No cabe duda de ello. Pero toda la Escritura tiene que ser estudiada y leída hoy a la luz de la cruz. Piensa en la brillante sabiduría del apóstol Pablo cuando le dijo a su joven aprendiz Timoteo: "*Esfuérzate* por presentarte a Dios aprobado, como obrero que *no tiene de qué avergonzarse y que interpreta rectamente la palabra de verdad*".[4] Creo, de todo corazón, que este consejo de la Palabra de Dios vale hoy para todos los creyentes que la leemos y, en especial, para quienes serán maestros de la Biblia.

¡Aprende a dividir adecuadamente los pactos! La promesa particular de Dios para ti cuando hagas esto, no te avergonzará. Nadie podrá intentar humillarte citando capítulos y versículos del Antiguo Testamento fuera de contexto para convencerte de que Dios quiere castigarte por tus pecados ¡si sabes con certeza que Jesús murió una vez y por todas, pagando en pleno por todos tus pecados![5]

Nadie podrá engañarte para que creas que las enfermedades las envía Dios para enseñarte humildad y para forjar tu carácter, si sabes más allá de toda duda que Jesús vino para darte vida en abundancia y que cargó sobre su propio cuerpo con todas tus enfermedades, angustias y dolencias en la cruz.[6]

Hoy, todos los requisitos de justicia de la ley se cumplen en tu vida a través de Jesús.

No permitas que nadie te diga que si no cumples con todos los requisitos de la ley Dios no te dará éxito ya que lo que la ley no pudo hacer lo hizo Dios al enviar a su Hijo, Jesús.[7] Hoy, todos los requisitos de justicia de la ley se cumplen en tu vida a través de Jesús.

¿Puedes ver lo fuerte y poderoso que es esto? No permitas que nadie te enrede con pasajes confusos de la Biblia, cuando Jesús te ha dado tantas porciones claras y explícitas de las Escrituras que declaran su favor y sus bendiciones en tu vida, bajo el nuevo pacto. Solo porque alguien se haga llamar maestro, profeta o apóstol, eso no significa que tenga autoridad para enseñar la Palabra de Dios. Deja de descalificarte por no conocer a Cristo y su nuevo pacto. No permitas que nadie te diga que necesitas la ley para ser justo cuando sabes ¡que ya eres hecho justo a causa de Jesucristo!

El lugar de la ley, de este lado de la cruz

Entonces, ¿para quién es la ley? En 1 Timoteo 1:8-10 Pablo indica: "Ahora bien, sabemos que la ley es buena, si se aplica como es debido. Tengamos en cuenta que la ley no se ha instituido para los justos sino para los desobedientes y rebeldes, para los impíos y pecadores, para los irreverentes y profanos. La ley es para los que maltratan a sus propios padres, para los asesinos, para los adúlteros y los homosexuales, para los traficantes de esclavos, los embusteros y los que juran en falso".

¿Lo ves? La ley no es para ti, ¡el creyente que ha recibido justicia en Cristo! La ley no se aplica a quien está bajo el nuevo pacto de la gracia. La ley es para los que no han recibido justicia, para los que no creen y no han recibido a Jesús como Salvador personal. Su propósito es llevarles a su límite para ayudarles a ver que necesitan al Señor.

Pablo deja muy claro el propósito de la ley en el libro de Gálatas, cuando dice: "Así que la ley vino a ser nuestro guía encargado de conducirnos a Cristo, para que fuéramos justificados por la fe. Pero ahora que ha llegado la fe, ya no estamos sujetos al guía".[8] Esa es la función de la ley, mostrarnos que en nosotros ni por nosotros mismos jamás podremos cumplir con los perfectos parámetros de Dios. Por eso la ley nos lleva a depender de Cristo, ¡quien nos justifica y nos hace justos por medio de su obra expiatoria! Estoy a favor de la ley, pero solo por la razón que tuvo Dios para darla. La dio para señalar a Jesús. La ley no tuvo jamás como propósito ser cumplida perfectamente, y no hay ser humano que haya podido o pueda alguna vez cumplirla a la perfección.

La ley tiene por designio exponer a la luz todas tus deficiencias, pero la gracia (el favor inmerecido) nos señala que nos basta Cristo.

Verás, la ley requiere del hombre, pero la gracia (el favor inmerecido) le imparte al hombre. La ley condena al pecador, pero la gracia (favor inmerecido) justifica al pecador y lo hace justo. La ley trae muerte, pero la gracia (favor inmerecido) da vida en abundancia. La ley tiene por designio exponer a la luz todas tus deficiencias, pero la gracia (favor inmerecido) nos señala que nos basta Cristo. Bajo la ley, Dios se va cuando el hombre falla. Pero bajo la gracia (el favor inmerecido) Dios jamás te dejará ni te abandonará, ni siquiera cuando falles.[9]

La ley te hace ser consciente del pecado, pero la gracia (el favor inmerecido) te hace ser consciente de la justicia. La ley te dice que has fallado, pero la gracia (el favor inmerecido) te muestra que eres más que vencedor en Cristo. La ley tiene que ver con lo que debes hacer, pero la gracia (el favor inmerecido) tiene que ver con lo que ha hecho Jesús. La ley te pone encima la carga del cumplimiento, en tanto la gracia (el favor inmerecido) pone el peso en lo que cumplió Cristo. La ley hace que tu conciencia se enfoque en ti, pero la gracia (el favor inmerecido) hace que estés consciente de Cristo. Confío en que empieces a ver que el nuevo pacto del favor inmerecido de Dios "se basa en mejores promesas",[10] es muy superior al viejo pacto de la ley.

Hubo una época en la historia de la iglesia, en el Medioevo, en que a los hombres no se les daba la Palabra de Dios. La interpretación de las Escrituras estaba restringida a un exclusivo grupo de personas, lo que usaban para controlar y manipular a la gente común. Hubo cantidad de herejías y supersticiones que se basaron en la tradición humana y no en la Palabra de Dios para inspirar miedo en la gente y mantenerla asustada. Esto nos muestra que sin la Palabra de Dios la iglesia no tiene luz. Gracias a Dios, hoy su Palabra está disponible en muchos idiomas. El pueblo de Dios ya no tiene que someterse a la interpretación basada en tradiciones humanas, sino que puede leer la Palabra y conocer por sí mismo el pensamiento de Dios. Además, Dios ha levantado ministerios de pastores, maestros, apóstoles, profetas y evangelistas del nuevo pacto para equipar al Cuerpo de Cristo.

Bajo los ministerios del nuevo pacto

Asegúrate de alimentarte de un ministerio establecido en el nuevo pacto de la gracia, y no de uno que tenga un pie en cada uno de los dos pactos. Porque si no se divide correctamente entre los pactos de la Palabra de Dios, hay confusión, lo que Dios llama "mezcla". Él no puede bendecir una mezcla que lo muestra a veces enojado con nosotros porque no cumplimos la ley, aunque al mismo tiempo quiere bendecirnos en otras ocasiones a causa de su gracia. La mezcla enseña que Dios está contento con nosotros a veces, pero que cada tanto rompemos nuestra comunión con Él debido a nuestros errores y fallas.

El creyente no puede encontrar paz, seguridad ni confianza en una mezcla. Uno no puede poner vino nuevo en un odre viejo, porque perderá ambas cosas.[11] La ley perderá su poder de convicción para llevarte a Cristo si está equilibrada con la gracia. Y esta perderá su esencia de ser inmerecida, de no poder ganarse, cuando se les dice a las personas que siguen dependiendo de sí mismas y de sus buenas obras para ganarse el favor y la presencia de Dios. Es una flagrante contradicción. Lo que el hombre llama "equilibrio", Dios lo llama "mezcla".

Todo lo que oigas, pruébalo con la Palabra de Dios

Te animo a poner a prueba todo lo que oigas, con el parámetro de la Palabra de Dios. Siempre le digo a mi iglesia que lean la Biblia en vez de tragarse lo que les diga cualquier predicador, y eso me incluye. Sé sabio y no te tragues todo: la carnada, el anzuelo, la boya, el pescador ¡y hasta sus botas! Emplea el discernimiento cuando oigas algo que no le suena bien a tu espíritu, como cuando algún predicador te dice: "Dios te manda la enfermedad para enseñarte una lección". Pregúntate: "¿Se condice esto con el nuevo pacto del favor inmerecido de Dios? ¿Hay pasajes de las Escrituras del nuevo pacto que respalden esta enseñanza?".

Cuando pongas en línea lo que oigas con Jesús, y con lo que hizo en la cruz por ti, ¡la respuesta será obvia! ¿Por qué te mandaría Dios enfermedades si Jesús se ha llevado toda enfermedad, cargándola sobre su cuerpo en la cruz? Con toda certeza en tu corazón, esa enfermedad no viene de Dios ¡y puedes tener fe para que sanes! Pero, ¿qué seguridad puedes tener si crees en la mentira de que la enfermedad viene de Dios? Ahora, si en lugar de pensar que Dios está en contra de ti, ves que está de tu parte, tu confianza se restaura, tu fe se renueva y su poder para sanarte puede fluir sin impedimentos por cada célula, cada tejido y cada órgano de tu cuerpo.

Para finalizar este capítulo quiero transmitirte las palabras de Miles Coverdale: "Es muy valioso entender las Escrituras si escuchas no solo lo que se ha dicho y escrito sino quién, a quién, con qué palabras, cuándo, dónde, con qué intención, en qué circunstancias se escribió o dijo, considerando lo que sucedió antes y lo que ocurrió después".[12]

En esencia, lo que decía Coverdale es que para entender la Biblia necesitamos leer todo el contexto. Es un consejo excelente de un hombre que tradujo y produjo la primera Biblia en inglés, en el siglo dieciséis.

Amigo, amiga, divide los pactos cada vez que leas la Biblia y jamás serás avergonzado. Ahora que has recibido a Cristo, estás bajo el nuevo pacto y tienes el derecho de disfrutar del inmerecido favor de Cristo para que te vaya bien en la vida.

Capítulo 9

El pacto de Dios con nosotros nos otorga favor inmerecido

Al hablar del favor inmerecido de Dios en tu vida, amigo o amiga, quiero que sepas algo: ese favor no es algo por lo que oras en determinados momentos, como cuando te preparas para una entrevista de trabajo o para una presentación importante. Por supuesto que puedes pedirle al Señor su favor en esas situaciones, ¡pero la realidad es que su inmerecido favor en tu vida es mucho más que eso! Es un pacto. ¿Por qué conformarte solo con experiencias momentáneas, si tienes acceso pleno y constante al eterno pacto de su favor?

Cuando entiendes esto que tienes a través de Jesucristo, vas más allá de solo echar un vistazo a su inmerecido favor, cada tanto o a ratos, y te vuelves consciente de cómo su favor inmerecido lo cubre todo en tu vida, comenzando por tu relación con Cristo. Empiezas a ver su favor de manifiesto en tu vida familiar, en tu trabajo y tus relaciones. Prepárate para que veas que el favor de Dios se hace cada vez más evidente en tu vida y sus resultados te asombrarán.

Prepárate para que te den la mejor mesa en el restaurante

cuando quieras una cita romántica con tu novia. Y prepárate para obtener descuentos especiales "porque sí, nada más". Y a las damas, les digo que empiecen a ver cómo sus tiendas, relativamente vacías, se llenan de clientes cuando entran ustedes porque llevan el inmerecido favor de Dios doquiera que van. Y cuando la presencia del Señor está con uno, todo lo que uno toca es bendecido. ¡Somos bendiciones ambulantes!

El inmerecido favor de Dios es un pacto que tienes con Él.

Ese inmerecido favor que puedes disfrutar es un pacto que tienes con Dios. Ya dije que un pacto es mucho más que un contrato legal. Para ayudarte a establecerte en ese pacto divino quiero que estudiemos en mayor profundidad los pactos que hay en la Biblia. Quiero que puedas entender mejor el pacto en el que estás hoy.

A lo largo de la historia Dios hizo varios convenios con los seres humanos, como el pacto de Adán, el de Noé, el de Abraham, entre otros. Pero los dos más relevantes son el viejo pacto de Moisés y el nuevo pacto de Cristo. Si los entiendes y sabes en qué aspectos se diferencian, creo que tendrás un fundamento sólido para tu fe y tu confianza en el inmerecido favor de Dios.

Se han usado diversos temas para describir estos dos pactos. Como vimos en el capítulo anterior, el viejo se llama así porque es antiguo y se hizo obsoleto. También se conoce como pacto mosaico (porque fue dado a través de Moisés), o pacto de Sinaí (porque fue en el monte Sinaí donde Dios dio los Diez Mandamientos) o pacto de la ley (porque se basa en el cumplimiento humano de la ley). Por otra parte, el nuevo pacto de Jesús, en el que vivimos hoy, también se conoce como pacto de gracia (porque se basa en el inmerecido favor de Dios que no podemos ganar por mérito) y pacto de la paz (porque expresa el shalom de Jesús).

La principal diferencia entre el antiguo pacto y el nuevo

Permíteme mostrarte un pasaje de la Biblia que expone con toda claridad la diferencia entre el ambos pactos:

> *Pues la ley fue dada por medio de Moisés, mientras que la gracia* [favor inmerecido] *y la verdad nos han llegado por medio de Jesucristo.*
> —JUAN 1:17

Observa que la verdad está del mismo lado que el favor inmerecido y que la gracia [favor inmerecido] y la verdad, nos han llegado por medio de Jesucristo. Cuando estudié este versículo en el griego original encontré que "gracia y verdad" se mencionan como unidad porque se usa la conjugación de "llegado" en singular. Es decir que a los ojos de Dios, la gracia y la verdad son sinónimos, el inmerecido favor es verdad, y la verdad es inmerecido favor.

Algunas personas me dicen cosas como: "Bueno, está bien que predique la gracia, pero también tenemos que hablarle a la gente de la verdad". Esto hace que la gracia y la verdad parezcan dos cosas diferentes, cuando en realidad son lo mismo. No se puede separar la verdad de la gracia ni la gracia de la verdad, porque ambas están encarnadas en la persona de Jesucristo. En efecto, unos versículos antes, Juan 1:14 se refiere a la persona de Jesús y dice: "El Verbo se hizo hombre y habitó entre nosotros. Y hemos contemplado su gloria, la gloria que corresponde al Hijo unigénito del Padre, lleno *de gracia* [favor inmerecido] *y de verdad*". La gracia y la verdad se unieron en la persona y ministerio de Jesús. La gracia no es una doctrina o enseñanza. La gracia es una persona.

> *No se puede separar la verdad de la gracia ni la gracia de la verdad, porque ambas están encarnadas en la persona de Jesucristo.*

Esto contrasta con el viejo pacto de la ley que fue dado a través de Moisés en el Monte Sinaí. Podemos ver que Dios es muy preciso en referencia a los dos pactos, y que no los mezcla. La gracia es la gracia y la ley es la ley. La gracia vino con Jesús en tanto la ley fue entregada por medio de Moisés. Jesús no vino para darnos más leyes. Vino para darnos su inmerecido favor, ¡que es su verdad! Sería de enorme provecho para ti que recordaras que cada vez que lees la palabra "gracia" en la Biblia, has de traducirla mentalmente como "inmerecido favor", porque eso es lo que significa.

El pacto abrahámico de gracia

Hace muchos años, cuando estaba yo estudiando la Palabra de Dios, el Señor me habló y me dijo: "Antes de que les fuera dada la ley ninguno de los hijos de Israel murió al salir de Egipto. Aunque murmuraban y se quejaban contra el liderazgo designado por Dios, no murió ni uno solo. Esta es una imagen de la pura gracia". Jamás había oído a nadie enseñar esto, ni lo había leído en ningún libro así que me apresuré a leer esa parte de mi Biblia y no pude encontrar que hubiera muerto ninguno antes de que les fuera dada la ley.

Dios había librado a los hijos de Israel de una vida de esclavitud, obrando grandes señales y milagros. Pero cuando se encontraron atrapados entre el Mar Rojo y el ejército egipcio que venía avanzando, se quejaron ante Moisés, diciendo: "¿Acaso no había sepulcros en Egipto, que nos sacaste de allá para morir en el desierto? ¿Qué has hecho con nosotros? ¿Para qué nos sacaste de Egipto?".[1] ¡Qué audacia! Y, sin embargo, ¿castigó Dios a esos que se quejaban? No. Es más, salvó a los israelitas de manera espectacular, abriendo el Mar Rojo para que pudieran escapar de quienes les perseguían y estaban ya demasiado cerca para atraparlos.

Antes de que les fuera dada la ley ninguno de los hijos de Israel murió al salir de Egipto. Aunque murmuraban y se quejaban contra el liderazgo designado por Dios, no murió ni uno solo. Esta es una imagen de la pura gracia.

Después de que cruzaron al otro lado del Mar Rojo siguieron quejándose una y otra vez, a pesar de la milagrosa provisión de Dios, de su gracia y su protección. En un lugar llamado Mara se quejaron de que las aguas tenían sabor amargo; por lo que Dios hizo que el agua fuera dulce y refrescante.[2] Como no tenían comida se quejaron con Moisés y dijeron: "¡Cómo quisiéramos que el Señor nos hubiera quitado la vida en Egipto! … Allá nos sentábamos en torno a las ollas de carne y comíamos pan hasta saciarnos. ¡Ustedes han traído nuestra comunidad a este desierto para matarnos de hambre a todos!".[3]

Su ingrata diatriba no estaba dirigida solo a Moisés sino también a Dios. ¿Hizo caer azufre y fuego sobre ellos Dios? ¡No! ¡Hizo llover pan del cielo para alimentarlos! Era como si con cada queja llegaran nuevas demostraciones del poder de Dios.

¿Sabes por qué?

Porque todos esos hechos ocurrieron antes de que Dios diera los Diez Mandamientos. Antes de que recibieran la ley los hijos de Israel vivían bajo la gracia (favor inmerecido) y toda bendición y provisión que recibían dependían de la bondad de Dios y no de su obediencia. El Señor los liberó de Egipto no porque fueran buenos ni por su buena conducta, les sacó de Egipto por la sangre del cordero (que tipifica la sangre del Cordero de Dios) con que pintaron sus umbrales la noche de la primera Pascua.

Los hijos de Israel dependían de la fidelidad de Dios al pacto abrahámico, un convenio basado en su gracia (inmerecido favor). Abraham vivió más de cuatrocientos años, antes de que el pueblo de Israel recibiera la ley, mucho antes de que existieran los Diez Mandamientos. Dios se relacionaba con Abraham basándose en la fe que tenía este en su gracia, y no en la obediencia de Abraham a la ley. La Palabra de Dios aclara que Abraham no fue justificado por la ley: "En realidad, si Abraham hubiera sido justificado por las obras, habría tenido de qué jactarse, pero no delante de Dios. Pues ¿qué dice la Escritura?, *Creyó Abraham a Dios, y esto se le tomó en cuenta como justicia*".[4] ¿Cómo fue justificado Abraham? Creyó a Dios ¡y se le tomó en cuenta como justicia!

Aquí está la buena noticia para ti y para mí: Hoy, estamos bajo el nuevo pacto de gracia (inmerecido favor) y el inmerecido favor de Dios está con nosotros. Sus bendiciones y su provisión se basan enteramente en *su bondad* y en *su fidelidad*. ¡Aleluya! Cuando los israelitas atravesaron el desierto desde Egipto al Monte Sinaí, estaban bajo el pacto abrahámico de la gracia. Por eso, a pesar de sus pecados Dios les liberó de Egipto y proveyó para ellos de modo sobrenatural, *no basándose en la bondad ni en la fidelidad de ellos, sino en su propia bondad y fidelidad*. ¿Qué te parece?

Cambio de pactos

Dios deseaba tener una relación con los hijos de Israel. Cuando llegaron al Monte Sinaí, Dios le indicó a Moisés que le dijera al pueblo lo siguiente: "Ustedes son testigos de lo que hice con Egipto, y *de que los he traído hacia mí como sobre alas de águila*. Si ahora ustedes me son del todo obedientes, y cumplen mi pacto, serán *mi propiedad exclusiva entre todas las naciones*... ustedes *serán para mí un reino de sacerdotes y una nación santa*".[5] Cuando Dios dijo esto, fue con ternura en su voz y recordándoles cómo les había traído hacia sí, para poder forjar una relación especial con ellos.

Pero ocurrió la peor tragedia de todas para los hijos de Israel cuando le respondieron a Dios después de oír eso al pie del Monte Sinaí. Eran un pueblo orgulloso y no querían la relación que Dios deseaba. Querían mantener distancia en su relación con Dios, por medio de mandamientos impersonales. Parecían haber olvidado que había sido el inmerecido favor de Dios lo que les había sacado de Egipto, y que ese mismo favor les había abierto un camino donde no lo había, y que era el que les había hecho caer maná del cielo.

Ahora, querían cambiar el pacto de gracia bajo el que habían estado, por uno diferente. Cuando Moisés les comunicó lo que había dicho Dios, respondieron con arrogancia (que en la sintaxis hebrea es evidente), afirmando en esencia lo siguiente: "Cumpliremos con todo lo que el Señor nos ha ordenado".[6] Lo que estaban diciéndole a Dios era: "Dios, no nos juzgues ni nos bendigas más basándote en tu bondad y tu fidelidad. Evalúanos según nuestros méritos. Bendícenos basándote en nuestra obediencia porque somos capaces de cumplir con lo que sea que nos exijas".

Desde ese momento Dios cambió su tono con los hijos de Israel. Se distanció de ellos y le dijo a Moisés que diera orden de que nadie podía acercarse al Monte Sinaí ya que era un lugar santo. ¿Qué sucedió? Cuando rechazaron la gracia de Dios y presumieron de su propia justicia y obediencia para responder ante Él, Dios se apartó de ellos. Observa el tono que usó con los israelitas después de que ellos decidieron estar bajo el pacto de la ley: "Voy a presentarme ante ti en medio de una densa nube... Diles que no suban al monte, y que ni siquiera pongan un pie en él, pues cualquiera que lo toque será condenado a muerte. Quien se atreva a tocarlo, morirá a pedradas o a flechazos".[7]

¡Qué cambio! La presencia del Señor había estado con ellos a cada paso, bajo la forma de una columna de nube durante el día y de una columna de fuego durante la noche. Les había hecho cruzar el Mar Rojo, proveyendo para cada una de sus necesidades. Era bondadoso con ellos por su fidelidad al pacto abrahámico basado en su gracia (favor inmerecido). Pero ahora, Dios les advertía a los hijos de Israel ¡que debían mantenerse lejos de su presencia! Ya no iba a tratar con ellos de la misma forma, porque habían decidido estar bajo un pacto diferente para relacionarse con Él, uno que se basaba en su obediencia y sus méritos y no en la bondad de Dios, como antes.

En efecto, al inicio del capítulo que sigue, en el momento en que los israelitas le dijeron a Dios que les juzgara basándose en la conducta de ellos, Dios les dio los Diez Mandamientos, y recibieron el pacto de la ley. Pero, ¿pudieron vivir los israelitas con los parámetros de los que tanto alarde hicieron cuando afirmaron poder cumplir con todo lo que Dios les mandara? ¡En absoluto! Al pie del Monte Sinaí, erigieron un becerro dorado con el oro que Dios les había dado, y lo adoraron como si esa figura fuera el Dios que les había sacado de Egipto.

Cuanto más intentes cumplir la ley por tu propio esfuerzo, tanto más descubrirás que fue creada para que conozcas tus falencias y pecados.

De inmediato, cuando presumieron de su capacidad para cumplir los mandamientos divinos, violaron el primero de ellos: "No tengas otros dioses además de mí".[8] *¿Por qué cometieron tan terrible acción?* El apóstol Pablo nos informa que "el poder del pecado es la ley".[9] Cuanto más intentes guardar la ley por tus propios esfuerzos, tanto más mostrará ella aquello que por designio ha de exponer: tus falencias y pecados. Y eso sucederá hasta que llegues a tu límite, hasta que veas que no puedes cumplir por ti mismo con los perfectos parámetros de Dios y te eches por completo ante su gracia y su bondad.

Cuando cambiaron de pacto, la respuesta de Dios a los hijos de Israel cada vez que se quejaban era diferente. En Números 21:5, la Biblia registra sus quejas: "¿Para qué nos trajeron ustedes de Egipto a morir en este desierto? ¡Aquí no hay pan ni agua! ¡Ya estamos hartos de esta pésima comida!". Suena igual que una de las quejas anteriores, ¿verdad? Pero mira lo que pasó esta vez: "Por eso el Señor mandó contra ellos serpientes venenosas, para que los mordieran, y *muchos israelitas murieron*".[10]

Ahora bien, quiero señalar que Dios no creó a las serpientes para que mordieran a la gente después de que se quejaran. Las serpientes habían estado allí todo el tiempo. Dios simplemente quitó su mano protectora de ellos, y permitió que las serpientes se les acercaran. Vemos eso ahora: cuando los israelitas se quejaron, ¡murieron! ¿Por qué respondió Dios de manera tan distinta al mismo pecado de la queja? Porque ahora operaba bajo un pacto diferente con ellos. Los israelitas habían cambiado el pacto abrahámico basado en la gracia (favor inmerecido) de Dios, por el mosaico que se basaba en su propia conducta. La protección iba de la mano con la capacidad de cumplir con la ley a la perfección. Pero gracias a Dios, ya no estamos bajo ese viejo pacto. Gracias a la cruz Dios ya no quitará de sobre nosotros su mano protectora.

Los términos del viejo pacto

En Deuteronomio 28 hay un bellísimo pasaje que registra las maravillosas bendiciones de Dios que afectan cada una de las áreas de nuestras vidas, que incluyen a nuestras familias, trabajos y finanzas. Veamos algunas de esas bendiciones:

Bendito serás en la ciudad, y bendito en el campo. Benditos serán el fruto de tu vientre, tus cosechas, las crías de tu ganado, los terneritos de tus manadas y los corderitos de tus rebaños... El Señor abrirá los cielos, su generoso tesoro, para derramar a su debido tiempo la lluvia sobre la tierra, y para bendecir todo el trabajo de tus manos. Tú les prestarás a muchas naciones, pero no tomarás prestado de nadie.

—Deuteronomio 28:3-4, 12

Eran bendiciones prometidas bajo el viejo pacto de la ley. Pero, ¿cómo podían ser derramadas sobre ti si estuvieras bajo el viejo pacto?

Dios respondió a esa pregunta, cuando afirmó: "El Señor te pondrá a la cabeza, nunca en la cola... *con tal de que prestes atención a los mandamientos del Señor tu Dios que hoy te mando, y los obedezcas con cuidado. Jamás te apartes de ninguna de las palabras que hoy te ordeno*, para seguir y servir a otros dioses".[11] La palabra clave para acceder a las bendiciones de Dios bajo el viejo pacto es "con tal"... "con tal de que obedezcas" a la perfección los mandamientos de Dios, ¡entonces podrás disfrutar de sus bendiciones! ¿Es un buen trato? Básicamente significa que el viejo pacto de la ley se basaba enteramente en tus obras, en tu capacidad para guardar impecablemente los mandamientos de Dios. ¡Solo así podías tener bendición!

Pero, ¿qué pasa si no cumples a la perfección los mandamientos de Dios? Bajo este viejo pacto de la ley, el Señor dijo:

Pero debes saber que, si no obedeces al Señor tu Dios ni cumples fielmente todos sus mandamientos y preceptos que hoy te ordeno, vendrán

sobre ti y te alcanzarán todas estas maldiciones: Maldito serás en la ciudad, y maldito en el campo... Malditos serán el fruto de tu vientre, tus cosechas, los terneritos de tus manadas y los corderitos de tus rebaños... El Señor enviará contra ti maldición, confusión y fracaso en toda la obra de tus manos, hasta que en un abrir y cerrar de ojos quedes arruinado y exterminado por tu mala conducta y por haberme abandonado.
—Deuteronomio 28:15-16, 18, 20

¡Es algo fuerte en verdad! Si se te ofreciera la opción de volver a estar bajo el pacto de la ley, ¿aceptarías?

Bajo el viejo pacto podrías tener bendición si cumplías la ley de Dios a la perfección, pero también ¡si fallabas atraías terribles maldiciones! ¿Por qué crees que Dios consideró que el pacto no funcionaba y era obsoleto? El viejo pacto de la ley no era su mejor opción para los hijos de Israel. Eran ellos los que lo habían pedido al hacer alarde de su capacidad de recibir bendición basándose en su conducta y buenas obras. Rechazaron el inmerecido favor de Dios. Rechazaron el pacto abrahámico y declararon que querían ser evaluados según su bondad, en lugar de la bondad de Dios.

Dios quería bendecir a su pueblo de acuerdo a su inmerecido favor, pero como ellos quisieron que las bendiciones dependieran de su accionar y del cumplimiento de la ley, Dios tuvo que humillar esa arrogancia que les consumía y les mostró sus perfectos parámetros, que ningún ser humano podría mantener. Les dio así el viejo pacto de la ley.

La ley como sombra de las cosas buenas por venir

¿Cómo sabemos que el pacto de la ley no era el mejor que Dios tenía? Bueno, es que si ese pacto hubiera sido bueno, Dios no habría tenido que mandar a Jesús para que muriera por nosotros en la cruz. Pero mira lo que hizo Dios: envió a su único Hijo, Jesucristo, para que cumpliera perfectamente la ley por nosotros, en la cruz. Jesús, que no conoció el pecado, cargó sobre su cuerpo con todas las maldiciones y la paga por todos los pecados de la humanidad para que bajo este nuevo pacto a través de Él podamos depender completamente de su inmerecido favor para todas las bendiciones de nuestras vidas. El inmerecido favor del que disfrutamos hoy a través de Jesús bajo el nuevo pacto ¡es el mejor pacto que Dios tenía para nosotros!

Para probar que Jesús (y no la ley) es lo mejor que Dios envió, ¿sabes que Dios ya había puesto sombras que señalaban desde diferentes lugares, inadvertidos, al sacrificio de Jesús en la cruz? ¿Y sabes que están en el mismo capítulo en que fueron dados los Diez Mandamientos?

Quiero mostrarte algo en cuanto a la lectura y comprensión del Antiguo Testamento. Este testamento está lleno de sombras, de tipos y de imágenes que señalan a la persona de Cristo y a su muerte en la cruz. Pablo nos lo explica en el libro de Hebreos cuando habla de la ley como "sólo una sombra de los bienes venideros".[12]

Cuando ves la sombra de un objeto, sabes que este está cerca. Saber que la ley es la sombra de los "bienes venideros" hace que queramos descubrir a qué se refiere tal cosa. Y Pablo responde esta pregunta cuando habla de los rituales de la ley como "una sombra de las cosas que están por venir; *la realidad se halla en Cristo*".[13] Las sombras que están ocultas en el Antiguo Testamento apuntan a la realidad del Nuevo Testamento ¡que es Jesucristo! ¿Te satisfaría comer la sombra de una hamburguesa? No, ¡necesitas comerte la sustancia real para satisfacer tu apetito!

Jesús está oculto en el antiguo pacto, y revelado en el nuevo. Él es la llave que abre el entendimiento del Antiguo Testamento.

Ahora, volvamos a lo que estábamos diciendo antes. ¿Sabes que incluso al dar los Diez Mandamientos, Dios ya pensaba en Jesús? Dios ya estaba preparándose para enviar a su Hijo ¡para que muriera por ti y por mí! Jesús está escondido en el antiguo pacto, y revelado en el nuevo. Él es la llave que abre el entendimiento del Antiguo Testamento. Por eso es tan fascinante develar cada uno de los detalles que registra la Biblia. Todo mi ministerio tiene que ver con develar la persona de Jesús y lo que voy a contarte realmente dispara mi adrenalina espiritual.

¿Estás prestando atención? Escucha. Veamos Éxodo 20 una vez más, donde Dios da los Diez Mandamientos. Podemos ver que ya entonces, cuando Dios estableció la ley, la muerte de Jesús en la cruz estaba ya en su mente. Sabía que el pueblo no podría cumplir la ley, por eso hizo provisión para la cruz, como respuesta a ese fracaso por parte de la humanidad. Apenas dio la ley, Dios mandó de inmediato a Moisés a levantarle un altar. ¿Qué es un altar? Es un lugar donde se ofrecían sacrificios. Aquí ves ya la sombra de la cruz del Calvario, donde fue sacrificado Jesús. Pero Dios no se detuvo allí, sino que dio ciertas instrucciones para levantar el altar, que nos revelan más todavía sobre la cruz.

En los últimos dos versículos de Éxodo 20, Dios le dijo a Moisés: "Si me hacen un altar de piedra, no lo construyan *con piedras labradas*, pues las herramientas profanan la piedra".[14] ¿Qué nos dice esto acerca de la cruz? Que no debe haber esfuerzo humano allí (piedras labradas). Nos dice que las obras del hombre no pueden añadirse a la obra cumplida por Cristo, porque la profanaría. También, Dios dijo: "Y *no le pongan escalones a mi altar*, no sea que al subir se les vean los genitales".[15]

No puedes añadir nada al sacrificio de Jesús ni merecer su favor al depender de tu obediencia a la ley.

Verás, el hombre no puede ganar acceso al inmerecido favor de Dios por sus propios medios. Los esfuerzos del ser humano por merecer tal favor solo sacan a la luz sus propias debilidades. El favor viene solamente de la obra de Jesús en la cruz. No puedes añadir a su obra ni merecer su favor dependiendo de tu obediencia a la ley. Jesús cumplió la obra en la cruz y declaró: "Todo se ha cumplido".[16] Ahora ¿no te llena de entusiasmo ver a Jesús ya develado en el Antiguo Testamento?

Y no he terminado todavía. Solo he mencionado el altar. ¿Qué hay de las ofrendas? No voy a entrar en todos sus detalles pero baste con mencionar que Dios les dijo a los hijos de Israel que le presentaran ofrendas en sacrificio. Estas están detalladas en el libro de Levítico, que ofrece pormenores sobre las ofrendas quemadas u holocaustos, las ofrendas de paz, las ofrendas de alimento, ofrendas por el pecado y ofrendas por la transgresión.

"Pero pastor Prince, ¿por qué hay tantos tipos de ofrendas y qué importancia tienen en mi caso?"

Verás, es importante porque los cinco tipos de ofrendas son sombras que señalan a una única ofrenda perfecta: Jesús, en la cruz. Ese sacrificio es tan rico en verdades que hacen falta cinco ofrendas para poder acercarse a la imagen de su única ofrenda en la cruz.

Entonces, incluso al dar los Diez Mandamientos, Dios ya tenía en su corazón enviar a Jesús como sacrificio final para redimir a la humanidad. Sabía desde el principio mismo que el ser humano no podría cumplir el pacto de la ley, que nadie podría cumplir la ley a la perfección para recibir bendición. Y por eso, en su amor por la humanidad, hizo la provisión de las ofrendas, incluso al dar la ley. Dios quería asegurarse de que su pueblo tuviera una forma de salir del pacto de la ley ya que sabía que no lo cumplirían y, por ello, el pueblo podía traer ofrendas a Dios, para evitar la maldición. ¡Aleluya! ¿Cómo no vamos a amar a Dios?

Amigo, amiga, hallarás que incluso el proceso que seguían los israelitas para las ofrendas está lleno de verdades. Dios no nos dice todo porque "Gloria de Dios es ocultar un asunto, y gloria de los reyes el investigarlo".[17]

Pero al leer hoy este libro estás a punto de ver más sombras preciosas de lo que sucedió en el Calvario. Por ejemplo, cuando el pecador lleva su ofrenda ante el sacerdote, el cordero que trae

El sacerdote examina el cordero para ver si es perfecto.

tiene que ser inmaculado, sin manchas ni defectos. Después que el sacerdote examina al animal el pecador tiene que poner su mano sobre la cabeza del cordero. El pecador entonces mata al cordero y lo ofrece sobre el altar como sacrificio.

¿Por qué no puede el pecador llevar cualquier cordero ante el sacerdote?

Tiene que ser un cordero perfecto porque es imagen de la perfección de Jesús. Él es nuestro sacrificio perfecto, sin mancha, sin defectos ni pecado.

¿Qué tiene que ver con nosotros hoy el hecho de que el pecador pusiera su mano sobre la cabeza del cordero?

La acción tiene un significado dual: el pecador transfiere sus pecados al cordero inocente, y la inocencia del cordero se transfiere al pecador. Ahora el pecador es justificado y queda

El pecador transfiere sus pecados al cordero inocente, mientras que la inocencia del cordero es transferida al pecador.

libre de toda maldición. Eso tiene que ver con nosotros, en todo. Porque es una asombrosa imagen del divino intercambio que se dio en la cruz. Allí, todos nuestros pecados fueron puestos sobre Jesús, el Cordero de Dios que quitó los pecados del mundo. Pero Jesús no solo se llevó nuestros pecados sino que nos transfirió su justicia, para que tú y yo podamos hoy ser redimidos para siempre de la maldición impuesta por la ley.

¿Por qué había que matar al cordero?

Para que el sacrificio fuera completo hay que matar al cordero. Ahora bien, el hombre que presentó la ofrenda puede irse, habiendo sido justificado por el cordero. En lugar de recibir la maldición que merece, ahora puede esperar las bendiciones de Dios.

El perfecto pago que Jesús efectuó al morir te limpió de tus

El cordero sufre el juicio de Dios. El que hace
la ofrenda sale bajo la bendición de Dios.

pecados para toda la vida y ahora caminas en una vida nueva, con la justicia ¡del Cordero de Dios! Ahora puedes vivir con la confiada expectativa de las bendiciones que Dios derramará sobre ti. ¡Qué buena vida!

Mis amados, Jesús tuvo que sufrir una muerte agónica porque "la paga del pecado es muerte".[18] No solo quitó tus pecados y te dio su justicia. Sino que además cargó sobre su cuerpo con el *castigo* por tus pecados. Cuando aceptas a Jesús como tu Señor y Salvador personal ya no eres pecador. Todos tus pecados —del pasado, el presente y el futuro—, ya recibieron su castigo en la cruz, de una vez y para siempre. Cristo no necesita ser crucificado nunca más. ¡Su único y perfecto pago ya quitó tus pecados para toda la vida! Hoy puedes disfrutar de todas las bendiciones del nuevo pacto gracias a lo que Cristo hizo por ti. Ahora estás bajo el pacto de su inmerecido favor y todos los términos y condiciones que debías cumplir para recibir bendiciones han sido cumplidas por Jesús.

Capítulo 10

Perfeccionados por el favor inmerecido

En el capítulo anterior hablamos acerca de cómo puedes disfrutar de todas las bendiciones del nuevo pacto porque ahora estás bajo el pacto de su favor inmerecido, y todos los términos de este acuerdo que tienes con Dios han sido realizados por Jesús. Dios encontró fallas en el antiguo pacto —en el que el hombre solo podía ser bendecido por su bondad y obediencia a la ley— y lo reemplazó con el nuevo, consistente en su favor inmerecido y mediante el cual podemos ser continuamente bendecidos por la obediencia a Jesús.

Confío en que estás comenzando a entender que ningún hombre puede ser perfeccionado por los Diez Mandamientos. Nadie puede cumplir la ley al pie de la letra, ni ser perfeccionado y bendecido basándose en la ley. Hoy nuestra dependencia de las bendiciones de Dios debe radicar en Cristo y solo en Él. Solamente Cristo puede lograr la totalidad de los requerimientos exactos de la ley por nosotros. Si revisas el Antiguo Testamento, encontrarás que ni una sola persona bajo ese pacto fue bendecida, justificada o santificada por la ley.

Ninguno logró alcanzar el estándar perfecto de la ley. Incluso el rey Salomón, que reinó en la era dorada del antiguo Israel, falló a pesar de toda su sabiduría y entendimiento.

Bajo el antiguo pacto, Dios sabía que era imposible que los hijos de Israel tuvieran bendición debido a su perfecta adhesión a la ley, de manera que les proveyó un camino. A pesar de sus pecados no fueron aniquilados por la maldición de la ley ya que le brindaron ofrendas a Dios todas las mañanas y todas las tardes.[1] En el capítulo anterior aprendimos que las sombras que apuntaban a Jesús estaban escondidas en el Antiguo Testamento. Estoy por revelarte otra sombra. Jesús, nuestra ofrenda perfecta, colgó de la cruz desde las nueve de la mañana hasta las tres de la tarde,[2] ¡cumpliendo así las ofrendas matutinas y las vespertinas!

En la Biblia no hay detalles insignificantes. Dios no grabó todos los pormenores de las ofrendas en la Escritura solo para que llevemos una Biblia grande e impresionante todos los domingos a la iglesia. No, todos los detalles apuntan de manera hermosa al sacrificio de Jesús en la cruz, tanto que incluso en los *tiempos* en que Dios les dijo a los israelitas que hicieran ofrendas, apuntan a nuestro Salvador. Por lo tanto, incluso bajo el antiguo pacto, los hijos de Israel podían ser bendecidos por JESÚS, inclusive cuando fallaban. ¡Toda ofrenda que Dios les indicó que hicieran apuntaba a la obra redentora de Cristo en la cruz!

¡Si fallas tan solo en una ley, serás
culpable de quebrantarlas todas!

Piensa en esto por un momento. Si les era posible a los israelitas atenerse a la perfección a la ley de Dios, ¿por qué habría habido la necesidad de sacrificar animales y ofrecerlos bajo el pacto de la ley? Es probable que haya intentado aparentar atenerse a las leyes. Físicamente, quizás no hayan adorado ídolos, cometido adulterio o asesinado a nadie. Pero el estándar de la ley es impecable y hubieran fallado ante los ojos de Dios porque habrían pecado interiormente.

Por ejemplo, si cualquier hombre miraba con lujuria a cualquier mujer que no fuera su esposa o si alguien se enojaba con su vecino, Dios los juzgaba como si hubieran cometido los pecados de adulterio y de asesinato. Y si fallaban en tan solo *una* ley, ¡eran culpables de quebrantarlas *todas*![3] Los estándares de Dios son mucho más altos que los del hombre. Este puede juzgar basándose en las apariencias, pero Dios no estaba interesado solo en la adhesión exterior a sus leyes. ¡Demandaba también la adhesión a la ley en sus corazones y en sus pensamientos!

"Pero, pastor Prince, ¿no es eso demasiado difícil? ¿Quién puede cumplir los Diez Mandamientos por completo, tanto interior como exteriormente?"

Eso es totalmente correcto, mis amigos. ¡Ningún hombre pudo ni puede! La ley es un estándar imposible y fue diseñada para silenciar todos los intentos humanos por ganarse las bendiciones divinas. Es por eso que los hijos de Israel necesitaban las ofrendas y los sacrificios precisos para cubrirlas. Nunca podrían haber cumplido la ley a la perfección, como Dios lo demandaba. Por cierto, yo no inventé el estándar de la ley. Jesús fue quien enseñó que la ley debía ser cumplida tanto interior como exteriormente. Él dijo: "Pero yo les digo que todo el que se enoje con su hermano quedará sujeto al juicio del tribunal"[4] y que "cualquiera que mira a una mujer y la codicia ya ha cometido adulterio con ella en el corazón".[5]

Jesús vino para mostrarle al hombre el estándar prístino de la ley de Dios. Los fariseos rebajaron la ley de Dios a un nivel que podían alcanzar por medio de sus propios esfuerzos, para presumir de su habilidad de cumplir la ley. Pero Jesús vino para exponer su falla total y les demostró que la ley de Dios era un estándar imposible para el hombre. Fue Jesús quien dijo: "Si tu ojo derecho te hace pecar, sácatelo y tíralo… Y si tu mano derecha te hace pecar, córtatela y arrójala".[6] Es claro que su intención no era que el hombre tomara sus palabras literalmente, de otra forma, ¡la iglesia sería una gran sala de amputación! No, ¡Jesús simplemente llevó a la ley a su forma más pura para que todo hombre llegara a un punto final y viera su necesidad de un Salvador!

Ningún hombre puede ser justificado por la ley

Permíteme aclarar esto. Vayamos juntos al libro de Romanos, donde la Palabra de Dios dice algo acerca de estar bajo el antiguo pacto de la ley:

> No hay un solo justo, ni siquiera uno; ahora bien, sabemos que todo lo que dice la ley, lo dice a quienes están sujetos a ella, para que *todo el mundo se calle la boca* y quede convicto delante de Dios. Por tanto, *nadie será justificado en presencia de Dios*

por hacer las obras que exige la ley; más bien, *mediante la ley cobramos conciencia del pecado.*

—Romanos 3:10, 19-20

Estos versículos están cargados de muchas verdades. Primero, nos cuentan que la ley fue diseñada para mostrarle a "todo el mundo" que los seres humanos eran culpables de pecar ante Dios. NADIE puede ser justificado por los hechos de la ley. ¡Toda la humanidad necesita del Salvador para ser rescatada! Este pasaje también explica por qué se nos dio la ley. Para exponer el pecado del hombre ya que "mediante la ley cobramos conciencia del pecado".

Atiende a lo que estoy diciendo. *Los Diez Mandamientos nunca fueron dados para detener el pecado.* Ellos no tienen poder para detenerlo. ¡Dios nos dio la ley para *exponer* el pecado del hombre! Si puedes entender esta última declaración, comprenderás uno de los malentendidos más grandes que ocurren en la Iglesia hoy en día.

En la actualidad, escuchamos en la iglesia, todo tipo de enseñanzas acerca de los Diez Mandamientos. Hay personas que piensan que algunos creyentes están luchando con el pecado porque no hay suficientes enseñanzas acerca de los tales. Esas personas están bajo la impresión de que si uno predica fuerte y con potencia acerca de la ley y de todas las "prohibiciones", ¡los creyentes estarían libres de pecado! En los mil quinientos años que los hijos de Israel estuvieron bajo el antiguo pacto, ¿hizo la ley que se detuviera el pecado? ¿Hay alguna base fuerte que indique que la enseñanza de los Diez Mandamientos traerá la santidad y detendrá el pecado? En absoluto.

La ley promueve el pecado

Sé que aquí quizás esté pisándole los talones a alguien, pero vayamos por lo que dice la Palabra de Dios y no por lo que dice el hombre. No encontré ninguna escritura en el Nuevo Testamento que me indicara que debería enseñar más acerca de la ley para impedir el pecado. Por el contrario, en 1 Corintios 15:56 dice que "el poder del pecado es la ley". En Romanos 7, el apóstol Pablo sigue explicando esto cuando expresa: "Si no fuera por la ley, no me habría dado cuenta de lo que es el pecado. *Por ejemplo, nunca habría sabido yo lo que es codiciar si la ley no hubiera dicho: 'No codicies'. Pero el pecado, aprovechando la oportunidad que le proporcionó el mandamiento, despertó en mí toda clase de codicia. Porque aparte de la ley el pecado está muerto*".[7] Lee el versículo de nuevo. La ley no detiene el pecado. ¡Lo promueve y produce "toda clase de codicia"!

Para ayudarte a que entiendas esto, necesitas darte cuenta de que nuestra tendencia humana al pecado se despierta cuando se nos da una ley. Por ejemplo, imagina un grupo de niños caminando por la calle que está flanqueada por una hilera de invernaderos. Ninguno de los invernaderos les interesa, por lo que casi ni les prestan atención. Luego, llegan a uno en particular que está repleto de señales que indican: "Vidrio frágil. No tirar piedras. Los invasores serán procesados". De pronto, dejan de caminar y comienzan a desafiarse entre ellos para hacer exactamente lo que los letreros dicen que *no* hay que hacer.

Nuestra predisposición humana al pecado se despierta cuando se nos da una ley.

Lo siguiente que escuchas es el sonido del vidrio rompiéndose y los niños riéndose a carcajadas mientras salen corriendo. Nota que este mismo grupo de niños ha pasado por el mismo tipo de invernaderos antes sin provocar ningún incidente. Pero una vez que se introduce una ley, su predisposición humana al pecado despierta. Eso es lo que hace la ley. Aviva la carne y en las palabras de Pablo, produce "toda clase de codicia".

Pablo continúa diciendo:

> *En otro tiempo yo tenía vida aparte de la ley; pero cuando vino el mandamiento, cobró vida el pecado y yo morí.* Se me hizo evidente que el mismo mandamiento que debía haberme dado vida me llevó a la muerte.
>
> —ROMANOS 7:9-10

¡Asombroso!, aquí Pablo dijo algunas cosas poderosas. C.S. Lewis escribió un libro brillante titulado *Cartas del diablo a su sobrino*, donde cuenta la historia de un demonio superior enseñándole a uno más pequeño cómo explotar las debilidades y las fragilidades del hombre. En un estilo parecido, me imagino que Romanos 7:9 es quizás el versículo más estudiado y memorizado en el infierno. Este versículo se les enseñaría a todos los demonios pequeños y la lectura se titularía: "¡Cómo hacer un avivamiento pecaminoso!". Según Pablo, cuando introduces la ley, *¡Habrá un reavivamiento de pecado!* Y eso no es todo. Además de reavivar al pecado, ¡la ley también mata y trae muerte! Entonces, ¿no es asombroso que haya ministros muy famosos que prediquen con énfasis acerca de los Diez Mandamientos, creyendo que al imponer la ley el pecado será removido?

Ya hemos visto que de acuerdo con Romanos 3:20, "*mediante la ley cobramos conciencia del pecado*". En otras palabras, sin la ley, no se cobraría conciencia del pecado. Por ejemplo, puedes conducir a la velocidad que quieras en una carretera que no tiene un límite de velocidad y nadie puede acusarte de ir demasiado rápido. Pero una vez que las autoridades ponen un límite de velocidad en la misma carretera, ahora sabes que si manejas a más de cien kilómetros por hora por esa carretera, estarías infringiendo la ley.

El enemigo utiliza la ley para colmarte de condenas y darte un sentimiento de culpa y distanciamiento de Dios.

De la misma manera, Pablo expresó: "Por ejemplo, nunca habría sabido yo lo que es codiciar si la ley no hubiera dicho: 'No codicies'". Por eso es que el enemigo siempre vierte acusaciones sobre ti utilizando la voz de un legalista. ¡Emplea la ley y los mandamientos para hacer notar tus fallas, para poner bajo la luz cómo tu comportamiento te ha descalificado de tu comunión con Dios y para apuntar constantemente lo poco que te mereces su aceptación, su amor y sus bendiciones! El enemigo usa la ley para colmarte de condenas y darte un sentimiento de culpa y distanciamiento de Dios. Sabe que cuanta más condena y culpa sientas, más probabilidades hay de que te distancies de Dios y de que continúes en ese pecado.

La ley ha sido clavada a la cruz

Pero amado, puedo orar porque hoy, conozcas la *verdad:* que Jesús ya ha clavado a la ley en la cruz, como afirma el apóstol:

> … y anular la deuda que teníamos pendiente por los requisitos de la ley. Él anuló esa deuda que nos era adversa, clavándola en la cruz. Desarmó a los poderes y a las potestades, y por medio de Cristo los humilló en público al exhibirlos en su desfile triunfal.
>
> —Colosenses 2:14-15

¿Qué significa esto para los creyentes de hoy? Cuando todas las leyes del antiguo pacto fueron clavadas en la cruz de Jesús, ¡el enemigo y todos sus subordinados fueron *desarmados*! El demonio se armó con la ley para acusar y condenar al hombre, pero tenemos buenas noticas para ti, mi amigo. El diablo ya no puede utilizar la ley como un arma para condenar al creyente y remover el pecado porque bajo el nuevo pacto, ¡el que cree en Cristo está libre de la ley! ¡Nuestro Salvador ya ha anulado la deuda que nos era adversa! Por desdicha, muchos de los creyentes del nuevo pacto no saben que ya no están bajo la ley. Están vencidos por su falta de conocimientos y el enemigo se aprovecha de su ignorancia para continuar ejerciendo el viejo pacto de la ley para condenarlos y reavivar el pecado en sus vidas.

"Pastor Prince, como Cristo tuvo que clavar la ley en la cruz, ¿significa que la ley es mala?"

¡No! ¡Mil veces no! En Romanos 7:12 Pablo responde esta pregunta al declarar "que la ley es santa, y que el mandamiento es santo, justo y bueno". Pero aunque la ley es santa, justa y buena, *no tiene poder* para hacerte santo, justo ni bueno. La ley es como un espejo. Lo único que puede hacer es decirte la verdad y destacar tus deficiencias. Si miras al espejo y la persona que se refleja es fea, sucia o imperfecta, ¿significa que es un error del espejo? Por supuesto que no. El espejo solo está haciendo su trabajo. La ley actúa de la misma manera. Te muestra la santidad, la justicia y la bondad perfecta de Dios, pero al mismo tiempo, expone tus imperfecciones y tu inhabilidad para lograr los estándares de Dios. Y así como no puedes utilizar un espejo para limpiar la suciedad que expone tu rostro, tampoco puedes utilizar la ley para remover los pecados que ha expuesto y hacerte santo.

En el mismo capítulo, Pablo explica más detalladamente por qué la ley tuvo que ser clavada en la cruz:

> Sabemos, en efecto, que la ley es espiritual. Pero yo soy meramente humano, y estoy vendido como esclavo al pecado. No entiendo lo que me pasa, pues no hago lo que quiero, sino lo que aborrezco.
> —Romanos 7:14-15

No hay duda de que la ley de Dios es pura y espiritual, pero Pablo nos enseña claramente que la ley no evitó que quisiera pecar cuando su carne era revuelta por el mismo pecado. Nota su angustia cuando en el versículo 19 dice: "De hecho, no hago el bien que quiero, sino el mal que no quiero".

Si te atienes por completo a la ley, te llevará a tu fin y llegarás a un lugar en donde tiene una revelación clara como el cristal: que en ti y por ti, ¡no puedes salvarte!

Entonces, ¿cuál fue la solución de Pablo? En su exasperación, pronunció: "¡Soy un pobre miserable! ¿Quién me librará de este cuerpo mortal?".[8] Aquellos que se atengan por completo a la ley en lugar de rebajarla a un estándar al que se puedan engañar a sí mismos a pensar que pueden cumplir la ley en verdad vivir lo que Pablo experimentó. La ley te llevará a tu fin y llegarás a un lugar en donde tiene una revelación clara como el cristal que en ti y por ti, ¡no puedes salvarte!

Observa que el grito de Pablo es por una persona. Él preguntó: "¿Quién me librará de este cuerpo mortal?". ¿Su respuesta?, "¡Gracias a Dios por medio de Jesucristo nuestro Señor!".[9] Esta solución no se encuentra en objetos; como los dos pedazos de piedra, fríos e impersonales, sobre las cuales se escribieron los mandamientos. ¡Se encuentra en la persona de Jesús! ¡No puedes tener una relación con pedazos de piedra fríos, pero puedes tener una relación con la persona de Jesús! ¡Tu respuesta se encuentra en Cristo y solo en Él! Incluso cuando fallas, su sangre te hace recto, justo y bueno. Eres perfeccionado por su gracia (favor inmerecido).

Amigo, amiga, cuando Jesús murió en la cruz, pagó el precio completo por tus pecados. Se hizo completamente cargo de la penalidad de *todos* tus pecados. Pero no quitó tu habilidad para ser tentado, para tener deseos pecaminosos ni pensamientos corrompidos. Mientras estés en tu cuerpo actual, experimentarás lo que el mismo Pablo vivió.

Sufrirás tentaciones, deseos y pensamientos pecaminosos. Esa es la verdad y Pablo no tenía miedo ni sentía vergüenza de hablar acerca de ella. Si Cristo murió para remover de nosotros los actos, los pensamientos y obras pecaminosas, entonces con debido respeto, falló porque todos sabemos que todavía podemos ser tentados. La ley no puede detener el pecado. Solo una revelación de su gracia puede.

Poder para no pecar más

La solución a esas tentaciones, a esos deseos y pensamientos pecaminosos yace en el mismísimo primer versículo del siguiente capítulo: "Por lo tanto, ya no hay ninguna condenación para los que están unidos a Cristo Jesús".[10] (Por cierto, algunas traducciones de la Biblia dicen en este versículo "que no caminan de acuerdo a la carne, sino de acuerdo al Espíritu". Esto fue agregado por los últimos traductores de la Biblia. En los manuscritos más antiguos del Nuevo Testamento disponibles en la actualidad, el griego simplemente declara: *"Ya no hay ninguna condenación para los que están unidos a Cristo Jesús".*)

Es posible que de vez en cuando tengas tentaciones y pensamientos obscenos, pero justo en medio de esa tentación, necesitas saber esto: *Ya no hay* ninguna condenación para los que están unidos a Cristo Jesús. Nota que este versículo está en tiempo presente. Justo ahora, incluso si en este mismo instante están pasando por tu mente pensamientos pecaminosos, ¡no hay condenación porque estás *en Cristo Jesús*! ¿Debemos entonces sentarnos quietos y entretener esos pensamientos pecaminosos? Por supuesto que no.

El pecado no puede echar raíces en una persona que está llena de la conciencia de que es recta en Cristo. No puedes hacer que los pájaros dejen de volar sobre tu cabeza, pero sí puedes evitar que hagan un nido en ella. De esa misma manera, no puedes detener las tentaciones, pero sí evitar actuar en base a esos pensamientos y deseos perniciosos y tentadores. ¿Cómo? ¡Confesándote en el mismo momento de la tentación que eres recto en Cristo Jesús!

Ahora tienes el poder de Cristo para elevarte por sobre tus tentaciones y para descansar en tu identidad recta en Cristo, sin mediación de tus obras.

El poder de Jesús para sobreponernos a toda tentación surge efecto cuando te mantienes consciente de que incluso en el momento de la tentación, ¡Dios todavía está contigo y que te atribuye justicia sin mediación de las obras![11] Cuando hagas eso, rechazarás la condenación por la tentación a la cual te enfrentaste. Sabes que tienes el poder de Cristo para elevarte por sobre tu tentación y para descansar en tu identidad recta en Cristo sin la mediación de las obras. ¡Eso, amado, es la vida de los vencedores en Cristo!

He recibido tantos testimonios de personas que han sido libradas de hábitos destructivos. Personas sinceras y preciosas que desearon experimentar liberaciones, pero no sabían cómo. Sin embargo, una vez que aprendían que Cristo atribuye justicia sin la mediación de las obras, comenzaban a confesar que cada vez que se sentían tentados seguían siendo rectos. Y poco a poco, cuanto más comenzaban a creer que eran rectos en Cristo, y cuanto más se rehusaban a aceptar la condenación por sus errores pasados y por su tentación actual, ¡más se liberaban de las adicciones que los atrapaban!

Un hermano de los Estados Unidos, que ha estado

escuchando mis mensajes hace tiempo, escribió para expresarme que había sido adicto a la pornografía y había llevado un estilo de vida sexual inmoral desde que tenía catorce años de edad. A pesar de que había aceptado a Jesús a los dieciocho años, siguió luchando con ese aspecto de su vida. Esto es lo que escribió:

Como resultado de algunas malas influencias y algunas malas elecciones propias, me volví adicto a la pornografía y comencé a llevar un estilo de vida sexual inmoral desde los catorce años. Me salvé cuando tenía dieciocho años, pero seguí luchando con ese tipo de pensamientos y algunos viejos malos hábitos. Intenté todo para librarme de los pensamientos inmorales y lujuriosos.

Luego, escuché el mensaje del pastor Prince titulado "Cosas buenas que les suceden a las personas que creen que Dios los ama". Lo escuché una y otra vez y, por primera vez, el amor de Dios se volvió sistemáticamente real para mí. Fui capaz de recibir el amor incondicional de Dios una y otra vez, y sanó mi corazón.

¡El amor de Dios me liberó! ¡Muchas gracias por el mensaje que manda tu iglesia a todo el mundo! ¡En verdad está cambiando vidas!

La revelación de que Dios lo ama incondicionalmente a pesar de sus fallas y sus imperfecciones fue lo que ayudó a este hermano a liberarse de los hábitos que lo habían angustiado muchos años. Dios *no* quiere que peques puesto que el pecado te destruye. Pero incluso si has fallado, debes saber esto: ¡No hay condenación porque estás en Cristo Jesús y tus pecados son lavados por su sangre! Cuando Dios te mira, no ve tus errores. Desde el momento en que aceptas a Jesús como tu

Señor y Salvador personal, ¡Dios te ve *en* el Cristo elevado, sentado a su mano derecha! ¡Eres como Jesús, que no tiene mancha ni culpa alguna! Dios envió a su Hijo a que muriera en la cruz por ti *mientras* tú todavía eras pecador. Obviamente, no te ama solo cuando eres perfecto en tu comportamiento y en tu pensar. ¡Su amor por ti es incondicional!

Otra hermana querida de mi iglesia escribió para decir cómo el Señor transformó su vida. Solía frecuentar clubes nocturnos y bares de forma regular, decir vulgaridades, consumir drogas, alejarse de su casa e involucrarse en actividades ilegales como el robo y la venta de software pirata. Durante ese tiempo, muchas veces se sentía deprimida e incluso le pasaba por la mente el suicidio. Al final, tocó fondo y sintió que todo en su vida había salido mal. A duras penas podía convencerse de seguir adelante. Fue durante ese período que su hermana la trajo a la *New Creation Church* [Iglesia de la Nueva Creación] y el evangelio de la gracia la impactó. Este es su testimonio:

Es la primera vez que me presentan la gracia y aprendí que Dios no desprecia ni condena a los delincuentes como yo... Me sorprendí mientras comencé a ver al cristianismo desde una nueva óptica por primera vez.

Para resumir, un día desafié al Señor a que me probara su existencia y su amor por mí, y lo hizo exactamente. En un período de dos semanas, Jesús me venció por completo y lo acepté en mi vida con mucho placer. Como dice siempre la gente, el resto es historia.

Me gustaría testificar que fue la gracia y no la ley lo que llevó a una gran pecadora como yo a Dios. Al ir pasando el tiempo, el Señor me transformó ¡de una delincuente en una dama que está sumamente enamorada de Cristo! No modificó mi comportamiento exterior de inmediato cuando todavía era una cristiana bebé. En vez de eso, vertió su amor y su gracia de manera abundante en mi vida, que al final me transformaron de adentro para afuera. *Puede que la gracia no produzca resultados inmediatos, ¡pero los frutos son seguros y permanentes!*

Justo cuando los miembros de mi familia habían perdido la esperanza conmigo, ¡mi Papá Dios realizó un milagro cambiándome de manera radical en otra persona! Todos a mí alrededor se maravillaron con el cambio cuando vieron las obras de Dios en mi vida. ¡Soy un testimonio andante de la existencia y la gracia de Dios! ¡Aleluya!

Es crucial que recibas el regalo de la no condenación ya que es lo que te dará poder para sobreponerte a tus debilidades, hábitos destructivos y adicciones.

Alabado sea el Señor, ¿no es este un testimonio grandioso? Esta hermana fue rescatada del punto más bajo en su vida ya que concretó una verdad poderosa: Dios no la desprecia ni la condena. ¡Él la *ama* y fue esa revelación de su amor y su gracia (favor inmerecido) lo que hizo que su vida diera un giro completo de ciento ochenta grados!

Amados, es crucial que reciban el regalo de la no condenación porque es lo que les dará poder para sobreponerse a sus debilidades, hábitos destructivos y adicciones. Si creyeras que Dios te condena por tus errores, ¿correrías a Él en busca de ayuda?

Mira cómo Jesús le dio a un pecador el poder para no pecar más. Defendió a la mujer que fue sorprendida cometiendo adulterio. La miró a los ojos con ternura y le preguntó: "Mujer, ¿dónde están? ¿Ya nadie te condena?". Ella respondió: "Nadie, Señor". Y Jesús le dijo: "Tampoco yo te condeno. Ahora vete, y no vuelvas a pecar".[12]

Verás, los Diez Mandamientos, con toda su santidad prístina, no pueden hacerte santo ni pueden ponerle fin al pecado. El poder para hacer que el pecado deje de destruir tu vida proviene de recibir el regalo de la *no condena* de Jesús. Tu Salvador, que ha cumplido la ley en tu nombre, te dice: "¿Dónde están aquellos que te condenan? YO TAMPOCO TE CONDENO. Ahora ve y no vuelvas a pecar". Eso es gracia, mis amigos. ¡Eso es su favor inmerecido! La religión dice que Dios no te condena solo si dejas de pecar. Sin embargo, la gracia afirma: "Tomé tu condenación en la cruz. *Ahora*, puedes ir y no volver a pecar".

Romanos 6:14 expresa que "*el pecado no tendrá dominio sobre ustedes, porque ya no están bajo la ley sino bajo la gracia* [favor inmerecido]". Si todavía estás luchando con el pecado, es momento que dejes de depender de la ley. Cuando sabes que Cristo te ha hecho recto sin la mediación de las obras, y que te ha perfeccionado por medio de su favor inmerecido, ¡eso te habilita para superar toda tentación, todo hábito y toda adicción pecaminosa en tu vida!

Ahora mismo, cuando alcanzas a tu Salvador Jesús, Dios te ve tan perfecto como Él. No te condena por tus errores del pasado, del presente ni del futuro, ya que todos los errores que tengas en esta vida ya han sido clavados a la cruz. Ahora eres libre para no pecar más, ¡y experimentar la victoria y el éxito sobre el pecado y las ataduras!

Capítulo 11

Transformemos a la próxima generación

Cuando presidía el ministerio de jóvenes, solía predicar mensajes duros, fuertes, y decía: "¡Tienen que amar a Dios! ¡Tienen que amar al Señor con todo su corazón, con toda su mente y toda su alma!". Todo ese tiempo, mientras les predicaba eso a los jóvenes, me preguntaba: "¿Y cómo lo logro?". Me miraba a mí mismo, examinaba mi corazón, mi mente y mi alma… ¿de veras amaba yo al Señor tan perfectamente? ¿Cómo podría esperar que mis jóvenes lo amaran de ese modo si yo mismo no lo lograba? Todavía no me había establecido en el nuevo pacto de la gracia. No sabía que al predicar así, en realidad ponía a todos mis jóvenes bajo la ley dado que la suma total de ella es amar a Dios con todo tu corazón, con toda tu alma, toda tu mente y todas tus fuerzas.[1]

Quiero preguntarte algo. ¿Alguna vez ha sido capaz alguien de amar al Señor con todo su corazón, con toda su mente y toda su alma? Nunca. Ni una sola persona ha podido hacer eso. Dios supo siempre que bajo la ley, nadie podría amarlo a la perfección. Así que, ¿sabes qué hizo? La Biblia nos lo dice: "Porque tanto amó Dios al mundo, que dio a su Hijo unigénito…".[2] Me encanta esa palabra: "tanto", ella nos habla de la intensidad con que nos ama Dios.

Cuando Dios envió a Jesús, nos estaba diciendo, en efecto, lo siguiente: "Sé que no pueden amarme perfectamente, así que miren lo que haré. Los amo con todo mi corazón, con toda mi alma, con toda mi mente y todas mis fuerzas". Y entonces extendió sus brazos y murió por nosotros. Eso es lo que la Biblia dice que Jesús hizo en la cruz: "Difícilmente habrá quien muera por un justo, aunque tal vez haya quien se atreva a morir por una persona buena. Pero Dios demuestra su amor por nosotros en esto: en que cuando todavía éramos pecadores, Cristo murió por nosotros. Y ahora que hemos sido justificados por su sangre, ¡con cuánta más razón, por medio de él, seremos salvados del castigo de Dios!".[3]

Cuando desbordamos del amor de Dios podemos cumplir la ley sin esfuerzo alguno y sin siquiera intentarlo.

Debo decirte que la cruz no es una demostración de nuestro perfecto amor y devoción a Dios; es la demostración de Dios, de su perfecto amor y su perfecta gracia (inmerecido favor) con nosotros porque fue mientras éramos todavía pecadores que Jesús murió por nosotros. No murió por ti ni por mí debido a nuestro perfecto amor a Dios. ¡Murió por ti y por mí debido a su perfecto amor por nosotros! Observa la definición del amor que nos da la Biblia, para que lo veas con más claridad: "En esto consiste el amor: *no en que nosotros hayamos amado a Dios, sino en que él nos amó* y envió a su Hijo para que fuera ofrecido como sacrificio por el perdón de nuestros pecados".[4] ¡Aquí vemos el énfasis del nuevo pacto de gracia (inmerecido favor): en *su* amor por nosotros, y no en nuestro amor por Él.

Al formar una nueva generación de creyentes, forjemos una generación con el impacto del inmerecido favor de Dios, que haga alarde de su amor por nosotros. Cuando recibimos su amor por nosotros y empezamos a creer que somos sus amados, fíjate el resultado que nos muestra 1 Juan 4:11: "Queridos hermanos, ya que Dios nos ha amado así, también nosotros debemos amarnos los unos a los otros". Observa que el amor entre nosotros, ¡viene después de que experimentamos su amor por nosotros! Surge de la sobreabundancia. No puedes amar a los demás si no estás lleno de su amor. Y cuando desbordas de su amor, cumples la ley sin esfuerzo alguno y sin siquiera intentarlo porque la Palabra de Dios nos dice: "El amor no perjudica al prójimo. Así que *el amor es el cumplimiento de la ley*".⁵

Escapa a la tentación con el conocimiento de la gracia de Dios

No necesitamos imponerle la ley a nuestra juventud, pensando que sin ella saldrían a pecar. José era solo un muchacho cuando fue vendido a los diecisiete años, como esclavo en Egipto. Vivió muchos años *antes de que Dios diera los Diez Mandamientos,* y mira cómo respondió cuando la esposa de Potifar trató de seducirlo. Al referirse al inmerecido favor de Dios en su vida y a cómo el Señor le había hecho ascender, José expresó: "En esta casa no hay nadie más importante que yo. Mi patrón no me ha negado nada, excepto meterme con usted, que es su esposa. ¿Cómo podría yo cometer tal maldad y pecar así contra Dios?".⁶

José no estaba gobernado por los Diez Mandamientos. Su conducta se basaba en el inmerecido favor de Dios con su vida. Tenía una relación viva con el Señor. ¿Sabes lo que hizo después que enfrentó a la esposa de Potifar? Escapó corriendo de la mujer. De manera similar, creo que los jóvenes que están llenos de Cristo ¡tendrán la audacia de huir de la tentación! José escapó de la esposa de Potifar porque no ponía su confianza en su propia carne para resistir a la tentación. ¡Escapó antes que pudiera cambiar de idea!

Es más, las instrucciones del apóstol Pablo en el nuevo pacto son que *huyamos* de la lujuria de la juventud para buscar en cambio la justicia divina. Por eso le dice a Timoteo: "Huye de las malas pasiones de la juventud, y esmérate en seguir la justicia, la fe, el amor y la paz…".[7] Si la pornografía en Internet es una tentación, entonces enseñémosles a nuestros jóvenes a no confiar en sí mismos para resistir la tentación y apartarse de ella.

Al mismo tiempo, padres y madres, pueden efectuar cambios pragmáticos en casa, poniendo la computadora en la sala y no en la habitación de sus hijos. Eso es ser padres y madres con gracia, padres que pueden confiar en sus adolescentes ¡pero también enseñarles a no confiar en su carne, y a huir de las tentaciones!

A los adolescentes y jóvenes adultos que sostienen un noviazgo les digo: Aprendan a huir de las tentaciones como lo hizo José. No vayan a lugares oscuros y escondidos, ni se encierren a solas en su habitación, donde las hormonas que están revueltas pueden llevarles más lejos de donde quieren ir. Dios instituyó el sexo para disfrutarlo dentro del pacto del matrimonio. Él no les roba su diversión. Les ama demasiado como para verles pasar de una relación sexual a otra, rompiendo siempre con la anterior para terminar sintiéndose usados, engañados, manipulados, sin valor y vacíos. Les ama demasiado como para verles arriesgándose a sufrir enfermedades de transmisión sexual, o habiéndolas contraído ya. Les ama demasiado como para verles pasar por un embarazo no deseado, siendo padres antes de que estén preparados.

Ustedes son preciosos a los ojos de Él, por lo que quiere mostrarles el destino de sus vidas. El objetivo de Dios para los adolescentes es que disfruten de un matrimonio bendecido con alguien a quien puedan entregarse por completo, con quien puedan formar una familia bendecida, con hijos preciosos, a su debido tiempo. Confíen en Él, y no se apuren a tener sexo antes del matrimonio. Él hará todas las cosas bellas, a su tiempo. También, sepan esto: no importa cuál haya sido su pasado, no hay condenación para ustedes. Su sangre les limpia, les hace más blancos que la nieve ¡y en Él tienen un nuevo comienzo!

El encuentro con Cristo nos lleva a cumplir la ley

A los líderes de jóvenes, a los padres y madres, y a los ministros como yo, les digo que es esencial darles a nuestros jóvenes la imagen de lo que Dios quiere para ellos en el nuevo pacto. Cuando nuestros jóvenes se encuentran con la persona de Jesús y reciben su amor, este les llevará a cumplir la ley. Aprenderán a amarse a sí mismos y a no dañarse experimentando con el sexo, las drogas, el alcohol, los cigarrillos y otras actividades destructivas. La gracia contiene un freno que es sobrenatural. La gracia es nuestra esperanza para transformar a la próxima generación.

Necesitamos toda una nueva generación de líderes jóvenes que tengan la revelación del inmerecido favor de Dios ardiendo en sus corazones. Solo la gracia puede transformar a nuestros jóvenes. Con enrostrarles leyes solo lograremos que se rebelen. Pero con un solo encuentro con Cristo, con solo un vistazo de su inmerecido favor, puedo garantizarles que nuestros jóvenes no serán los mismos nunca más. Pensemos en nuestras propias vidas. ¿Qué fue lo primero que hizo Jesús con nosotros? ¿Emplear la ley o su gracia? Todos comenzamos nuestra relación con el Señor porque nos impactó su amor y su gracia. Por ello, continuemos en esa gracia.

Pablo les advirtió a los gálatas contra el retorno a la ley después de haber comenzado con la gracia. Les dijo: "Me asombra que tan pronto estén dejando ustedes a quien los llamó por la gracia (favor inmerecido) de Cristo, para pasarse a otro evangelio. No es que haya otro evangelio, sino que ciertos individuos están sembrando confusión entre ustedes y *quieren tergiversar el evangelio de Cristo*".[8] Pablo toma eso muy en serio. Dice que cualquier evangelio que se aparte del evangelio de gracia (inmerecido favor) es una *tergiversación*. Si intentamos justificarnos por las obras de los Diez Mandamientos, estamos tergiversando el evangelio de Cristo.

No comiences con la gracia para terminar con la ley. No comiences con el nuevo pacto ¡solo para volver al antiguo!

Pablo les preguntó a los gálatas, de manera muy directa: "¿Recibieron el Espíritu por las obras que demanda la ley, o por la fe con que aceptaron el mensaje? ¿Tan torpes son? Después de haber comenzado con el Espíritu, ¿pretenden ahora perfeccionarse con esfuerzos humanos?".[9] Lo que les estaba diciendo era lo siguiente: "Comenzaron creyendo en su gracia. ¿Por qué dependen ahora de sus esfuerzos humanos? ¡Eso es torpeza! ¡Tienen que seguir en su inmerecido favor!". Son palabras fuertes las de Pablo. No comencemos estando en gracia para terminar en la ley. ¡No comencemos con el nuevo pacto solo para volver al antiguo. Hay quienes dicen que no son justificados por la ley pero creen que deben guardarla para ser santificados. Amigos, tanto la justificación como la santificación vienen de nuestra fe en la obra cumplida por Jesús, y nada más que eso.

"Pastor Prince, ¿cómo saber si he vuelto al viejo pacto?"

En realidad es muy fácil reconocer la diferencia entre las enseñanzas del nuevo pacto y las del antiguo. Pregúntate nada más si la enseñanza pone énfasis en lo que tienes que hacer o en lo que ya hizo Jesús. ¿Te hace ser introspectivo, mirarte siempre a ti mismo, en cuanto a cómo te portaste o qué errores cometiste? ¿O te hace cambiar el foco de tu mirada, de ti mismo a Jesús?

Cuando estás establecido en el nuevo pacto de la gracia tienes una enorme confianza y seguridad en Cristo, y eso se siente. Cuando confías en su inmerecido favor y no en tu propia conducta, sientes que ya no estás permanentemente entrando y saliendo de su favor y su aceptación.

Por desdicha, algunos creyentes han vuelto a ponerse bajo el viejo pacto sin siquiera percatarse de ello. Unas veces sienten que Dios está de su parte, pero otras piensan que está lejos. Creen que Dios está satisfecho con ellos pero, a veces, sienten que está enojado. Todos esos sentimientos se basan predominantemente en su propia evaluación de cómo se han conducido, en cómo se sienten consigo mismos, y no en cómo les ve Dios. Como no hay una base escrita del nuevo pacto para tales evaluaciones, deciden —en forma arbitraria— si merecen las bendiciones y el favor divino o no, cuando en realidad, tienen acceso a ello todo el tiempo únicamente por lo que hizo Cristo en la cruz.

Derrotados por nuestra falta de conocimiento

Cuando era adolescente, pertenecía a un grupo cristiano en el que entonábamos una canción que tal vez te resulte conocida. Decía: "¿Está satisfecho Él? ¿Está satisfecho conmigo? ¿He dado lo mejor? ¿He pasado la prueba? ¿Está satisfecho conmigo?".[10] Quiero decirte que diez de cada diez veces que la cantábamos, yo siempre creía que Dios *no estaba* satisfecho conmigo. Cuando fijamos la mirada en nosotros mismos, lo único que hay que ver es imperfección, la futilidad de nuestros esfuerzos. En nosotros mismos, y por nosotros mismos, jamás llegaremos a cumplir con los parámetros de Dios para que esté satisfecho con nosotros. ¡Siempre fracasaremos!

Cuando fijamos la mirada en nosotros mismos, lo único que hay que ver es imperfección, la futilidad de nuestros esfuerzos.

Imaginarás lo condenados que nos sentíamos cada vez que entonábamos esa canción. Después de todo, nunca nos habían enseñado que Dios estaba satisfecho con el sacrificio de su Hijo en la cruz, y no entendíamos qué era eso del nuevo pacto de gracia. Éramos jóvenes, llenos de celo y fervor por Dios, pero nuestra falta de conocimiento nos derrotaba. Desearía que hubiésemos tenido entonces un libro como el que hoy tienes en tus manos. ¡Nos habría evitado esa constante sensación de fracaso, de total futilidad!

Con todo respeto a quien compuso la canción, que creo tendría las mejores intenciones al escribir la letra, digo que no es basada en el nuevo pacto del inmerecido favor de Dios. Niega la cruz, instila temor y vuelve a poner el énfasis en uno mismo, en lo que uno tiene que hacer, en cómo tiene que conducirse y en lo que debe lograr para que Dios esté satisfecho. Pero la pregunta que hoy nos tenemos que formular no es si Dios está satisfecho con nosotros. Más bien, tenemos que preguntar: ¿Está satisfecho Dios con la cruz de Jesús? Y la respuesta es: ¡Está completamente satisfecho!

Dios no volverá a castigar al creyente, no porque se haya ablandado respecto del pecado, sino porque todos nuestros pecados ya recibieron su castigo en el cuerpo de Jesús.

En la cruz yace nuestra aceptación. Allí Jesús gritó con su último aliento: "Todo se ha cumplido".[11] La obra se ha completado. El castigo por todos nuestros pecados se le impuso a Cristo allí, en la cruz. Dios no volverá a castigar al creyente, no porque se haya ablandado respecto del pecado, sino porque todos nuestros pecados ya recibieron su castigo en el cuerpo de Jesús. La santidad de Dios y su justicia están ahora de tu parte. Hoy Dios no te evalúa por lo que hayas hecho o dejado de hacer. Te evalúa basándose en lo que hizo Jesús. ¿Está satisfecho Dios con Cristo en nuestros días? Sí, ¡claro que sí! Entonces, en tanto Dios está satisfecho con Jesús, también lo está contigo.

¿Suena demasiado bueno como para ser cierto? No cuando ves que la realidad de este nuevo pacto tuvo un precio demasiado alto. El Hijo de Dios mismo tuvo que ser destruido en el Calvario para que esta bendición fuera realidad en tu vida. El obsequio de su inmerecido favor y su justicia es un regalo para ti hoy, porque el precio total lo pagó Jesús en y con su cuerpo. La cruz ¡es la que marca la diferencia! No permitas que nadie te engañe haciéndote pensar que tienes que pagar por tus pecados. Que nadie te mienta diciéndote que la eterna salvación en Cristo es incierta y perentoria.

Transformación mediante la revelación

En el capítulo anterior vimos que bajo el viejo pacto de la ley podías recibir bendición de Dios solamente si obedecías sus mandamientos a la perfección, por fuera y por dentro. Pero si no llegabas a cumplirlos, tendrías maldición. Vimos también que Dios sabía desde el principio que sería imposible para los seres humanos ser bendecidos bajo el viejo pacto porque nadie podía cumplir los Diez Mandamientos a la perfección. Por eso, estableció una provisión para tal falencia humana, que consistía en pagar por medio del sacrificio con sangre de animales inocentes. Sin embargo, hoy sabemos que los sacrificios de animales eran solo una sombra de la sangre que Jesús, nuestro perfecto Cordero de Dios, derramaría por nosotros en la cruz. Recuerda, ¡ya no estamos bajo el viejo pacto porque tenemos el nuevo de la gracia![12]

Sin embargo, ¿estás de acuerdo conmigo en que hoy hay más cristianos que saben de los Diez Mandamientos, que los que saben del nuevo pacto del inmerecido favor de Dios? Digamos que si caminaras por Times Square, en la ciudad de Nueva York, y comenzaras a entrevistar a la gente al azar, lo más probable es que la mayoría haya oído de los Diez Mandamientos, aunque no sepan nada del nuevo pacto de gracia que tenemos a través de Jesucristo. Es más, el mundo identifica al cristianismo con los Diez Mandamientos. ¿No es triste que nos conozca por unas leyes que son obsoletas, y no por el inmerecido favor que Cristo nos dio entregando la vida por ello?

Cuando Jesús se revela a un joven, y le muestra lo precioso que es a sus ojos, la vida de ese joven pasa por una transformación sobrenatural.

No es de extrañar entonces que estemos perdiendo a una generación entera de jóvenes, que prefieren al mundo. La ley no tiene atractivo. Y la Biblia misma dice que la ley es obsoleta.[13] Si seguimos imponiéndoles a los jóvenes los Diez Mandamientos hasta casi asfixiarlos, no nos sorprendamos de que esa forma legalista del cristianismo les espante. Y lo más importante, no olvidemos que la fuerza del pecado está en la ley. Porque la ley no tiene poder para detener al pecado. La ley no les imparte su preciosa identidad en Cristo, que es lo que les da la fuerza para abstenerse del sexo prematrimonial e impide que usen drogas y que pierdan su identidad sexual. Únicamente el sacrificio de Dios en la cruz puede darles su identidad ¡como nueva creación en Cristo Jesús!

Cuando Jesús se revela a un joven, y le muestra lo precioso que es a sus ojos, la vida de ese joven pasa por una transformación sobrenatural. La persona deja de sentir el acoso de las ideas suicidas. Deja de querer correr riesgos con tal de "encajar" o lograr que le presten atención. La autoestima de nuestras jovencitas mejorará dramáticamente cuando aprendan a valorarse como las valora Cristo. Al desbordar el perfecto amor de Jesús y su aceptación, ya no estarán bajo la errada idea de que tienen que regalar sus cuerpos para que algún tipo las acepte o les brinde amor. ¡Se amarán a sí mismas, así como Jesús las ama!

Y en cuanto a los varones, creo que ya dejarán de ceder ante sus hormonas y lograrán tener un dominio propio sobrenatural. Ya no lo harán por su propia fuerza de voluntad, sino porque el poder de Cristo fluye a través de ellos. Sabrán cómo huir de las pasiones de la juventud. Sabrán que estar en la "onda" significa respetar al sexo puesto, no poniendo a sus novias y amigas en riesgo de contraer enfermedades de transmisión sexual o de quedar encinta sin desearlo.

Tendremos entonces una generación de adolescentes que sabrán que Jesús tiene un maravilloso destino para ellos, por lo que el deseo de formar parte de pandillas, de tomar alcohol o usar drogas, de ser promiscuos… se esfumará en el inmerecido favor y amor de Jesús por ellos. De forma sobrenatural ¡desaparecerán sus deseos por lo que el mundo les ofrece! ¡Y comenzarán a desear a Jesús! Ese es el poder de la gracia (inmerecido favor) de Dios y su aceptación incondicional a través de la cruz. Lo que la ley no pudo hacer lo hizo Dios al enviar a su propio Hijo, Jesucristo.

Esta es la solución para nuestros jóvenes. No es demasiado tarde como para llegar a ellos con los brazos abiertos y llenos de gracia, abrazándoles con el verdadero evangelio de Jesús. Ya dejemos de darles con los Diez Mandamientos por la cabeza, y empecemos a darles la revelación de Cristo. ¡Revelémosles el amor que el Padre siente por ellos!

Necesitamos una nueva generación de predicadores, llenos de gracia y misericordia, llenos de enseñanzas del nuevo pacto que no estén tergiversadas, llenos de la persona de Jesús, de su belleza, su amor y su perfecta obra en la cruz. No podemos permitir que el mundo asocie al cristianismo con la ley, ya no más. Si realmente queremos tener un impacto en la sociedad y queremos una nueva generación que se vuelque por entero a Jesús, hace falta que conozcan a la iglesia por la cruz, y por el inmerecido favor que fluye de las manos traspasadas de nuestro Salvador.

Salvados por el amor de Cristo

Quiero relatarte el precioso testimonio de una adolescente a quien el Señor rescató del suicidio. Era atleta en la escuela y se destacaba en los deportes. Pero comenzó a tener problemas de salud y le dijeron que tal vez nunca más pudiera competir como atleta.

Devastada ante la posibilidad de quedar incapacitada por la enfermedad que la debilitaba, cayó en una profunda depresión. Un día, cuando estaba a solas en su cuarto, decidió tomar unas tabletas de Panadol y una botella de vodka, con la idea de quitarse la vida. Esa noche, mientras miraba los archivos de música que tenía en la computadora, queriendo escuchar una última canción antes de tratar la letal mezcla que había preparado, buscó al azar en su lista de archivos y "por casualidad" decidió escuchar la canción "Tu amor me sostiene", compuesta por uno de nuestros tecladistas de la iglesia, cantada por uno de los líderes de adoración. A medida que escuchaba la letra, empezó a llorar sin control. El amor de Jesús fluyó en su corazón:

Me sostiene tu amor
Me levanta tu fuerza
Sobre tus hombros me llevas
Por tu fe estoy de pie
Soy un tesoro para ti, Señor
Un tesoro a tus ojos,
Tan cerca de tu corazón
Firmemente sostenida en tus manos...[14]

Sobrecogida por la tangible presencia del Señor, su decisión de quitarse la vida se esfumó y comenzó a clamar a Dios. Le escribió a la iglesia y la joven líder de adoración que ejecutaba la canción se reunió con ella y le ministró, hablándole de Cristo. Hoy esa joven se ha recuperado por completo, y ya no necesita medicamentos. ¡Aleluya! ¡Toda gloria sea para nuestro Señor Jesús!

Quiero contarte otro testimonio de un joven cuya vida fue transformada de forma drástica por el inmerecido favor de Dios. Este muchacho fumó su primer cigarrillo cuando tenía solo nueve años. Ya cuando tenía catorce era ya un gángster experimentado que vendía y consumía drogas y comerciaba películas pirateadas. Con el dinero que ganaba, les compraba ropa o comida a los de su pandilla y ¡hasta el transporte para que pudieran reunirse cuando había peleas entre pandilleros! A los quince años la ley lo atrapó y fue enviado a un reformatorio donde cayó en cuenta de que necesitaba cambiar de vida. Fue entonces que Dios entró en el escenario. El joven contó:

Fue en este hogar donde conocí a Dios, aunque yo no sabía que era Él. Una consejera, una señora cristiana, oró por mí y por primera vez en mi vida sentí que había "alguien" que me miraba o me hablaba. No le hice mucho caso en ese momento, pero fue allí donde comenzó a cambiar mi corazón y mi perspectiva de la vida.

Empecé a asistir a la New Creation Church [Iglesia Nueva Creación] en septiembre de 2005. Un amigo me había invitado antes, pero yo me había negado. Sin embargo, un día me dormí en el tren y me pasé de estación. Cuando bajé, no había nadie en la plataforma, pero noté que en uno de los bancos alguien había dejado una bolsa de plástico. Miré dentro para ver si se podía identificar al propietario ¡y lo que encontré fueron discos de sermones de la iglesia NCC!

Así que, aunque no quería asistir a NCC, Dios ¡hizo que la iglesia viniera a mí! No fue coincidencia. ¡Fue algo de Dios! Cuando, por curiosidad, escuché los discos en la casa, la presencia de Dios fue muy real. Sentí tal intimidad con Dios. Al escuchar las enseñanzas del pastor Prince supe que era este el Dios en que había creído siempre ¡un Dios que me ama, no importa quién sea o qué haga yo!

Las enseñanzas del pastor Prince me han liberado y me dieron una fuerza sobrenatural, una pasión por hacer su obra. No me siento atado en ningún aspecto cuando se trata de comunicarme con Dios, sabiendo que Él puede guiarme en cualquier situación en que esté.

El cambio más importante que he experimentado ha sido mi transformación interior. Antes tenía muy mal carácter y siempre estaba envuelto en peleas porque cualquier cosa era para mí una provocación. Al ser consciente de su amor por mí, soy libre de todo eso. Además, de ser mal alumno en la secundaria pasé a ser uno bueno en el politécnico, y califiqué para ir a la universidad.

Este joven hoy es una persona confiada y alegre, con un futuro brillante. Da charlas en escuelas y también en el reformatorio de jóvenes donde estaba, para comunicarles a ellos cómo fue su viaje y así darles aliento. Su vida pasó por una transformación tan drástica que incluso hay una agencia del gobierno que lo ha convocado para que converse con los jóvenes que están en problemas. Dice que desde que Jesús entró en su vida, ha visto su gracia y su favor en abundancia. Se han abierto muchas puertas para él y ahora su vida es rica y exitosa en su trabajo, sus estudios, su familia y sus relaciones. ¡Démosle toda la gloria a Jesús!

Eso es lo que necesitan nuestros jóvenes: una revelación del perfecto amor de Cristo por ellos. Hay un mundo perdido y agonizante que espera. Amigos, los Diez Mandamientos ¡ya no pueden ser lo único que los jóvenes conozcan del cristianismo! ¿Cómo no van a pensar que el cristianismo es solo una religión más llena de reglas, leyes y normas sobre lo que deben o no hacer? ¿Cómo no van a imaginar que Dios es alguien que está enojado con ellos, buscando oportunidades para castigarlos? No tienen idea siquiera de que el cristianismo es en realidad una *relación* íntima con un Dios amoroso. Si lo supieran, ¡golpearían a las puertas de las iglesias cada domingo para entrar y oír la predicación de Jesús y su gracia!

Necesitamos una revolución del evangelio para llegar a la nueva generación e impactarla con el verdadero evangelio de Cristo.

Es claro que el mundo no ha oído el evangelio de la gracia, ese que no se tergiversa ni se adultera. No han oído la buena nueva del inmerecido favor de Dios. Pero esto puede cambiar si nosotros, la iglesia, empezamos a entender y a predicar el nuevo pacto de gracia. Es triste la realidad de que tantos cristianos conozcan los Diez Mandamientos del viejo pacto, y casi no sepan nada del nuevo. ¡Hay que cambiar eso! Necesitamos una revolución del evangelio para llegar a la nueva generación e impactarla con el verdadero evangelio de Jesús.

Solo la revelación del inmerecido favor de Dios transformará a la nueva generación. No perdamos a nuestros preciosos jóvenes, dejando que se los lleve el mundo.

Ahora mismo, si eres joven, quiero que sepas que todas tus respuestas están en la persona de Jesús. En Él las encontrarás. Él sufrió, sangró y murió por ti. Más allá de la confusión por la que estés pasando en este momento, hay esperanzas. No ha acabado, así que no abandones. ¡Jesús nunca renunciará a ti! Encuentra tu identidad en Él y te dará un nuevo comienzo, borrón y cuenta nueva, para empezar a tener una vida llena de entusiasmo en Él.

Así como fue con José, en la Biblia, su presencia estará contigo y te irá bien en esta vida. Jesús hará que todo lo que toquen tus manos rinda resultados prósperos. Tus relaciones estarán bendecidas. Jesús te dará buenos amigos que no te juzgarán ni te despreciarán. También te dará una relación de amor con tus padres. Bendecirá tus estudios. Tu futuro en Cristo será más brillante y glorioso ¡día a día!

Jesús está contigo, mi precioso amigo, mi preciosa amiga. Y ¿sabes una cosa? Jamás te dejará ni te abandonará. No importa qué errores hayas cometido.[15]

Él te perdona por completo, ya ha olvidado para siempre todos tus errores, porque su sangre te lavó. Ahora, con Cristo de tu parte ¡puedes empezar otra vez una nueva vida de inmerecido favor y triunfo!

Capítulo 12

Nuestra parte en el nuevo pacto

Ya que estamos hablando de pactos, es importante que sepas que en todo pacto hay determinados términos y condiciones que detallan cómo podemos experimentar las bendiciones de Dios. En el pacto edénico, lo único que Adán y Eva tenían que hacer era no comer del árbol del conocimiento del bien y el mal. Bajo el viejo pacto de la ley, sabemos que para disfrutar de las bendiciones de Dios uno tenía que obedecer los Diez Mandamientos.

Y, ¿qué hay con el nuevo pacto? Como se basa enteramente en el inmerecido favor de Dios y no en nuestra capacidad para cumplir la ley ni en lo que tenemos que hacer, ¿cuál es nuestra parte en este pacto, exactamente? ¿Cómo podemos disfrutar de las bendiciones de Dios en el nuevo pacto, si se basa en la obra cumplida por Jesús en la cruz? ¿Tenemos una parte, un rol, una función, en el nuevo pacto de la gracia? Son preguntas importantes, de manera que vamos a explorar primero esta cuestión de "nuestra parte" en el nuevo pacto.

Para comenzar, establezcamos un dato: si tenemos un nuevo pacto, es ilógico que intentemos experimentar las bendiciones de Dios volviendo al pacto viejo. Imagínate lo siguiente: tu compañía acaba de firmar un nuevo contrato con una gran multinacional. Es un contrato de millones de dólares, que supera en mucho el valor del convenio viejo. ¿Revisarías los términos de pago del acuerdo basándote en el contrato viejo? ¿O te basarías en el acuerdo nuevo? Es obvia la respuesta. Pero aun así, hay creyentes que hoy intentan volver a los términos del viejo pacto. No se dan cuenta de que ese convenio ya no es válido y que hoy ni siquiera tenemos esa única provisión que hacía que el pacto antiguo funcionara para los hijos de Israel, la provisión de las ofrendas de animales, para cubrir sus pecados.

Los términos del nuevo pacto

Entonces, ya que tenemos un nuevo pacto, ¿cuáles son los términos? Lee conmigo Hebreos 8:10-13 y los verás con tus propios ojos:

> Por tanto, este es el pacto que después de aquellos días *estableceré* con la casa de Israel, dice el Señor: «Pondré mis leyes en su mente y las escribiré en su corazón. Yo seré su Dios, y ellos serán mi pueblo. Ya no tendrá nadie que enseñar a su prójimo, ni dirá nadie a su hermano: "¡Conoce al Señor!", porque todos, desde el más pequeño hasta el más grande, me conocerán. Yo les perdonaré sus iniquidades, y nunca más me acordaré de sus pecados.» Al llamar «nuevo» a ese pacto, ha declarado obsoleto al anterior; y lo que se vuelve obsoleto y envejece ya está por desaparecer.
> —Hebreos 8:10-13

El viejo pacto de la ley tiene que ver con lo que *tú* tienes que hacer. Pero el nuevo está lleno de lo que *hará Dios*. Observa cuántas veces aparece el verbo conjugado en primera persona en este pasaje. En vez de tener leyes escritas en frías tablas de piedra Dios, bajo el nuevo pacto, ha declarado que pondrá sus leyes en tu mente y las escribirá en tu corazón. Dios es muy claro en cuanto a que el viejo pacto es obsoleto, así que no te equivoques en esto: las leyes que Él escribirá en tu corazón no son los Diez Mandamientos. ¿Cuáles son las leyes que podrá en ti?

En Juan 13:34 Dios dijo que nos ha dado un nuevo mandamiento: que nos amemos unos a otros como Él nos ha amado. En Romanos 3:27 el apóstol Pablo menciona la ley de la fe. Así que las leyes que Dios pondrá en tu corazón son su ley real del amor y de la fe.

El amor es el cumplimiento de la ley

¿Qué significa tener la ley del amor de Dios en nuestras mentes, e inscrita en nuestros corazones? ¡Esto tiene efectos tan potentes que ni siquiera sé por dónde empezar! Cuando comienzas a experimentar el amor y el inmerecido favor de Dios, sabiendo que no mereces su gracia, te enamoras perdidamente de Cristo. Cuando te llenas de su amor, este desborda y fluye en todas tus relaciones, ante todo con Dios, con tu cónyuge, tu familia, amigos, compañeros de trabajo y con quien sea que te cruces.

Sin los mandamientos de Dios comenzarás a enamorarte una vez más de tu cónyuge. El romance florece y la gracia de Jesús refresca tu matrimonio. Ya ni siquiera piensas en el adulterio porque te has enamorado a un punto crucial de tu cónyuge. Es más, es solamente cuando te llenas del amor que Jesús siente por ti que puedes cumplir el mandamiento que Pablo indica en

Efesios 5:25: "Esposos, amen a sus esposas, así *como Cristo amó a la iglesia* y se entregó por ella". Hombres, ¿se dan cuenta de que el foco de la atención no está en lo que tenemos que hacer, ni en nuestro amor por nuestras esposas? En verdad, primero necesitamos estar llenos del amor de Cristo por nosotros. ¡Podemos amar solo porque Él nos amó primero!

De manera similar, cuando el amor de Cristo te consume, ya no te absorbe la ira asesina si alguien te ofende; al contrario, tendrás la capacidad sobrenatural de perdonar a los demás. Por eso Pablo dijo:

> Porque los mandamientos que dicen: «No cometas adulterio», «No mates», «No robes», «No codicies», y todos los demás mandamientos, se *resumen* en este precepto: «Ama a tu prójimo como a ti mismo». El amor no perjudica al prójimo. Así que el amor es *el cumplimiento de la ley*.
>
> —Romanos 13:9-10

En efecto, cuando recibes el amor de Dios no solo cumples la ley sin esfuerzo, sino que la superas. El nuevo pacto tiene que ver con una relación viva, dinámica e íntima con Jesucristo. La ley está por debajo. *Solo puede mandarte que no cometas adulterio. No puede obligarte a amar a tu cónyuge.*

Bajo la ley, una persona puede quedarse en casa y no cometer adulterio físicamente con otra, pero su corazón puede estar distanciado de su cónyuge, y podría pecar con lo que ve en televisión o Internet. Bajo la ley, puedes guardar la forma del cumplimiento de ella. Pero bajo la gracia, tienes la sustancia auténtica.

La ley trata puramente con lo superficial, pero la gracia profundiza mucho más. La ley no te dirá cómo salvar tu matrimonio. Pero hoy, cuando Dios pone sus leyes en tu corazón puedes correr a Él y decirle: "Señor, siento que mi esposa se aleja de mí. Enséñame a amarla" y Dios te guiará porque ha prometido que "todos me conocerán, desde el más pequeño hasta el más grande".[1] Si sientes el impulso de decirle a tu esposa palabras de aliento y aprobación, hazlo. Si sientes el impulso de abrazarla, ¡hazlo! Sigue esos impulsos de tu corazón, porque el Señor te guiará para que ames a tu cónyuge.

Dios te habla hoy directamente a través de lo que pone en tu corazón, ya que ha hecho que te sea fácil conocer su voluntad.

Dios lo ha hecho todo tan fácil para nosotros en el nuevo pacto. Ya no tenemos que acudir a los profetas para conocer su voluntad. ¡Es Él mismo que nos guía! Para los que quieran servir al Señor pero no saben por dónde comenzar, pregúntense qué hay en sus corazones. Si desean trabajar con niños, háganlo. Como creyentes en el nuevo pacto, a eso es a lo que les está guiando su Padre. Él pone sus leyes en nuestras mentes ¡y las escribe en nuestros corazones!

Es posible que sientas que quieres bendecir a alguien económicamente, aunque la persona se vea próspera. Sigue ese impulso porque Dios te habla hoy directamente y ha hecho que te sea fácil conocer su voluntad. Todos sabemos que làs apariencias engañan. Por ejemplo, hay muchos estafadores que sienten que la gente que va a la iglesia es ingenua. Por eso, se visten como vagabundos y cuentan una bien ensayada historia que haga llorar, para que te conmuevas y les des dinero. Por otra parte, hay personas nobles que se visten bien los domingos para honrar la ocasión, pero están pasando por graves problemas económicos. Por eso, tenemos que seguir lo que nos indique el corazón, no lo que vean nuestros ojos. Cuando sientas el deseo de hacer algo bueno por alguien, hazlo, sabiendo que tienes un corazón magnífico, que oye a Dios, y que es Dios quien obra en ti haciendo que estés dispuesto a ayudar de modo que ¡ayudes![2]

La cláusula que hace que funcione el nuevo pacto

Ahora bien, ya sabes que el viejo pacto habría funcionado solo si los israelitas hubieran obedecían la ley. ¿Cómo, entonces, funciona el nuevo pacto? Mis queridos hermanos ¡Dios es muy bueno! El nuevo pacto que hizo no depende de nada que tengamos que hacer tú o yo, porque Él sabe que siempre fallaremos. Lee con atención. El nuevo pacto funciona gracias a una cosa solamente, y es la última cláusula del nuevo pacto: Hebreos 8:12. En la medida en que tengas revelación de esta cláusula y todas sus bendiciones, andarás y vivirás en el pacto. ¿Te la muestro?

> Perdonaré sus maldades, y nunca más me acordaré de sus pecados.
> —Hebreos 8:12

El nuevo pacto funciona porque Dios dice que será misericordioso con nuestra falta de rectitud, y nunca más se acordará de nuestros pecados y de nuestras malas acciones. "Nunca más" significa que hubo un tiempo en que Dios recordaba nuestros pecados al punto que los castigaba hasta la tercera y cuarta generaciones.[3] Esto figura en los Diez Mandamientos. Pero hoy Dios alega con énfasis "¡Nunca más!" (en griego, es doble negación). "Nunca más" significa que Dios nunca más recordará nuestros pecados ni los contará en contra porque ya recordó todos nuestros pecados (castigándolos) en el cuerpo de su Hijo. Jesús cargó con el castigo de Dios por nuestros pecados en la cruz. Ahora bien, podemos vivir en el nuevo pacto y oír la voz de Dios, que nos dice: "Nunca más me acordaré de tus pecados".

Verás entonces que el nuevo pacto funciona gracias a la última cláusula. Es decir que a causa de Hebreos 8:12, Dios puede poner sus leyes en nuestras mentes y grabarlas en nuestros corazones ¡y todos podemos conocerle y tener su instrucción!

Nuestra parte en el nuevo pacto de la gracia

Ahora viene la pregunta del millón: ¿Cuál es nuestra parte en el nuevo pacto de la gracia! Nuestra parte es, sencillamente, *¡creer!*

Siguiente pregunta: ¿Qué tenemos que creer? La respuesta es simple: ¡Hemos de creer en Jesús! Pero quiero que ahora me sigas muy de cerca ya que la respuesta puede no ser tan directa como parece. Si les preguntaras a las personas que ves por la calle si creen en Jesús, es probable que obtuvieras todo tipo de respuestas. Habrá quienes creen que existió como figura histórica, filósofo moral, líder carismático o profeta. Lamentablemente, la verdad es que creer todas esas cosas acerca de Jesús no les dará salvación.

Tu parte en el nuevo pacto del inmerecido favor de Dios es creer que se te han perdonado completamente todos tus pecados y que la sangre de Jesús te limpia de toda injusticia e ilegalidad.

Hoy tenemos librerías que venden libros de ficción como *El Código Da Vinci*. Esas obras se basan en las enseñanzas de lo oculto por parte de los gnósticos, que no creen que Jesús es el Hijo de Dios. Son escritos que intentan devaluar y naturalizar a Jesús para convertirlo en mero mortal, en figura histórica y nada más. Solo porque veas la palabra "Jesús" en los libros o en sus cubiertas, no significa que sus autores crean en Él. Esos escritos misteriosos y de la nueva era, en realidad son contra Cristo.

¿Qué significa creer en Jesús?

Veamos ahora qué significa creer en Cristo. Creer en Jesús es, primero y principal, recibirle como tu Señor y Salvador personal, el que murió en la cruz por todos tus pecados. Creer en Jesús es creer que Él es el único camino a la salvación y que una vez que le recibas, recibes el regalo de la vida eterna. Además, es creer más allá de toda sombra de duda que todos tus pecados —los del pasado, del presente y del futuro— ya recibieron su castigo en la cruz y que hoy (y aquí es donde se aplica la última cláusula del nuevo pacto) ¡Él no se acuerda MÁS de todos tus pecados y acciones ilegales!

Basado en el nuevo pacto de gracia, ¿qué quiere Dios que creas? Quiere que creas con todo tu corazón que hablaba en serio cuando dijo: "Perdonaré sus maldades, y nunca más me acordaré de sus pecados". Como ves, en el nuevo pacto ¡no tienes que hacer nada más que creer! Tu parte en el nuevo pacto del favor inmerecido de Dios es creer que Él te ha perdonado completamente todos tus pecados y que su sangre te limpia de toda tu injusticia y falta de rectitud.

Ante los ojos de Dios, hoy ¡eres perfectamente justo gracias a la obra cumplida por Jesús! El énfasis del nuevo pacto es que sepas y creas que se te han perdonado todos tus pecados y que Dios literalmente los ha borrado de su memoria. Si no crees esto, te será imposible depender de Dios y esperar que te proteja, te provea y te prospere. Si no lo crees, te estarás robando la capacidad de recibir su bondad, sus bendiciones, su inmerecido favor y su éxito para ti.

El poder de la sangre de Jesús

"Pero... pero... pastor Prince, Dios lo conoce todo. ¿Cómo es posible que olvide mis pecados?"

Bajo el nuevo pacto Dios puede declarar que ya no recordará tus pecados porque ya fueron recordados en el cuerpo de Jesús cuando fue colgado en la cruz. Mi querido amigo, mi querida amiga, solo hay una cosa que Dios no puede hacer: mentir. Así que habla *en serio* cuando dice que nunca más se acordará de tus pecados. Nuestra parte en el nuevo pacto del inmerecido favor de Dios es ¡*creer* que de veras Dios nunca más se acordará de esos pecados!

En la sangre de Jesús hay poder para perdonarte todos tus pecados. Esta verdad es la que más miedo le da al enemigo y por eso la ataca con tanta vehemencia. Si el enemigo puede lograr que creas la mentira de que no has sido perdonado o perdonada por completo, y logra que sigas consciente de tus pecados, podrá entonces mantenerte en derrota, en condenación, con miedo a Dios y sin salida del círculo vicioso de los fracasos.

Si el enemigo puede lograr que creas la mentira de que no has sido perdonado o perdonada por completo, y logra que sigas consciente de tus pecados, podrá entonces mantenerte en derrota, en condenación, con miedo a Dios y sin salida del círculo vicioso de los fracasos.

Los escritos gnósticos son malignos puesto que propagan la mentira de que Jesús era un mero mortal, lo cual significa que su sangre no tiene poder para limpiarnos de todos los pecados. ¡Eso es una mentira que viene de lo más profundo del infierno! Jesús es el Hijo de Dios y su sangre es inmaculada, sin pecado alguno. Por eso, al derramar su sangre pura e inocente, puede lavarnos de toda falta de rectitud y justicia. Su sangre no cubre los pecados temporalmente, como la de los bueyes y cabras en el viejo pacto. Su sangre *borra por completo* todos nuestros pecados. ¡Es la sangre de Dios mismo, derramada para perdón de todos nuestros pecados! Tenemos que empezar a darnos cuenta de que esto no es una "enseñanza básica". Es el evangelio de Jesucristo.

En los últimos tiempos, la gente no será anti Dios, sino anti Cristo. El movimiento anti Cristo en los últimos tiempos intentará devaluar la deidad de Jesús, la cruz y su poder para perdonar todos nuestros pecados. Por eso es que en estos últimos tiempos necesitamos más predicación acerca de Jesús, de su obra cumplida y el nuevo pacto de su inmerecido favor. Necesitamos más predicadores del nuevo pacto, enfocados en Cristo, que pongan la cruz de Jesús como centro de toda su predicación. La única forma de evitar que este engaño se filtre en la iglesia es enfocándonos en exaltar la persona de Cristo y el principio central del nuevo pacto, que es el perdón completo de los pecados. Este es el evangelio, y cuando se predica la verdad del evangelio, la verdad hace libres a las personas.

Cree que todos tus pecados han sido perdonados.
Esa es tu parte en el nuevo pacto.

Así que, cuando del evangelio de Jesús se trata, no hay negociaciones ni renuncias. El perdón de los pecados se basa en su gracia (inmerecido favor) nada más, y tenemos acceso a esta gracia por la fe. ¡Solo tenemos que creer! Esto es lo que hace que el evangelio sea la buena nueva. Quita el perdón completo de los pecados y ya no será "evangelio", palabra que significa "buena nueva". Cree que todos tus pecados han sido perdonados. Esa es tu parte en el nuevo pacto.

Libérate de la mentalidad de juicio

En el nuevo pacto de la gracia Dios dice, en efecto: "Quiero que creas que has sido perdonado. Quiero que creas que eres una persona que disfruta de mi misericordia. Quiero que creas que nunca más me acordaré de tus pecados". Y no soy yo quien lo dice. Lee Hebreos 8:12 otra vez, y lo verás.

Por desdicha, algunos cristianos creen todo lo contrario. No creen que sus pecados hayan sido totalmente perdonados. No creen lo que dice Hebreos 8:12, de que Dios no se acordará de sus pecados. Y eso afecta su relación con Dios. En lugar de ver que su deuda de pecado ha sido saldada por completo gracias a Jesús, que murió por ellos, esperan que Dios los trate según sus pecados. Si pasa algo negativo en sus vidas, lo primero que piensan es: "Lo sabía… tarde o temprano iba a suceder. ¡Dios me está castigando por lo que hice en el pasado!". En lugar de creer lo que Dios dice en su Palabra, esos creyentes creen que les suceden cosas negativas porque Dios les está castigando por algún pecado que cometieron.

Tal vez, alguien les dijo que Dios les castigaría si cometían ciertos errores. Tal vez les enseñaron que uno cosecha lo que siembra. Amado amigo, amada amiga: hoy no cosechamos lo que hemos sembrado. Eso dice el viejo pacto. En el nuevo pacto, disfrutamos de los beneficios del altísimo precio que Jesús pagó en la cruz. No sembramos nada, pero a través de Jesús, cosechamos toda bendición. ¡A eso se le llama inmerecido favor!

Hay pasajes de la Biblia que se han usado erróneamente para justificar y perpetuar una mentalidad de juicio entre los creyentes, como Gálatas 6:7-8, que dice: "No se engañen: de Dios nadie se burla. Cada uno cosecha lo que siembra. El que siembra para agradar a su naturaleza pecaminosa, de esa misma naturaleza cosechará destrucción; el que siembra para agradar al Espíritu, del Espíritu cosechará vida eterna".

La siembra y la cosecha en el Nuevo Testamento

Quiero decirte que al leer la Biblia es importante dividirla correctamente, y más trascendente aun es estudiar las Escrituras en su pleno contexto. El contexto de Gálatas 6:7-8 trata de sembrar *dinero. No tiene nada que ver con sembrar pecado.* Pero hay ministros que usan el principio de la siembra y la cosecha para intimidar a los creyentes de modo que piensen que si sembraron pecado han de esperar una cosecha de juicio, condenación y castigo de parte de Dios.

Y de la misma manera, si siembran buenas acciones, ¿significa que han de esperar la vida eterna como cosecha? Si es así, ¿dónde está la cruz de Jesús en esta ecuación? Esa interpretación religiosa de este pasaje niega la cruz y pone nuestra eterna salvación en un equilibrio muy frágil. En esta ecuación hecha por el hombre, nuestra "salvación" depende de lo que hagamos y de lo que nos cuidemos de no hacer, en lugar de estar arraigada en lo que hizo Jesús.

Jesús cosechó todo el castigo por los pecados que sembramos nosotros, y nosotros cosechamos todas las bendiciones que Él sembró.

No permitas que nadie te confunda con erróneas interpretaciones de la Palabra. El contexto de Gálatas 6:7-8 trata de sembrar y cosechar dinero. Los versículos que preceden y suceden (vv. 6, 9 y 10) muestran claramente que el contexto se refiere a bendecir a los maestros de la Palabra de Dios con todo lo bueno, y a bendecir el hogar de fe. Por eso, sembrar en la carne aquí se refiere a usar el dinero para uno mismo en lugar de ser generosos con el reino de Dios. El versículo dice que sembrar dinero para la propia indulgencia lleva a resultados que pueden corromperse, en tanto sembrar dinero para el reino de Dios da resultados que son eternos.

Aunque es cierto que en el viejo pacto el que siembra vientos cosechará tempestades[4] (en el contexto del pecado) eso ya no es verdad puesto que en la cruz ¡Jesús lo cambió TODO! Cosechó todo el castigo por los pecados que nosotros sembramos, y nosotros cosechamos todas las bendiciones que Él sembró. ¡Aleluya!

En el nuevo pacto no hay versículos acerca de sembrar y cosechar, usados en el contexto del pecado. El principio de la siembra y la cosecha solo se utiliza en el contexto del dinero, y de sembrar y cosechar la Palabra de Dios.[5] ¡Nunca se utiliza en referencia al pecado! Así que no permitas que las interpretaciones inferiores de ciertos pasajes de la Biblia te roben la certeza de que TODOS tus pecados te han sido perdonados. Tu perdón integral de los pecados está expresado con toda claridad en pasajes como Efesios 1:7, que declara que en Cristo "tenemos la redención mediante su sangre, el perdón de nuestros pecados, conforme a las riquezas de la gracia [favor inmerecido]".

Tu perdón se basa en su perfecto sacrificio

Eres perdonado no por la riqueza de tus buenas obras, sino según las riquezas de la gracia de Dios (inmerecido favor). Todos tus pecados —del pasado, del presente y del futuro— han sido perdonados. No puedes trazar una cronología en cuanto al perdón de Dios de tus pecados. Hay cristianos que creen que el perdón que recibieron solo se extiende desde que nacieron al día en que se convirtieron en cristianos. Y que desde allí, necesitan andar con mucha cautela, so pena de perder su salvación. ¿Sabías que esta creencia no es bíblica? Colosenses 2:13 declara con claridad que nos han sido perdonados todos nuestros pecados:

> Antes de recibir esa circuncisión, ustedes estaban muertos en sus pecados. Sin embargo, Dios nos dio vida en unión con Cristo, al perdonarnos *todos* los pecados.
>
> —Colosenses 2:13

La palabra "todos", ¿significa lo mismo para ti que para mí? Mi Biblia dice que todos nuestros pecados han sido perdonados por el sacrificio único de Jesús en la cruz. ¡Fuimos perdonados en ese momento y para siempre! Los sumo sacerdotes del viejo pacto tenían que ofrecer sacrificios por los pecados día tras día.

Jesús, nuestro perfecto Sumo Sacerdote del nuevo pacto "ofreció el sacrificio una sola vez y para siempre cuando se ofreció a sí mismo".[6] En la cruz, cargó sobre sí todos los pecados que cometerás toda tu vida, y pagó una sola vez y para siempre el precio pleno, total y perfecto de todos tus pecados. Cristo no necesita ser crucificado nuevamente por tus pecados del futuro. Es más, todos tus pecados estaban ya en el futuro cuando Él murió en la cruz. Así que cuando lo recibiste en tu corazón ¡TODOS tus pecados te fueron completamente perdonados!

Por qué importa tanto la revelación de tu perdón

"Pero… pastor Prince, ¿por qué es tan importante para mí que entienda el completo perdón de mis pecados para poder andar y vivir en el inmerecido favor de Dios?"

Es una excelente pregunta. Quiero contarte cuáles son algunas de las implicaciones. Ante todo, si no confías en que todos tus pecados te han sido perdonados, entonces tu seguridad y salvación eternas siempre estarán en juego.

En segundo lugar, si piensas que tus pecados no han sido perdonados por completo en la cruz, jamás podrás tener confianza para disfrutar de la presencia del Señor porque nunca podrás saber con seguridad si está de tu parte o si está esperando para castigarte por tus pecados. Constantemente sentirás que nada vales porque evaluarás tu conducta y jamás podrás tener confianza suficiente para poder pedirle a Dios cosas importantes, y mucho menos podrás creer con certeza que Él hará que te vaya bien.

Tercero, si no crees que Cristo ya te ha perdonado todos tus pecados, cuando falles creerás que no estás "bien" con Dios y que has cortado la comunión con Él. Y en vez de depender de su inmerecido favor para vencer tus errores, sentirás que tienes que confesar tu pecado, sentir remordimiento y hacer las paces con Dios antes de poder restaurar la comunión con Él y volver a depender de Él.

Si no tienes un significado claro de tu perdón total, estarás siempre en una montaña rusa emocional.

Todo se resume a lo que sigue: Si no tienes un significado claro de tu perdón total, estarás siempre en una montaña rusa emocional. Unas veces, sentirás que todo anda bien entre tú y Dios, pero otras no pensarás que es así. En ocasiones sentirás confianza en que el Señor está contigo para que te vaya bien, pero en otras ocasiones sentirás que has metido la pata y que el Señor no te ayudará hasta que confieses tu pecado y hagas las paces.

Estarás en un ciclo constante de inseguridad, por lo que siempre estarás entrando y saliendo del favor de Dios. Todos esos sentimientos dependen de lo bien que pienses que te has portado, e ignorarás por completo la cruz de Jesús. Quiero decirte que Dios no te evalúa por tu conducta. Solamente ve la obra perfecta de Jesús. Pero si no crees que te ha perdonado todos tus pecados en verdad, terminarás sintiendo que eres un total fracaso, un hipócrita.

Espero que estés empezando a ver que para entender el completo perdón de tus pecados no hace falta ser teólogo. Pensar que tus pecados no han sido completamente perdonados, afectará —en esencia— tu relación con Jesús. Aunque Él tiene la plena voluntad de bendecirte, de darte favor y acompañarte en tu éxito, no creer en su obra cumplida te impide recibir su bondad, sus bendiciones, su inmerecido favor y su éxito para ti.

Aunque Él tiene la plena voluntad de bendecirte, de darte favor y acompañarte en tu éxito, no creer en su obra cumplida te impide recibir su bondad, sus bendiciones, su inmerecido favor y su éxito para ti.

La cruz de Cristo te habilita. Pero no creer en la cláusula principal del nuevo pacto, te incapacita. Medita en lo que Dios dice acerca de tus pecados en el nuevo pacto, y libérate para recibir lo que Él te da, hoy mismo. El nuevo pacto se basa enteramente en su inmerecido favor. No hay nada que tengas que hacer, nada que tengas que cumplir, nada que tengas que lograr. Observa el cuadro en la página que sigue. Resume las diferencias esenciales entre el viejo pacto y el nuevo. Tu parte en el nuevo pacto solo es tener fe en Jesús y creer que has sido perdonado por completo y eres libre de disfrutar las bendiciones del nuevo pacto gracias a su obra cumplida.

Diferencias entre el viego pacto de la ley y el nuevo pacto de la gracia

Bajo el viejo pacto de la ley...	Bajo el nuevo pacto de la gracia...
Dios exigía justicia y rectitud del ser humano.	Dios imparte justicia y rectitud al hombre a través de la obra cumplida por Jesús (Romanos 4:5-7).
Dios visitará tus pecados hasta la tercera y cuarta generación (Éxodo 20:5).	Dios no se acordará nunca más de tus pecados (Hebreos 8:12; 10:17).
Los hijos de Israel recibían bendición solo si obedecían a la perfección los mandamientos de Dios, en lo exterior y lo interior (Deuteronomio 28:13-14).	Los creyentes no tienen que depender de sus propios esfuerzos para recibir las bendiciones de Dios porque Jesús cumplió con cada uno de los requisitos de la ley, por ellos (Colosenses 2:14).
Depender del propio esfuerzo produce cambios de conducta sin transformación del corazón.	Contemplar el amor de Jesús y su obra cumplida produce una transformación interior que da como resultado buenas obras motivadas por el amor de Dios (2 Corintios 3:18).
Los sacrificios con sangre de animales cubrían los pecados de los hijos de Israel durante solo un año y el proceso debía repetirse cada año (Hebreos 10:3).	La sangre de Jesús ha quitado los pecados —pasados, presentes y futuros— de los que creen en Él, completa y perfectamente, de una sola vez y para siempre (Hebreos 10:11-12).
La obediencia a la ley no podía darles a los hijos de Israel poder para dejar de pecar, y en efecto, no se los daba. La ley no tiene poder para hacer que nadie pueda ser santo, justo y bueno.	El pecado no tiene dominio sobre los creyentes (Romanos 6:14) porque el poder de Jesús para vencer la tentación obra cuando los creyentes son conscientes de que son hechos justos en Cristo, aparte de sus obras (Romanos 4:6).

Bajo el viejo pacto de la ley...	Bajo el nuevo pacto de la gracia...
Se les robaba a los hijos de Israel su confianza en la bondad de Dios porque siempre estaban mirándose a sí mismos para ver si obraban bien o mal (es decir, estaban conscientes de sí mismos).	Los creyentes pueden tener enorme confianza y seguridad en Cristo porque miran a Jesús y no centran la mirada en sí mismos (es decir, son conscientes de Cristo).
Los hijos de Israel no podían tener una relación íntima con Dios porque su falta de justicia y rectitud interponía distancia entre ellos y Dios.	Los creyentes pueden disfrutar de una relación íntima con Dios como Padre suyo porque son hechos justos por la fe en Jesús (2 Corintios 5:17; Romanos 5:7-9; Hebreos 10:10).
Los hijos de Israel no podían ingresar en el Lugar Santísimo (donde estaba la presencia de Dios). Solamente podía entrar el sumo sacerdote, y nada más que una vez al año, el Día del perdón o la propiciación (Levítico 16:2, 14).	Los creyentes no solo pueden entrar en la santa presencia de Dios, sino que también pueden acudir con confianza a su trono de gracia para encontrar misericordia y favor en tiempos de necesidad, gracias a la perfecta propiciación y perdón de Jesús (Hebreos 4:16).
Los hijos de Israel estaban bajo el ministerio de la muerte (2 Corintios 3:7).	Los creyentes están bajo el ministerio de la abundante vida de Cristo (2 Corintios 3:6; Juan 10:10).

Capítulo 13

De cómo se desvaloriza el favor inmerecido

ace varios años, cuando estaba en mi estudio leyendo la Palabra y lo único que hacía era disfrutar de la presencia del Señor, Él me presentó esta pregunta: "¿Sabes cómo se desvaloriza la gracia (favor inmerecido)?". Con esa simple pregunta, comenzó a revelarme cómo hoy los creyentes desvalorizan su gracia.

Quiero dejar algo claro desde el principio: la gracia (favor inmerecido) de la que hoy disfrutamos tú y yo NO es barata. ¡Decir que la gracia "no vale tanto" es insultar directamente la cruz de Jesucristo! La gracia, el inmerecido favor de Dios que no podemos ganar, es tan valioso que no tiene precio. No puedes comprarla, lograrla ni ganarla. Algo que no tiene precio solo puede recibirse si te lo regalan. Y eso es exactamente lo que hizo Dios: Él te dio su gracia (favor inmerecido), su justicia, su bondad y todos los beneficios y bendiciones de la cruz como regalo para que los recibieras libremente cuando recibieras a Jesús como tu Señor y Salvador personal.

Si alguna vez sientes inseguridad en cuanto a si Dios realmente te ama o si ve algún valor en ti, solo mira la cruz.

Mira el precio que pagó para redimirte y el sacrificio que hizo para salvarte. ¡En la cruz es donde encontrarás la seguridad de su amor y su deseo de bendecirte! Con todo amor, digo que tienes que saberlo para no dejes de recibir todo lo que tiene para ti.

Si creemos mal, devaluamos la gracia de Dios

Lamentablemente hay algunos creyentes que devalúan la gracia y la obra cumplida por Jesús a causa de que creen mal. Los que creen mal siempre acaban por conducirse mal. Si crees mal, inevitablemente vivirás mal. Pero por otra parte, si comienzas a creer bien, vivirás bien. Por ejemplo, cuando empiezas a creer que eres hecho justo en Cristo, empiezas a vivir en la justicia. Todo lo que haces surge de la revelación de tu identidad en Cristo. Esta es una verdad muy fuerte. No sirve de nada ocuparse de solucionar la conducta errada y nada más. Tenemos que buscar las causas y las raíces, y ocuparnos de corregir la creencia equivocada que hizo que devaluáramos el inmerecido favor de Dios.

Si crees que necesitas hacer algo para ganarte el perdón de Dios de forma que te bendiga, estás devaluando la gracia de Dios.

Si crees que necesitas hacer algo para ganarte el perdón de Dios de forma que te bendiga, estás devaluando la gracia de Dios. Y el problema con eso es que te robará ese fuerte sentido de seguridad en la bondad de Dios hacia ti. En el capítulo anterior vimos que la Biblia declara con claridad que todos tus pecados —del pasado, el presente y el futuro— te han sido perdonados en la cruz. Si en vez de aceptar la obra de Cristo en la cruz como cumplida y definitiva, piensas que no basta e insistes en que TÚ tienes que cumplir una parte para asegurarte tu perdón, estás menoscabando lo que logró Jesús. Y si entra en juego tu parte, si no te basas por completo en el inmerecido favor de Dios, tu perdón nunca te será del todo seguro. A su vez, te resultará difícil esperar que Dios te dé su gracia. Es muy probable que vivas esperando que te sobrevenga el juicio de Dios, en lugar de esperar su inmerecido favor obrando en tu vida.

¿Necesitamos confesar nuestros pecados para recibir el perdón?

Según haya sido tu crianza religiosa, es posible que te hayan enseñado diferentes cosas sobre lo que tienes que hacer para recibir el perdón de Dios. Por ejemplo, cuando yo era un joven adulto sincero y con serias intenciones, me enseñaron que tenía que confesar todos mis pecados para ser perdonado. Yo amaba al Señor y quería agradarle en todo, así que cumplía al pie de la letra con esta enseñanza. Me dijeron que con el Señor había que mantener "las cuentas claras", lo que significaba que si pecabas de pensamiento o de acción tenías que confesar tu pecado lo antes posible para "estar bien con Dios". No quería pasar ni siquiera un minuto sin "estar bien con Dios" así que cada vez que me venía a la mente un pensamiento impuro, lo confesaba de inmediato como pecado. Me cubría la boca y susurraba mi confesión *cada vez* que sentía que había pecado.

Me tomaba muy en serio esa enseñanza y terminé confesando mis pecados *todo el tiempo*. Cuando hablaba con mis amigos, me detenía a mitad de una oración para confesar mi pecado si veía que había dicho algo indebido. A la hora de la comida confesaba mi pecado cada vez que en mi mente entraba un mal pensamiento. Y hasta cuando jugaba al fútbol, me detenía a susurrar mi confesión si en algún momento les gritaba con enojo a mis adversarios. ¿Puedes imaginar lo raro y loco que parecía ante los demás? Los que me rodeaban no tenían idea de por qué me pasaba el tiempo susurrando con la mano delante de la boca. Es que yo me esforzaba por mantener "las cuentas claras" con el Señor, pero en realidad, era un mal testimonio ante mis amigos, que pensaban que los cristianos éramos raros.

La constante e incesante confesión de mis pecados me hacía estar tan consciente de mis pecados que creía que ya no habría más perdón para mí y que había perdido mi salvación. El enemigo se aprovechó de lo consciente que estaba de mis pecados y siempre me ponía en condenación. ¡Era tan pesada la opresión que llegó un momento en que creí que mi mente colapsaría! Fui a ver a los ancianos de la iglesia a la que asistía entonces, pero no me ofrecieron alivio alguno. Algunos me alentaban a seguir confesando mis pecados ¡y uno de ellos hasta me dijo que yo había *perdido* mi salvación! ¿Puedes creer eso? Fue un tiempo terrible y muy oscuro para mí, y aunque confesaba mis pecados con corazón sincero, estaba sinceramente equivocado. La confesión de los pecados no me liberaba. Solo lograba que aumentara mi conciencia del pecado al punto que casi enloquecí.

Esa enseñanza sobre la confesión de los pecados ha causado gran atadura y opresión en la Iglesia. Hay creyentes sinceros y con buenas intenciones que viven con miedo de no haber examinado sus corazones con diligencia suficiente como para descubrir y confesar cada uno de sus pecados. Y entonces creen que tienen que renunciar a su comunión con Dios y a sus bendiciones. Pero en realidad, ¡no hay base en las Escrituras para esa enseñanza! Efesios 1:7 declara con precisión que el perdón de los pecados es "según la riqueza de su gracia [inmerecido favor]". En ningún lugar de la Biblia dice que el perdón de los pecados es según la confesión de nuestros pecados. ¡En ninguna parte! Amigo, amiga... esta es la verdad de la cuestión: el perdón de tus pecados está establecido en el inmerecido favor. No puedes ganártelo mediante tus confesiones.

El perdón de tus pecados está establecido en el inmerecido favor. No puedes ganártelo mediante tus confesiones.

En lugar de recibir el perdón por medio de la gracia algunos cristianos lo han convertido en una ley que ningún ser humano podrá cumplir jamás a la perfección. Si crees que no estás bien con Dios a menos que confieses todos tus pecados, quiero preguntarte lo siguiente: ¿Has confesado hoy *todos* tus pecados? ¿Has confesado tus preocupaciones? ¿Has confesado "lo que no es de la fe", si la Biblia considera que todo lo que cabe en esa categoría es pecado?[1] ¿Has confesado todos los malos pensamientos que tuviste en los últimos cinco minutos? ¿Cuándo te confesaste por última vez? ¿Qué tan "claras" están tus cuentas con el Señor?

Verás, si conviertes el perdón de tus pecados en tu responsabilidad, y lo mantienes como ley que tienes que cumplir, seguro que fracasarás. No hay forma en que alguien pueda confesar todos sus pecados a la perfección. Uno se volvería loco. Si realmente crees que tienes que confesar tus pecados para obtener perdón, no puedes elegir al azar qué pecados confesarás, ignorando el resto. La ley actúa basada en la totalidad y la Biblia declara lisa y llanamente que "el que cumple con toda la ley pero falla en un solo punto ya es culpable de haberla quebrantado toda".[2] Si realmente necesitas confesar tus pecados para recibir el perdón, tienes que confesar cada uno de los puntos en que fracases, todo el tiempo. De otro modo, sigues siendo "culpable de haber quebrantado toda la ley" porque "habrá un juicio sin compasión".[3]

¿Ahora empiezas a ver lo absurdo de la enseñanza sobre la confesión de los pecados, y la atadura y la opresión que acompañan esta enseñanza? No es esto lo que Dios tiene en su corazón para ti y, por cierto, no está basado en el nuevo pacto de su inmerecido favor, que declara que Él nunca más se acordará de todos tus pecados. Y si Dios ya no los recordará, el pecado ya no puede impedir que estés unido a Dios y recibas las bendiciones que Él quiere que disfrutes. Así que, tengamos algo en claro al respecto: ¿Estás bien con Dios porque has confesado todos tus pecados a la perfección? ¿O por el sacrificio de Jesús, una vez y para siempre, por todos los pecados? ¿Por cuál de las dos cosas es? Porque no puedes creer en ambas al mismo tiempo. O crees en Jesús y solamente en Él para que te perdone o crees en tu propia confesión de los pecados para obtener perdón.

Pablo no escribió sobre la confesión de pecados

"Pero, pastor Prince, ¿qué pasa con 1 Juan 1:9 que dice: 'Si confesamos nuestros pecados, Dios, que es fiel y justo, nos los perdonará y nos limpiará de toda maldad'?"

Buena pregunta. Estaba a punto de referirme a este versículo. Cada vez que surge la enseñanza sobre la confesión de pecados hay alguien que cita 1 Juan 1:9. Antes de entrar en el contexto de este pasaje, quiero decir que uno no puede edificar una doctrina basándose en un solo versículo de la Biblia. La enseñanza tiene que ser confirmada y establecida por varios versículos antes de que sea sólida.

Ahora bien, ¿te has preguntado alguna vez por qué Pablo, el apóstol del favor inmerecido de Dios, el hombre que escribió más de las dos terceras partes de las epístolas del nuevo pacto, no efectuó ni la más leve mención de la "confesión de pecados" a todas las iglesias a las que les escribió? No hace falta que me creas porque lo diga yo. Revisa todas las cartas que escribió Pablo: Romanos, Corintios, Gálatas, Efesios, Filipenses, Colosenses, Tesalonicenses, Timoteo, Tito, Filemón y Hebreos (de este último no está claro quién es el autor, pero muchos académicos reconocidos opinan que fue Pablo, lo que también yo creo). Pablo escribió mucho a todas esas iglesias y, sin embargo, ni una sola vez menciona la confesión de pecados en todas sus cartas inspiradas por el Espíritu. ¿Por qué?

Pablo tenía la oportunidad perfecta para enseñarles a los de Corinto a confesar sus pecados de fornicación cuando les escribió, porque era claro que habían pecado. Pero, ¿qué hizo el apóstol entonces? Les dijo: "¿Acaso no saben que su cuerpo *es* templo del Espíritu Santo, quien *está* en ustedes …?".[4] No les dijo: "¿No saben que su cuerpo era el templo del Espíritu Santo? Ahora, vayan y confiesen sus pecados y restauren su comunión con Dios y, tal vez, vuelva a poner en ustedes su Espíritu". Ni siquiera una vez mencionó que tenían que confesar sus pecados. En cambio, les recordó su identidad en Cristo e incluso en sus errores, mantuvo que sus cuerpos *son* (tiempo presente) el templo del Espíritu Santo. Pablo aparentemente creía que al recordarles a los creyentes que debían tener conciencia de quiénes eran y qué tenían en Cristo continuamente, les daría la clave para la victoria contra sus pecados.

Si la confesión de pecados es tan importante para la iglesia, ¿cómo podría haberla omitido Pablo en todas sus cartas a esas congregaciones? Si nuestro perdón de los pecados de veras depende de que los confesemos, ¿no ha sido terriblemente injusto Pablo al no incluir tal enseñanza en alguna de sus cartas? ¿No piensas que Pablo, que amaba a la iglesia, habría escrito acerca de la confesión de pecados en cada una de sus cartas, dándonos detalladas instrucciones sobre cómo confesar nuestros pecados, si confesarlos de veras fuera necesario para que obtuviéramos el perdón?

Ahora bien, toda la Biblia fue escrita por inspiración del Espíritu Santo. ¿Se habría olvidado Dios mismo de incluir esta enseñanza en todas las cartas de Pablo y de que el perdón de nuestros pecados se basara en la eficacia de nuestra confesión? ¡Claro que no! Más bien, tenemos pasajes claros y certeros en todas las cartas de Pablo, que declaran más allá de toda duda que nos son perdonados todos nuestros pecados y que nuestro perdón es "según las riquezas de su gracia [inmerecido favor]", ¡y no por nuestras obras!

1 Juan 1:9 fue escrita a los gnósticos

Como Pablo no mencionó la confesión de los pecados en sus cartas, nos queda solamente un versículo —1 Juan 1:9—, que por años se ha utilizado para justificar esta enseñanza. Ahora bien, antes de seguir, recuerda que Miles Coverdale, que tradujo y produjo la primera Biblia en inglés, dijo: "Te será de gran ayuda entender las Escrituras si prestas atención no solo a lo que se dijo o escribió sino a quién, por quién, con qué palabras, en qué momento, dónde, con qué intención, bajo qué circunstancias, considerando lo que sucedió antes y lo que sucedió después".

Al leer la Biblia, observa siempre el contexto de los versículos. Extraer el "texto" e interpretarlo fuera de su "contexto" ¡es un craso error! No te dejes engañar. Lee todo dentro del contexto en el que está.

Al leer el capítulo 1 de 1 Juan, una de las cosas que necesitas observar es a quién le estaba escribiendo. Verás que en la primera parte de la epístola no hay saludos a creyentes. Si tomas las cartas de Pablo notarás que en esos días era común que el autor saludara a los creyentes cuando les escribía una carta. Por ejemplo, Pablo escribió: "a los santos y fieles en Cristo Jesús que están en Éfeso:"[5] o "a la iglesia de Dios que está en Corinto, a los que han sido santificados en Cristo Jesús y llamados a ser su santo pueblo".[6]

Cuando comparas 1 Juan con los saludos que encontramos

en 2 Juan y 3 Juan, puedes ver que el autor saluda directamente a los creyentes en las otras dos cartas. En 2 Juan, escribe: "a la iglesia elegida y a sus miembros, a quienes amo en la verdad... la gracia, la misericordia y la paz de Dios el Padre y de Jesucristo, el Hijo del Padre, estarán con nosotros en verdad y en amor"[7] y en 3 Juan, escribe: "al querido hermano Gayo, a quien amo en la verdad: Querido hermano, oro para que te vaya bien en todos tus asuntos y goces de buena salud, así como prosperas espiritualmente".[8] En marcado contraste, en 1 Juan 1 no hay saludos a creyentes. ¿Por qué? Porque Juan no les estaba escribiendo a otros creyentes en ese capítulo, sino a los gnósticos que se habían infiltrado en la iglesia primitiva. Los gnósticos son herejes que no creen en la existencia del pecado. Y por eso, Juan escribió:

> "Si afirmamos que no tenemos pecado, nos engañamos a nosotros mismos y no tenemos la verdad. Si confesamos nuestros pecados, Dios, que es fiel y justo, nos los perdonará y nos limpiará de toda maldad. Si afirmamos que no hemos pecado, lo hacemos pasar por mentiroso y su palabra no habita en nosotros".
>
> —1 Juan 1:8-10

Juan utilizó el "nosotros" en su carta pero sabemos que eso no significa que no creyera en la existencia del pecado. El pasaje está claramente dirigido a los gnósticos que no creían, para animarles a dejar de negar el pecado, a reconocer la verdad de que sí existe y de que ellos han pecado. Juan lo escribió para que se dieran cuenta de que "todos han pecado y están privados de la gloria de Dios".[9]

En esencia, el apóstol amado les predicaba el evangelio a los gnósticos y les decía que si confesaban sus pecados, Dios sería fiel y justo en perdonarles sus pecados y limpiarles de toda injusticia. Por eso, al principio de su carta, les dice: "… Les anunciamos lo que hemos visto y oído, para *que también ustedes tengan comunión con nosotros.* Y nuestra comunión es con el Padre y con su Hijo Jesucristo".[10] Es claro que Juan estaba predicándoles a quienes no eran creyentes (en este caso, a los gnósticos) sobre Jesús y su obra cumplida, e invitándoles a la comunión en Cristo con los demás creyentes de la iglesia primitiva.

En ese mismo momento en que pronunciaste la oración de salvación, te fueron perdonados de una vez y para siempre todos los pecados que cometerías por el resto de tu vida, y se hicieron tuyas todas las bendiciones de Dios, su favor, su salud y su triunfo.

Con el contexto en mente, vemos entonces que 1 Juan 1:9 no fue escrito para una audiencia creyente. El versículo hace referencia a la oración que un pecador efectúa para aceptar a Jesús como su Señor y Salvador personal. Tal vez la conozcas como la "oración de salvación" u "oración del pecador". Si eres creyente, ya la hiciste. Ahora, quiero preguntarte lo siguiente: ¿Cuántas veces tienes que hacer la oración de salvación? ¡Una sola! Solo una vez puedes nacer de nuevo. No puedes volver a nacer una y otra vez.

De la misma manera, ¿con qué frecuencia tienes que confesar tus pecados para que Jesús te perdone y te limpie de toda maldad? ¡Una sola vez! En ese mismo momento en que hiciste la oración de salvación, te fueron perdonados de una vez y para siempre todos los pecados que cometerías por el resto de tu vida, y se hicieron tuyas todas las bendiciones de Dios, su favor, su salud y su éxito.

Quiero decirlo lisa y llanamente: ¡Ya tienes el perdón! Hoy, con toda sinceridad puedes presentar ante tu Padre tus errores y debilidades, sabiendo que te ama y que ya te ha perdonado. No le confiesas tus pecados para que te perdone.

Aunque el capítulo inicial de la primera carta de Juan está dirigido a los gnósticos, Juan enfoca su atención a los creyentes en el segundo capítulo.

Se hace claro de inmediato que les está hablando a los creyentes en el principio del capítulo, porque escribe: "Mis *queridos hijos*, les escribo estas cosas para que no pequen. Pero *si alguno peca, tenemos ante el Padre a un intercesor*, a Jesucristo, el Justo. Él es el sacrificio por el perdón de nuestros pecados, y no sólo por los nuestros sino por los de todo el mundo".[11]

A poco de dirigirse a los creyentes Juan afirma con toda claridad que si alguno de nosotros peca ¡tenemos ante el Padre a un intercesor! Observa que no menciona para nada la confesión de los pecados. Y es el mismo autor que escribió 1 Juan 1:9, tantas veces mal utilizado para enseñarles a los creyentes que tienen que confesar todos sus pecados y mantener las "cuentas claras" con el Señor para poder estar en comunión con Él. No, cuando hoy los creyentes fallamos, nuestro Intercesor pelea por nosotros. Nuestro Intercesor le muestra al acusador sus manos perforadas por los clavos, como recibo del pago que efectuó por nuestros pecados en la cruz. Cada vez que nos equivocamos, no hay poder alguno en la confesión de nuestros pecados, pero sí lo hay en la confesión de nuestra justicia en Cristo, de nuestra identidad en Cristo ¡y de nuestro inmerecido favor en Cristo!

En vez de ser consciente de los pecados, sé consciente de la justicia y recibe el poder de Dios para salir de ese pecado que parece tenerte atrapado. Recibe el poder y la sabiduría de Dios para revertir cualquier error que cometas en tu vida.

Además, en el versículo 12 del mismo capítulo Juan declara: "Les escribo a ustedes, queridos hijos, porque sus pecados han sido perdonados por el nombre de Cristo". Aquí, Juan da por sentado el perdón de los pecados sin confesiones. Sería un doble discurso de parte de él, y algo muy extraño, que hubiera escrito 1 Juan 1:9 y también 1 Juan 2:12 dirigiéndose a creyentes.

Mi querido hermano, mi querida hermana: En lugar de ser consciente de los pecados, sé consciente de la justicia y recibe el poder de Dios para salir de ese pecado que parece tenerte atrapado. Recibe el poder y la sabiduría de Dios para revertir cualquier error que cometas en tu vida. Porque la consciencia del pecado te mantendrá en depresión, en un ciclo pecaminoso, aunque el inmerecido favor de Dios esté de tu parte. Cada vez que examines tu corazón para encontrar pecado y maldad, ¿quieres saber qué pasa? ¡Encontrarás algo! En vez de mirar tus propios errores, deja de ver hacia adentro y mira a Jesús. Mira a su corazón de amor, y su perdón para ti. Cuando sabes que no mereces su gracia (inmerecido favor) pero aun así la recibes, ¿puedes evitar el ser transformado? ¿Cómo podrías evitar el querer adorar a Dios?

Jesús no quiere que vivas consciente de tus pecados. Quiere que vivas consciente de tu justicia en Él. Cuando más consciente estés de tu identidad justificada en Él, tanto más te transformará su inmerecido favor, tanto más se disipará el deseo de pecar y tanto más sincera será tu adoración. Los creyentes que saben que toda su vida de pecado ha sido perdonada por la sangre de Jesús, no quieren salir corriendo a pecar como el diablo. Se vuelven sinceros adoradores de Cristo, con corazones purificados por su sangre, y ¡ya no tienen más conciencia de pecado![12]

El completo perdón, ¿da licencia para pecar?

Leamos Lucas 7:36-50 para ver qué dijo Jesús sobre el perdón de los pecados. Simón, el fariseo, había invitado a Jesús a su casa. Mientras este estaba sentado a la mesa en casa de Simón, una mujer se le acercó. Ella comenzó a llorar y le lavó los pies con sus lágrimas. Luego se los secó con sus cabellos, los besó y los ungió con óleo fragante.

Cuando Simón vio eso, se preguntó: "Este hombre, si fuera profeta, sabría quién es esta mujer y de qué clase es la que le está tocando, porque es una pecadora". Aunque Simón no lo dijo en voz alta, es interesante que Jesús le respondiera presentándole esta pregunta: "Había un acreedor que tenía dos deudores. Uno le debía quinientos denarios y el otro, cincuenta. Y cuando no pudieron pagarle, les perdonó la deuda a ambos. Dime entonces, ¿cuál de los dos lo amará más?" Simón respondió: "Supongo que ese al que le perdonó más". Jesús le dijo: "Has juzgado correctamente".

Jesús se volvió a la mujer y le dijo a Simón: "¿Ves a esta

mujer? Yo entré en tu casa y no me diste agua para lavarme los pies, pero ella lavó mis pies con sus lágrimas y los secó con su cabello. Tú no me besaste, pero esta mujer no ha dejado de besar mis pies desde el momento en que entré. Tú no ungiste mi cabeza pero esta mujer ha ungido mis pies con perfume. Por eso te digo, sus pecados, que son muchos, le son perdonados porque ella amó mucho. Pero al que poco se le perdona, poco ama".

Solo amarás mucho a Jesús cuando experimentes su abundante gracia e inmerecido favor que te perdona todos tus pecados, pasados, presentes y futuros.

La mujer amaba mucho a Jesús porque sabía que le había sido perdonado mucho. En realidad, a nadie se le ha perdonado poco. A todos se nos ha perdonado mucho. Pero esta mujer lo sabía. Así que lo más "peligroso" sobre esta doctrina del completo perdón de los pecados es que te enamorarás de Jesús y terminarás cumpliendo sin esfuerzo alguno el mayor mandamiento: "Ama al Señor tu Dios con todo tu corazón, con toda tu alma y con toda tu mente".[13] ¡Aleluya!

Si piensas que te ha sido perdonado poco, amarás poco. Pero cuando conoces la verdad de lo mucho que se te ha perdonado, ¡Amarás mucho a Jesús! Saber lo mucho que se te ha perdonado ¡es el secreto para amar a Jesús! Es decir que solo amarás mucho a Jesús cuando experimentes su abundante gracia e inmerecido favor que te perdona todos tus pecados, pasados, presentes y futuros. Pero devaluarás su gracia si piensas que solo te ha perdonado tus pecados hasta el momento de tu salvación y que, después, tienes que depender de tu confesión de pecados para recibir perdón.

El perdón de Dios no se nos da en cuotas. No andes por allí pensando que cuando confiesas un pecado Dios te perdona solo por ese pecado. De modo que, la próxima vez que peques, tienes que volver a confesar tu pecado para que te vuelva a perdonar. Ese tipo de creencias deprecian su gracia. Y como resultado, porque piensas que Dios te ha perdonado poco, terminarás amándole poco, y privándote de correr hacia Él y ver cómo te ayuda, te libera y te prospera.

Querido amigo, querida amiga, con un único sacrificio en la cruz ¡Jesús borró todos los pecados de toda tu vida! No devalúes su inmerecido favor con tus imperfectos esfuerzos por confesar todos tus pecados. Acepta este regalo que Jesús te ha dado asignándole el valor que merece, ¡recibiendo plenamente y experimentando su inmerecido favor, hoy mismo!

Capítulo 14
El secreto del buen éxito

Dios no solo quiere que tengas éxito en tu vida. Quiere que tengas *buen éxito*. ¿Existe el "mal éxito"? Sí, existe y estoy seguro de que lo has visto ya. Hay personas a las que el mundo define como grandes triunfadores. Quizás sean movilizadores de la economía, celebridades famosas que viven en casas fabulosas o estrellas del deporte que ganan millones de dólares a la semana bateando o pateando una pelota. Sin embargo, para algunos de ellos, lo que tienen es solo éxito en base a fortuna acumulada.

Pero amigo y amiga, tener éxito financiero nada más no se compara con el buen éxito. El buen éxito es santo y cubre todos los aspectos de tu vida. Si vieras más de cerca a los individuos que solo tienen éxito financiero, encontrarías que otras áreas de su vida les causan sufrimiento. Por ejemplo, aunque acumulen mucho dinero, sus vidas podrían tener la cicatriz de una serie de matrimonios deshechos, uno detrás de otro. Queridos míos, ¡ser un éxito público, pero un fracaso en privado, no es para nada un buen éxito!

Hay personas que ascienden en su carrera tan rápido y

toman tantas responsabilidades de trabajo que ya no tienen tiempo de acostar a sus hijos o leerles un cuento por las noches. Se convierten en víctimas de su propio éxito en su carrera, y para mantener ese "éxito" que crearon en el feroz mundo corporativo, permiten que sus vidas pasen por delante de ellos. Pueden haber ganado más dinero del que vayan a necesitar, pero no pueden disfrutar de sus esposas o esposos y de cómo crecen sus hijos; ni siquiera los conocen, en realidad.

Debes saber esto: Incluso si ganas la carrera de ratas luego de haber estado corriendo de aquí para allá todo el día, ¡lo único que habrías logrado es el estatus de la rata número uno! ¿En verdad vale la pena sacrificar tu matrimonio y tus hijos por eso? No entierres tu matrimonio subiendo la escalera empresarial. Asegúrate de que tu escalera esté ubicada en el edificio correcto, y no esperes a llegar a la cima antes de darte cuenta de que no es lo que realmente quieres de la vida.

No todo ascenso es necesariamente lo mejor que Dios tiene para ti

Muchas veces le digo a mi congregación que deberían creer en Dios no solo por un trabajo, sino depender de su favor por *una posición de influencia*. Sin embargo, también les recuerdo que tengan cuidado de no ser ascendidos *fuera* de su lugar de bendiciones, porque no todo ascenso es necesariamente lo mejor que Dios tiene para ellos.

¿Sabías que puedes ser ascendido fuera del buen éxito que estás disfrutando actualmente a un lugar en donde solo disfrutes de triunfos parciales? Ese ascenso que recibes también puede llegar con responsabilidades nuevas que harán que comprometas el tiempo de tu familia y no te permitan ir a la casa de Dios. De pronto, en vez de estar en la casa de Dios los domingos por la mañana y llevar a tus hijos de picnic después de la iglesia, te encuentras en la oficina todo el fin de semana. Tal vez necesitas responder correos urgentes, resolver crisis mayores, asistir a reuniones urgentes o ir a otro viaje de negocios de suma importancia. Verás, puede parecer legítimo, pero ¿es este el "buen éxito" que Dios quiere para ti?

Escucha con atención lo que estoy diciendo. Estoy a favor de que te asciendan en tu lugar de trabajo. Es más, ¡creo que Dios puede ascenderte más allá de tus calificaciones académicas y de tu experiencia laboral! Solo mira lo que hizo Dios por José. Fue ascendido de esclavo (la posición más baja posible) a capataz en la casa de Potifar. Incluso cuando fue encarcelado, el favor del Señor hizo que fuera ascendido de nuevo y se convirtió en capataz de todos los prisioneros.

José experimentó un ascenso tras otro hasta que se convirtió en ¡el primer ministro de Egipto (la posición más alta posible)! No hay duda de que Dios quiere ascenderte y hacerte crecer. Pero nota que los ojos de José no estaban fijos en ninguno de los ascensos que recibió. Estaban fijos en el Señor a cada paso del camino. *Eso* lo hizo estar a salvo para el siguiente ascenso y creció en el *buen éxito* que el Señor tenía para él.

El miedo te roba tu herencia en Cristo

Echemos una mirada a Josué 1, que indica un punto vital en la historia de Israel, para ver qué podemos aprender acerca del "buen éxito" que Dios le prometió a Josué. Josué fue elegido como el nuevo líder de Israel luego de que muriera Moisés y debía llevar al pueblo de Dios a la Tierra Prometida. Era una enrome responsabilidad. Cuarenta años antes, los hijos de Israel estaban a punto de entrar a la Tierra Prometida. Pero por haberse rehusado a creer en la promesa que les hizo Dios, esa generación pasó cuarenta años vagando en el desierto.

Esa no era la voluntad de Dios para ellos. Dios quería llevarlos a una tierra abundante de leche y miel. Quería darles una tierra con ciudades grandes y prósperas que ellos no edificaron, con casas llenas de toda clase de bienes que ellos no acumularon, con cisternas que ellos no cavaron, y con viñas y olivares que no plantaron.[1] En otras palabras, quería que disfrutaran los frutos y el trabajo de otro.

No tenemos que esforzarnos ni fatigarnos para ser bendecidos.

Queridos, queridas, *eso* es el buen éxito. Ese es el tipo de éxito en el cual disfrutas de la abundancia de provisiones en todas las áreas de tu vida. Ese es el tipo de éxito que caracteriza el reposo porque hoy la Biblia dice que nuestra tierra prometida es el reposo de Dios.[2] Estamos disfrutando de los frutos y del trabajo de otro. Y ese es el tipo de éxito que Cristo nos ha dado hoy. No tenemos que esforzarnos ni fatigarnos para ser bendecidos.

¿Qué hizo que a toda la generación le fuera arrebatada su herencia prometida? Para contestar esta pregunta, necesitamos hacer otra: ¿Quiénes eran los líderes de esa generación? El Señor me mostró que Moisés había seguido el consejo de su padrastro para elegir "hombres capaces y temerosos de Dios, que amen la verdad y aborrezcan las ganancias mal habidas"[3] como líderes para que lo ayudaran a gobernar a los hijos de Israel.

Los doce espías que fueron enviados a reconocer la tierra de Canaán deben haber sido escogidos de este grupo de líderes. Eso significa que eran hombres capaces y *temerosos de Dios*, hombres que amaban la verdad y aborrecían las ganancias mal habidas. (Por cierto, cuando Jesús fue tentado por el diablo en el desierto, dijo: "¡Vete, Satanás! Porque escrito está: 'Adora al Señor tu Dios y sírvele solamente a él'".[4] Jesús estaba citando Deuteronomio 6:13, que en realidad dice: "*Teme* al SEÑOR tu Dios, sírvele solamente a él…". Así que el Señor sustituyó la palabra "teme" por "adora". Entonces, de acuerdo con Jesús, temer a Dios es lo mismo que *adorar* a Dios.) Pero a pesar de tener todos estos atributos para ser líderes, ninguno de estos espías o dirigentes a quienes Moisés había elegido entraron a la Tierra Prometida, aparte de José y Caleb. ¡Ninguno! ¿Por qué?

Esta es la respuesta: ¡Les faltaba audacia! Podemos leer y enterarnos de esta historia en Números 13:17-14:9. Moisés envió doce espías a la Tierra Prometida. Solo Josué y Caleb regresaron con un buen informe diciendo: "La tierra que recorrimos y exploramos es increíblemente buena. Si el SEÑOR se agrada de nosotros, nos hará entrar en ella. ¡Nos va a dar una tierra donde abundan la leche y la miel! Así que no se rebelen contra el SEÑOR ni tengan miedo de la gente que habita en esa tierra. ¡Ya son pan comido! No tienen quién los proteja, porque el SEÑOR está de parte nuestra. Así que, ¡no les tengan miedo!".[5] Los otros diez espías brindaron un informe negativo, diciendo: "No podremos combatir contra esa gente. ¡Son más fuertes que nosotros! ... La tierra que hemos explorado se traga a sus habitantes, y los hombres que allí vimos son enormes. ¡Hasta vimos anaquitas! Comparados con ellos, parecíamos langostas, y así nos veían ellos a nosotros".[6]

Todos vieron la misma tierra, los mismos gigantes, pero ¡qué gran contraste había en los informes que trajeron al regresar! Josué y Caleb tenían un espíritu diferente[7] (un espíritu de fe) y se centraron en las promesas y las bondades de Dios. Pero el resto se acobardó de miedo y solo vio a los gigantes y los desafíos de esa tierra. Tenían buenas calificaciones para ser líderes, pero todas les fueron negadas porque estaban atemorizados. ¡El miedo los paralizó! La nación de Israel solo podía ir hasta donde sus líderes la llevaran. Debido a que sus líderes fueron temerosos, ¡a toda la generación les fueron arrebatadas las promesas de Dios!

No temas a las opiniones que los hombres tengan de ti

Volvamos a Josué 1. En ese capítulo, Josué fue exhortado a que fuera valiente y fuerte cuatro veces.[8] Esta es una poderosa lección de liderazgo. Todo creyente es líder en algún sentido, de modo que esa exhortación es para ti también. Significa que necesitas animarte a ser diferente. Necesitas defender lo que crees en lugar de poner en juego o arriesgar tu moral y tus valores cristianos. También significa que no obres basado en el temor a las opiniones ajenas ni permitas que tus decisiones dependan de tu necesidad de aprobación de los demás. Compañeros pastores y ministros, sean fuertes y tengan coraje. Su gente solo puede ir hasta donde los lleve su liderazgo. Necesitan que los guíen a la tierra prometida. ¡Necesitan que los lleven a un lugar en donde puedan disfrutar del buen éxito que Cristo ha comprado para ellos! Dejen de comprometerse con las promesas del nuevo pacto de Dios. No le den la espalda al evangelio de gracia solo porque hay una minoría de personas que abusan de él y lo utilizan como licencia para pecar.

Tanto si predican ustedes la gracia como si no lo hacen, este grupo de personas seguirá ejerciendo su libre albedrío y seguirá viviendo en pecado. Es más, la única manera de ayudarlos es predicando la gracia de manera radical, porque solo la gracia (favor inmerecido) tiene poder para transformar al pecador, por lo que el pecado no tendrá dominio sobre él.[9]

El evangelio de la gracia no es licencia para pecar. Al contrario, ¡es poder para que la gente no peque más!

Mis líderes no tienen reparo en cuanto a confrontar a las personas que —aun cuando asisten a nuestra iglesia—insisten en vivir pecando. No se apartan del evangelio de la gracia incluso si esas personas discuten que tienen el derecho de seguir viviendo como les plazca porque están "bajo la gracia". Es más, mis líderes les dicen sin rodeos que *no* están bajo la gracia, porque de acuerdo a Romanos 6:14, si lo estuvieran, ¡el pecado no los dominaría más! (Gracias a Dios, solo han sido unos pocos a través de los años, lo cual testifica del poder del evangelio de gracia predicado en nuestra iglesia.) El evangelio de gracia no es una licencia para pecar. Al contrario, ¡es poder para que la gente no peque más!

Una vez, cierto pastor me dijo que luego de haber escuchado mis enseñanzas acerca del perdón total de los pecados, buscó las Escrituras y estudió todos los versículos que yo había utilizado en ellas. Confirmó que todos nuestros pecados —pasados, actuales y futuros— realmente nos fueron perdonados cuando Jesús murió por nosotros. Pero a pesar de saber que la Palabra de Dios declara que todos nuestros pecados han sido perdonados y de decirme que "está en la Biblia y lo vi", al final me expresó que no lo predicaría a su congregación porque "no sabe lo que harán". Me impactó y me dejó profundamente triste. Ese pastor ponía su fe en la carne de su gente, más que en el Espíritu Santo que habita en ellos.

Lo que necesitamos es una generación de predicadores de la gracia que sean completamente renovados, que sean muy fuertes y valientes al predicar el evangelio de Cristo, su persona y su obra perfecta en la cruz, sin adulterar nada. Necesitamos líderes que estén establecidos en el nuevo pacto de la gracia (favor inmerecido), ¡que no se conformen con poner vino nuevo en odres viejos tolerando una mezcla de ley y gracia! Sean audaces y prediquen el evangelio como es, sin modificarlo ni magnificar las obras del hombre ni sustrayéndole cosas que modifiquen la ecuación del favor inmerecido de Dios. El evangelio de Jesús y su favor inmerecido es lo que produce el buen éxito. ¡Es momento de que llevemos a la gente a su tierra prometida!

Medita en la Palabra de Dios

Regresando a la designación de Josué como sucesor de Moisés, observa las instrucciones que Dios le dio a este personaje: "Recita siempre el libro de la ley y medita en él de día y de noche; cumple con cuidado todo lo que en él está escrito. Así prosperarás y tendrás éxito".[10] Dios le dijo a Josué que para tener buen éxito, debía meditar en la ley día y noche. Josué vivió bajo el viejo pacto, entonces, ¿cómo es que nosotros, que vivimos bajo el nuevo, nos beneficiamos de esta Escritura?

Necesitamos leer esa porción de las Escrituras en vista de la obra cumplida por Jesús. Por eso es que para mí fue esencial pasar los últimos capítulos estableciéndote de manera firme en el cimiento del nuevo pacto de gracia. Ahora que sabes que ya no estás bajo la ley, ¿cuál es la manera de ser bendecido y de experimentar el buen éxito del nuevo pacto? Josué solo tenía la ley para meditar en ella, ya que el Nuevo Testamento todavía no se había escrito. Para nosotros, el secreto del buen éxito yace en meditar en la Palabra de Dios a la luz del *nuevo pacto de gracia*.

El secreto del buen éxito yace en meditar en la Palabra de Dios a la luz del nuevo pacto de gracia.

Antes de entrar en lo que significa meditar en la Palabra de Dios, ¿qué quiere decir en verdad "meditar"? Bueno, definitivamente no significa murmurar algunos cánticos mientras nos sentamos en una posición de "loto", esa es una práctica de la Nueva Era o New Age, y la verdad es que no trae las bendiciones de Dios a tu vida. Solo permíteme decir que las prácticas de la Nueva Era —como la meditación trascendental y el intento por "convertirse en uno con el universo"— son peligrosas porque sensibilizan tu mente al reino de la oscuridad.

Cuando la Biblia habla acerca de meditación, no te indica que "vacíes tu mente". La palabra en hebreo para meditación en el Antiguo Testamento es *hagah*, que significa pronunciar o murmurar.[11] De modo que *hagah* es hablar en susurros, como si hablaras sin tomar aliento. Nota que el Señor le dijo a Josué, "*Recita* siempre el libro de la ley...". No le dijo que "pensara siempre en el libro de la ley". La clave para meditar en la Palabra de Dios no es la contemplación mental. ¡Es pronunciar las promesas de Dios con tus labios!

"Pastor Prince, ¿significa esto que debería repetir todo el tiempo la Palabra de Dios? Por ejemplo, ¿debería repetir todo el tiempo frases como: 'Gracias a sus heridas fuimos sanados' cuando necesito sanar?"

Meditar en la Palabra de Dios no significa que tengas que pronunciar vagas repeticiones de las Escrituras. Meditar en la Palabra es mucho más, es algo que ocurre —antes que cualquier otra cosa— en las profundidades de tu corazón. El salmista David captó la esencia de la meditación de la mejor manera al decir: "¡El corazón me ardía en el pecho! Al meditar en esto, el fuego se inflamó y tuve que decir...".[12]

Mientras meditas en la Palabra de Dios, pídele al Espíritu Santo que te dé una revelación renovada de Cristo. Deja que esa Escritura arda con revelación en tu corazón. Y al hablar de esa revelación ardiente, Dios elige las palabras que pronuncias. Cuando afirmas: "Gracias a sus heridas fuimos sanados", y lo haces con un sentimiento de revelación y fe en Jesús, tendrás poder.

Medita en Cristo, la Palabra hecha carne y experimenta el buen éxito

Bajo el nuevo pacto meditamos en la *persona de Jesús* cuando reflexionamos en la Palabra. Él es la Palabra hecha carne, y al meditar en su amor por ti, en su obra cumplida, en su perdón y en su gracia, Dios garantiza que tendrás buen éxito.

Puedes tomar un versículo solamente y meditar en el amor de Cristo por ti. Por ejemplo, puedes comenzar a pronunciar el Salmo 23:1 inspirado: "El Señor es mi pastor, nada me falta". Al meditar en este simple versículo, comienzas a darte cuenta de que el Señor es (tiempo presente) tu pastor. El pastor es el que provee para sus ovejas, las alimenta y las protege. Puesto que Jesús es tu pastor, no te faltará nada. No te faltará sabiduría, dirección, provisiones; no te falta nada. Comienzas a ver que Cristo está presente contigo, proveyéndote, cuidando de ti y asegurándose de que tú y tu familia tengan más que suficiente. Ahora, justo en ese momento, en ese breve período de meditación en Cristo, se te imparte la fe y tu corazón se anima con la realidad de que Jesús está contigo, incluso aunque enfrentes algunos desafíos.

Ya seas obrero, vendedor o dueño de una compañía, tu alma se nutrirá y se verá fortalecida cuando medites en Cristo. Es más, cada vez que medites en la Palabra de Dios, ¡Jesús te llevará al éxito sin que siquiera te des cuenta! Jesús guiará tus pasos, te llevará al lugar donde se supone que debes estar y hará que las puertas de las oportunidades se abran de par en par para ti sin que tengas que idear, divisar o hacer todo tipo de planes. Cuando meditas en Jesús, tus caminos siempre se vuelven prósperos. Eso si, no tengas miedo de utilizar la palabra "próspero". Esa es la promesa de Dios en la Biblia. Cuando meditas (pronuncias) en Jesús día y noche, la Biblia dice que "¡harás próspero tu camino y entonces tendrás buen éxito!".

Algunas personas piensan que son prósperas una vez que hacen su primer millón. Pero cuando examinas sus vidas, ves que en algún lugar del camino —en su lucha por hacer más y más dinero—, perdieron las cosas que realmente importan. Es probable que hayan formado una impresionante cartera de inversiones, pero sus hijos ya no quieran hacer nada con ellos y hayan lastimado a las personas que los amaban. Esa no es la prosperidad verdadera ni el buen éxito.

Cuando Dios te bendice con prosperidad, las bendiciones financieras están incluidas, pero solo como una pequeña parte del todo. El buen éxito que proviene de Cristo nunca te aleja de tu iglesia. Nunca te aleja de tus seres queridos. Y lo más importante, nunca te aleja de ti mismo. Es más, no te levantarás un día en medio de tu búsqueda del éxito para encontrar que ya no conoces a la persona que te mira desde el espejo.

Amigo, amiga, aprende a meditar en la persona de Cristo. *Él* es tu buen éxito. Si lo tienes a Él, lo tienes todo. La Biblia nos dice que "la fe viene como resultado de oír el mensaje, y el mensaje que se oye es la palabra de Cristo".[13] La palabra que se traduce para "Dios" en el texto original en griego es *Cristos*,[14] refiriéndose a Cristo. En otras palabras, la fe proviene de escuchar y escuchar la Palabra de Cristo.

La fe no proviene solo de escuchar la Palabra de Dios. La fe proviene de escuchar la Palabra de *Jesús* y su obra finalizada. De la misma manera, meditar en la Palabra de Dios es reflexionar, murmullar y escuchar acerca de Jesús. Esto no significa que leas los cuatro evangelios; el de Mateo, Marcos, Lucas y Juan. No, ¡cada página de toda la Biblia desde el principio hasta el final cubre puntos de la persona de Jesús!

Si deseas experimentar el buen éxito, te sugiero que medites en los mensajes predicados por ministros que buscan exaltar la persona de Jesús, su belleza, su favor inmerecido y su obra perfecta por ti en la cruz. Escucha los ministerios del nuevo pacto que no mezclan la ley y la gracia, pero que dividen en forma correcta la Palabra de Dios y predican el evangelio de Cristo sin adulterarlo. Cuanto más escuches acerca de Jesús y de la cruz, ¡más fe se te impartirá y experimentarás el buen éxito!

El hombre bendecido y el hombre maldecido

A
l aprender algo siempre hay fundamentos que necesitan establecerse antes de poder seguir adelante. En matemáticas, debes aprender la suma antes de poder seguir con la multiplicación. Al aprender español, debes aprender a reconocer las letras del alfabeto antes de poder aprender el deletreo básico, la estructura de las oraciones y la puntuación.

De manera similar, si quieres profundizar en la Palabra de Dios, primero debes establecerte en la verdad de que ahora estás bajo el nuevo pacto de gracia. Toda revelación en la Palabra de Dios se fundamenta en la revelación de Cristo Jesús y de su obra finalizada. Mi deseo es que al continuar avanzando en las páginas de este libro conmigo, llegues a un punto de madurez en que comprendas bien este nuevo pacto.

El libro de Hebreos nos cuenta que "El que sólo se alimenta de leche es inexperto en el *mensaje de justicia*; es como un niño de pecho".[1] Eso significa que si estás establecido en tu justicia (el mensaje de justicia) por medio de Cristo, ya no eres un bebé espiritual. Una vez que tienes ya la revelación de que tu justicia no depende de tu propio *actuar* correcto, sino de tu *creencia* correcta en Jesús, has madurado y te vuelves más diestro con el mensaje de justicia.

Verás, no hace falta el Espíritu Santo para comprender la ley. Si fueras a caminar por cualquier calle y a entrevistar a los que pasan por allí para preguntar cómo hace una persona para entrar al cielo, es probable que la mayoría te diga que puedes hacerlo si te has portado bien e hiciste buenas obras. Este énfasis en nuestro comportamiento, nuestros esfuerzos y nuestros méritos en realidad son *obras* basadas en el sistema de la ley.

Es más, toda religión se basa en el sistema de la ley. En pocas palabras, si haces el bien, te irá bien. ¡Si haces el mal, te va mal! El mundo lo llama karma y no tiene problemas para entender conceptos como la retribución y el juicio bajo el sistema de la ley. Quizás hayas visto la serie *My name is Earl* [Me llamo Earl]. Bueno, por lo general la gente del mundo es como Earl. Cuando Earl hace algo bueno, espera que le suceda algo bueno. De la misma manera, cuando hace algo malo, espera un castigo.

¡Jesús hizo todo por nosotros y nos hizo aptos para ir al cielo y para obtener toda bendición!

Pero, ¿sabes qué? Tú y yo tenemos algo que el mundo *no puede* entender, ¡y eso se llama gracia (favor inmerecido)! No hicimos nada, ¡Jesús hizo todo por nosotros y nos hizo aptos para ir al cielo y para obtener toda bendición! Incluso cuando fallamos, podemos esperar con certeza algo bueno en vez de tener una expectativa de miedo a ser castigados. Eso no es porque hayamos acumulado suficientes méritos o buenas obras. Es puramente porque la sangre de Cristo nos lavó para dejarnos más blancos que la nieve. Lo que tenemos como creyentes del nuevo pacto es tan bueno que necesitamos al Espíritu Santo para entender la extensa riqueza del favor inmerecido de Jesús con nosotros.

Maldito es el hombre que confía en el hombre

Quiero mostrarte la diferencia entre un hombre bendecido y uno maldecido. La Biblia explica de manera asombrosamente clara cómo puedes ser un hombre maldecido. Pero solo por que estás interesado, pensé que debería mencionar que la Biblia también muestra cómo puedes ser un hombre bendecido. ¿Te interesaría aprender más al respecto? Vayamos juntos a Jeremías 17:5-8:

> "¡Maldito el hombre que confía en el hombre! ¡Maldito el que se apoya en su propia fuerza y aparta su corazón del Señor! Será como una zarza en el desierto: no se dará cuenta cuando llegue el bien. Morará en la sequedad del desierto, en tierras de sal, donde nadie habita. Bendito el hombre que confía en el Señor, y pone su confianza en él. Será como un árbol plantado junto al agua, que extiende sus raíces hacia la corriente; no teme que llegue el calor, y sus hojas están siempre verdes. En época de sequía no se angustia, y nunca deja de dar fruto".

Comencemos con cómo puede uno llegar a ser un hombre maldecido. Desde el versículo cinco, vemos que cuando un hombre "confía en el hombre" en vez de confiar en el Señor, se hace maldito. Confiar en el hombre también se refiere a que alguien ponga la confianza en sus propias obras buenas y sus esfuerzos, diciendo que "ha alcanzado su posición por sus propios medios", eligiendo depender de él mismo y rechazando el favor inmerecido de Dios.

El hombre que "se apoya en su propia fuerza" también es maldecido. Cuando veas la frase "propia fuerza" en tu Biblia, no siempre se refiere a lo corporal. Debemos mirar el contexto del versículo. En este contexto, "propia fuerza" puede ser parafraseado como "propio esfuerzo". En otras palabras, podemos leer el versículo cinco como "Maldito es el hombre que confía en el hombre y se apoya en su *propio esfuerzo*".

¡No utilices toda tu salud para ir en busca de la riqueza solo para después tener que utilizar tu riqueza para recuperar tu salud!

Amigo, amiga, hay solo dos maneras de vivir. La primera es depender y confiar plenamente del favor inmerecido del Señor, mientras que la otra es depender de nuestros esfuerzos, y esforzarnos y fatigarnos por el éxito. Nunca podremos alcanzar el buen éxito que proviene de Dios dependiendo de nosotros mismos. No importa cuánto nos esforcemos y nos fatiguemos, no podemos obrar por nuestra justicia propia y obtener nuestro propio perdón. Cualquier éxito que podamos lograr es solo parcial.

Por otro lado, el tipo de éxito que Dios brinda es completo, total y cubre todas las facetas de nuestra vida: espíritu, alma y cuerpo. La Palabra de Dios afirma: "La bendición del Señor trae riquezas, y nada se gana con preocuparse".[2] Dios nunca nos da un éxito que nos cueste nuestro matrimonio, nuestra familia o nuestra salud. Como les digo siempre a las personas de negocios en mi iglesia, ¡No utilices toda tu salud para ir en busca de la riqueza solo para después tener que utilizar tu riqueza para recuperar tu salud! ¿Cómo es un hombre próspero? ¿Un hombre que tiene una cuenta bancaria enorme pero que está muy enfermo, o uno que quizás no tenga tanto dinero en el banco pero que disfruta de una salud excelente?

Mira a tu alrededor. Está claro que la verdadera prosperidad y el buen éxito no se pueden medir en términos de cuánto dinero tengamos en el banco. Con el favor inmerecido de Dios, el hombre que quizás no tenga mucho en este punto de la vida *experimentará* el buen éxito.

La salud y la totalidad de tu cuerpo son parte de las bendiciones de Dios. Si estás constantemente bajo un estrés terrible y tienes ataques de pánico con regularidad a causa de la naturaleza de tu trabajo, entonces te aliento a que des un paso atrás y busques el consejo del Señor. El estrés te roba la salud, pero el buen éxito del Señor te la renueva.

Cuando dependes de tus esfuerzos, puedes luchar por muchos años y obtener cierto grado de éxito. Pero los caminos de Dios son más altos. Con tan solo un momento de su favor, puedes experimentar bendiciones aceleradas y ascensos que años de esfuerzo y lucha nunca lograrían.

Observa la vida de José. No era más que un pobre prisionero. Aun así, en una reunión de una hora con Faraón, fue ascendido a la posición más alta del imperio de Egipto. Queridos, queridas, incluso cuando están deprimidos y cansados (como José) en este punto de sus vidas, el Señor puede ascenderlos de forma sobrenatural en un instante en cuanto decidan poner sus ojos en Él.

Sigamos leyendo el pasaje de Jeremías 17, que continúa describiendo al hombre maldecido: "Será como una zarza en el desierto: *no se dará cuenta cuando llegue el bien*". Que tremendo, ¡esto es asombroso! Permíteme que te haga una pregunta. De acuerdo con este pasaje, ¿aparece el bien en el camino del hombre maldito? ¡Sí, aparece! Pero la triste realidad es que no se dará cuenta.

Como pastor, a lo largo de los años he visto personas que no ponen su fe en el Señor cuando se trata de su matrimonio, sus finanzas u otras áreas sensibles. Están decididas a confiar en sus propios esfuerzos, por lo que tienden a ser bastante arrogantes y a frustrarse con las personas que les rodean. Muchas veces, cuando observas a ese tipo de personas, te das cuenta de que no pueden ver las cosas buenas que están delante de sus narices. No aprecian a su cónyuge, niegan a sus hijos e incluso cuando otras bendiciones aparecen en su camino, *¡se las pierden!*

Las personas que viven bajo la gracia en verdad pueden disfrutar de las bendiciones a su alrededor porque saben que son inmerecidas.

¿Por qué no pueden ver las cosas buenas cuando se les presentan? Porque las personas que confían en sus propios esfuerzos *no tienen capacidad* para ver ni para recibir las bendiciones del Señor. Solo creen en lo "bueno" que puede provenir de sus propios esfuerzos. Por eso son orgullosos. Es probable que notes que esas personas no dicen "gracias" muy a menudo. Sienten que se ganaron y se merecen todo lo que reciben. Es muy raro que sean agradecidos y que aprecien algo, es por eso que dan por sentado a sus cónyuges en vez de verles como una bendición del Señor.

En contraste, los que viven bajo la gracia y que confían en el favor inmerecido del Señor todo el tiempo son agradecidos, adoran a Dios y dan gracias a Jesús. Son agradecidos y aprecian a las personas que les rodean.

Cuando todavía era estudiante universitario, tenía una idea del tipo de esposa que quería, por lo que le presenté mi pedido al Señor. Pero, ¿sabes qué? Me dio más de lo que le pedí: a Wendy. En verdad estoy agradecido al Señor por ella, sé que es el favor inmerecido de Jesús. Cuando contemplo a Jessica, sé que no merezco una hija tan hermosa, pero de todas formas el Señor me dio esta niña preciosa. Verás, amigo, amiga, yo no hice nada para merecerlo, pero el Señor me bendijo con una familia maravillosa. Las personas que viven bajo la gracia en verdad pueden disfrutar de las bendiciones que le rodean porque saben que esas bendiciones son inmerecidas.

La imagen del hombre bendecido

Echemos una mirada a algunas de las imágenes que la Biblia expone en Jeremías 17. La Palabra de Dios es asombrosa. En la Biblia Él nos habla a través de imágenes hechas con palabras. Dice que el hombre maldito "será como una zarza en el desierto". ¡Qué imagen tan triste! Una persona que siempre confía en sí misma es como una zarza seca, que se ve vieja, cansada y demacrada.

Pero gracias a Dios, la Biblia no se detiene con la descripción del hombre maldito. Jeremías 17:7-8 continúa relatando: "Bendito el hombre que confía en el SEÑOR, y pone su confianza en él. Será como un árbol plantado junto al agua, que extiende sus raíces hacia la corriente; no teme que llegue el calor, y sus hojas están siempre verdes. En época de sequía no se angustia, y nunca deja de dar fruto". ¡Oh!, ya sé qué clase de hombre prefiero ser. La verdad, ¡una imagen vale más que mil palabras! ¡Quiero que te veas a ti mismo como este árbol plantado por las aguas de hoy!

Cuando estaba de vacaciones con Wendy en las alucinantes Montañas Rocosas de Canadá, pasamos mucho tiempo paseando y admirando el esplendor de la creación de nuestro Padre celestial. Al pasear por la orilla de un río tranquilo que habíamos divisado, encontramos un árbol majestuoso anclado en la orilla. Su tronco era fuerte y macizo, y sus ramas se estiraban para formar un dosel perfecto. En comparación con los otros árboles que estaban más lejos del río, sus hojas eran refrescantemente verdes y seductoras. Eso se debía a que el árbol estaba constantemente nutrido por el río.

Al mirar aquel árbol hermoso e impresionante, no pude evitar recordar al hombre bendito que describe Jeremías 17, por lo que me dije a mí mismo: "¡Soy como este árbol en el nombre de Jesús!". Cuando dependes y confías en el Señor, tú también eres como ese árbol. Jesús hará que seas la imagen de la fuerza maciza, la vitalidad y el buen éxito. Mírate como un árbol hermoso plantado por las aguas. ¡La Palabra de Dios dice que incluso cuando llegue el calor, no tendrás miedo!

¿Notaste una diferencia vital entre el hombre bendecido y el hombre maldecido? Aunque el hombre maldecido no puede ver lo bueno cuando llega, ¡el bendecido no teme ni que llegue el calor! Una versión de la Biblia dice que el hombre bendecido "*no verá* cuando llegue el calor". Eso es asombroso. Significa que el calor le llega incluso al hombre bendecido pero —aunque es consciente de que hay calor—, continúa siendo fuerte y floreciendo. Será como un árbol cuyas hojas siguen siendo verdes. Cuando eres como el hombre bendecido, ¡eres verde para siempre! Disfrutarás de la salud, la juventud, la vibración y la dinámica divina.

Aunque el hombre bendecido esté consciente de que hay calor, continúa siendo fuerte y floreciendo.

Cuando eres bendecido, tu cuerpo está lleno de vida mientras el Señor renueva tu juventud y tu vigor. Tu salud no te fallará ni tampoco perderás tu vitalidad. No habrá estrés, miedo ni ataques de pánico porque el hombre bendecido "en época de sequía no se angustia". Época de sequía habla de una hambruna severa, y en nuestro idioma vernáculo moderno, eso no difiere de la caída financiera global, el colapso global de las inversiones bancarias, los mercados de valores volátiles y la inflación. Aunque para el mundo sean malas noticias, el hombre bendecido puede seguir reposando y no angustiarse porque Dios ha prometido que incluso en medio de la crisis, "nunca dejará de dar fruto". ¿Cómo es eso? ¡Así es porque él pone su fe en el Señor!

A fines de la década de los noventa, me paré un día frente a la congregación y le dije que el Señor me había dado una palabra de sabiduría. Dijo que iba a llegar una escasez y una hambruna financiera a Asia. Pero al mismo tiempo, también dijo que incluso cuando la hambruna golpeara, no tendríamos que preocuparnos porque Él cuidaría de nosotros y nuestra iglesia tendría más que suficiente para ayudar a los necesitados.

Unos meses después, el Thai Bath (moneda tailandesa) cayó de pronto y de manera dramática. Eso produjo un efecto dominó en toda la región, llevándonos a la crisis financiera en Asia. Durante ese tiempo, nuestra iglesia, por la gracia de Dios, tenía el privilegio de financiar económicamente a otras congregaciones tanto en nuestra nación como en la región. Dios fue capaz de utilizarnos para ayudar a que algunos de esos ministerios salieran a flote y no tuvieran que reducir personal. También fuimos capaces de ayudar las preciadas vidas bajo su cuidado que estaban atravesando tales dificultades económicas.

La Palabra de Dios se cumplió y seguimos adelante sin sufrir la crisis. En efecto, en mi iglesia había persona que hasta se beneficiaron, comprando casas y autos nuevos a precios muy reducidos. Incluso en la época de hambruna, sus negocios, sus carreras y su salud económica continuaron floreciendo y no dejaron "de dar fruto".

No nos arrogamos crédito alguno por esas bendiciones. Sabemos que llegaron plena y completamente por el favor inmerecido del Señor. Nuestra parte fue solo seguir confiando en Jesús con nuestra esperanza en Él. En el Nuevo Testamento, la palabra griega para "esperanza" es *elpis*, que significa "esperar lo bueno".[3] ¡Continúa con tu esperanza en el Señor!

Nuestra iglesia experimentó las mismas bendiciones durante la caída financiera global de 2008 a 2009. Antes de que sucediera la crisis hipotecaria subprime, el Señor ya estaba preparando a nuestra gente. Un domingo, mientras predicaba, le dije a la iglesia que no asumiera ninguna deuda nueva. Les sugerí que esperaran para comprar casa, autos o cualquier cosa cara y que mantuvieran sus deudas al mínimo. Mucha gente en nuestra iglesia comenzó a aprovisionarse y cuando llegaron los problemas económicos, ya estaban preparados.

En otra ocasión, cuando el mercado de valores de mi nación estaba en la más alta cúspide de todos los tiempos, antes de colapsar, le profeticé a mi iglesia y los alenté a salirse del mercado de valores a pesar de que muchos estaban intentando entrar. Luego, en solo un par de meses, colapsó Bears Sterns, seguido de Lehman Brothers. Todos sabemos que eso llevó a un frenesí masivo en los mercados financieros globales y se perdieron billones de dólares durante el pánico en las ventas que siguió.

Tiempo después, uno de los líderes más destacados de mi iglesia, que trabaja en uno de los mayores bancos de Estados Unidos, me dijo que había traído a un amigo a la congregación el domingo en que le dije a la feligresía que se salieran del mercado de valores, y yo había utilizado la palabra "volátil" para describir la situación venidera. Su amigo, que estaba calificado y era conocedor de la economía, comenzó a tomar acciones precavidas en sus inversiones basándose en las expectativas de las condiciones volátiles y en lugar de perder dinero de sus inversiones, obtuvo ganancias sustanciales de ellas.

Ahora, para aquellos que no me conocen, yo no monitoreo el mercado de valores y no sé mucho acerca de inversiones. En verdad, no hace mucho tiempo, cuando estaba predicando en una conferencia en el exterior, visité una tienda de libros y hojeé uno titulado *Investing For Dummies* [Inversiones para tontos]. Ahora, esto es un poco embarazoso para mí, pero voy a decirlo de todas formas: ¡no lo entendí! ¿Qué te dice eso acerca de mí y de las inversiones? No te rías tan fuerte. Soy pastor, no corredor de bolsa. Pero soy así. Pregúntale a cualquiera de mis líderes y te dirá que no leo publicaciones mercantiles y no tengo interés en el sube y baja del mercado de valores. ¡Toda la gloria es del Señor por preparar a la iglesia y proteger a nuestra gente de la avalancha financiera que venía!

Nuestra feligresía ha estado apoyando iglesias, ministerios y misioneros alrededor del mundo en tiempos de crisis gracias al favor inmerecido del Señor. Les hemos dado de manera generosa a los necesitados y a los que no tenían en nuestra nación, ayudando a alimentar a los hambrientos y a abrigar a los pobres. Toda nuestra iglesia, que en ese momento llegaba a más de diecinueve mil personas, fue parte de una iniciativa nacional para ayudar a los pobres con camiones llenos de provisiones. También hubo muchos que compraron utensilios necesarios como camas, refrigeradores y lavarropas para familias que no podían comprarlos. Asumimos con humildad que durante ese período, el Señor continuó bendiciéndonos para que fuéramos de bendición para los demás. Pero nuestra gloria no son nuestras buenas obras. Nuestra gloria es el Señor y su amor por nosotros.

La única manera de que un creyente pueda caer en la maldición

"Pastor Prince, ¿es posible ser cristiano y aun así confiar en nuestro propio esfuerzo?"

Sí, definitivamente. Hoy en día hay creyentes que prefieren depender de sí mismos antes que de Jesús. Solo dependen de Cristo para su salvación, sin embargo, centran la mirada en sí mismos en lo que respecta al éxito en sus familias, sus carreras y sus finanzas.

"¿Qué sucede cuando un creyente confía en su propio esfuerzo y rechaza la gracia de Dios?"

Todos los creyentes estamos redimidos de la maldición de la ley por medio de la obra cumplida por Jesús. Pero cuando un creyente rechaza la gracia de Dios y depende de sus propias obras para ser bendecido, vuelve a caer en la maldición de la ley. Esta es la única manera en la que el creyente puede volver a caer en la maldición de la ley. Su rechazo a la gracia de Dios no significa que pierda su salvación. Solo significa que él mismo no se permite disfrutar de la totalidad de las bendiciones que Jesús compró para él con su sangre, ni se convierte en la persona bendecida de la que hemos estado hablando en este capítulo.

Cuando vuelves a depender de tus propias obras para recibir bendición, regresas al sistema de la ley y caes en su maldición.

Cuando rechazas la gracia de Dios caes de nuevo en las obras de la ley. Contrario a la creencia popular, caer de la gracia no significa caer en pecado. De acuerdo con la Biblia, caer de la gracia es volver a caer en las *obras* y en el viejo pacto de la ley. Gálatas 5:4 declara que "Aquellos de entre ustedes que tratan de ser justificados por la ley, han roto con Cristo; han *caído de la gracia*".

Cuando vuelves a depender de tus propias obras para recibir bendición, regresas al sistema de la ley y caes en su maldición. El apóstol Pablo lo expone de manera muy clara en Gálatas 3:10: "Todos los que viven por *las obras que demanda la ley* están bajo maldición...". Seamos claros en esto. *No* es Dios quien te maldice. La ley es la que te condena. Nadie puede llegar a los estándares perfectos de la ley. El versículo continúa diciendo: "Maldito sea quien no practique fielmente *todo* lo que está escrito en el libro de la ley". La ley es un estándar imposible de cumplir y saca a relucir lo peor de cada uno. Nadie puede seguir la ley al pie de la letra. El momento en el que fallas en un solo aspecto de ella, eres culpable de fallar en todos los demás.

Gálatas 3:11-12 continúa diciendo: "Es evidente que por la ley nadie es justificado delante de Dios, porque 'el justo vivirá por la fe'. La ley no se basa en la fe..." Espero que estés llegando a un punto en el que te des cuenta de que nadie puede seguir la ley a la perfección y ser justificado. Solo se nos justifica por la fe y es por eso que los rectos —tú y yo— viviremos con fe. ¿Fe en qué? ¡Fe en la obra cumplida por Jesús! Seamos ese hombre bendecido cuya confianza está en el Señor y no en su propio esfuerzo físico.

De manera que permite que te muestre dos versículos muy importantes que necesitas conocer. De acuerdo con Gálatas

3:13-14, "*Cristo nos rescató de la maldición de la ley* al hacerse maldición por nosotros, pues está escrito: 'Maldito todo el que es colgado de un madero'. Así sucedió, para que, por medio de Cristo Jesús, la bendición prometida a Abraham llegara a las naciones...". Notemos que Cristo tuvo que morir en la cruz para redimirnos de la maldición de la ley, no de la maldición del pecado. La mayoría de la gente cree que serán maldecidos cuando pequen, pero eso no es lo que dice la Palabra de Dios. Dice que Jesús nos ha redimido de la maldición de la ley.

De modo que incluso si fallas, la ley no te puede condenar porque estás perdonado y justificado por Jesús. Hay esperanza cuando fallas y poder para ti para que *no falles más* por medio de Jesús. Pero, ¿qué esperanza hay cuando vuelves a caer en el sistema de la ley y a depender de tu propio esfuerzo para ser justificado? La ley misma te podría maldecir y las bendiciones de Abraham no podrán fluir en tu vida. El pecado ya no es un problema porque Jesús se hizo cargo de eso en la cruz con su propia sangre. ¡El problema es que el hombre insiste en confiar en su propio esfuerzo!

La definición del rey David: el hombre bendecido

¿Quieres conocer la definición del rey David respecto del hombre bendecido? Echemos una mirada a Romanos 4:6-8: "David dice lo mismo cuando habla de la dicha de aquel a quien Dios le atribuye justicia sin la mediación de las obras: '¡Dichosos aquellos a quienes se les perdonan las transgresiones y se les cubren los pecados! ¡Dichoso aquel cuyo pecado el Señor no tomará en cuenta!'". ¿Puedes ver la bendición de este hombre? La Biblia no dice que no peca. Dice que su bendición es que incluso cuando peca, ¡ese pecado *no* le será imputado! ¿Por qué? ¡Porque todos sus pecados ya han sido imputados y castigados en el cuerpo de Cristo!

"Pastor Prince, ¿está diciendo que un creyente igual puede pecar?"

Antes de contestar tu pregunta, permite que te diga la definición de pecado. En el Nuevo Testamento, la palabra griega para "pecado" es *hamartia*, que literalmente significa "errar el blanco".[4] Una vez que entiendes la definición de pecado, verás que la pregunta más adecuada y correcta que puedes hacer es si incluso un creyente puede "errar el blanco". La respuesta es obvia: incluso los creyentes errarán el blanco de vez en cuando.

Entonces, la cuestión más pertinente es si el creyente sigue siendo justo cuando yerra el blanco. La definición davídica de un hombre bendecido responde esta pregunta: "[esta es] la dicha de aquel a quien Dios le atribuye justicia sin la mediación de las obras… les perdonan las transgresiones [en caso de errar el blanco] y se les cubren los pecados [en caso errar el blanco]; dichoso aquel cuyo pecado [instancias de errar el blanco] el Señor no tomará en cuenta".

Ahora, al saber que Dios no te imputa tus pecados cuando yerras el blanco ¿deseas salir y pecar? ¡De ninguna manera! Su favor inmerecido te transforma y llena tu corazón de amor y agradecimiento a Él. Al saber que estás completa y eternamente perdonado por Dios, puedes correr sin vergüenza a Él y llevarle toda tu necesidad. Te conviertes en alguien que confía en el Señor y cuya esperanza está en Él.

Debido a que confías en el Señor, no temerás
cuando llegue el calor, sino que tus hojas serán
siempre verdes, y no tendrás angustia en las épocas
de sequía ni tampoco dejarás de dar fruto.

¿Cuál es el resultado de todo ello? Te declaro, en nombre de Cristo, que serás como un árbol plantado junto a un río, que expande sus raíces al agua. Porque confías en el Señor, no temerás cuando llegue el calor, sino que tus hojas serán siempre verdes, y no tendrás angustia en las épocas de sequía ni tampoco dejarás de dar fruto. ¡Te encontrarás experimentando las bendiciones del hombre bendecido en todas las áreas de tu vida!

Capítulo 16

Cómo caminar en la bendición de Abraham

n el capítulo anterior mostré las diferencias entre un hombre bendecido y uno maldecido. ¡Qué imagen gloriosa y majestuosa la que ilustra la Biblia en cuanto al hombre bendecido, es como un árbol plantado junto a las aguas! Pero la Biblia es muy rica y emocionante. Con solo estudiar la palabra "bendición", podemos deducir mucho más acerca del amor del Señor por ti y por mí. Creo que cuanto más profundizas en esa palabra, más te prepara el Señor para entrar en una dimensión más grandiosa y perspicaz de sus bendiciones para ti. Profundicemos ahora mismo.

La palabra en hebreo para "bendición" es *barak*, mientras que el vocablo griego es *eulogeo*. De acuerdo con *Theological Workbook of the Old Testament* [Palabras teológicas del Antiguo Testamento], ambos términos significan imbuir con poder para el éxito, la prosperidad, la fecundación (posibilidad de tener hijos) y la longevidad.[1]

Ahora bien, no entiendo por qué hay tantos creyentes que luchan contra los ministerios que proclaman la verdad de que Dios quiere darnos éxito, prosperidad y salud. Esos creyentes no se dan cuenta de que en realidad están luchando para vivir enfermos y pobres. ¿No se dan cuenta de que tanto la enfermedad como la pobreza pertenecen al reino de la maldición? ¿No se dan cuenta de que Jesús creó un estilo de vida para que vivamos por su favor inmerecido y para que entremos al reino de sus bendiciones?

Es tiempo de que los creyentes sean como el apóstol Pablo, que dejen de ser apologéticos en cuanto a las buenas noticias que hemos recibido. Pablo declaró: "A la verdad, no me avergüenzo del evangelio, pues es poder de Dios para la salvación de todos los que creen: de los judíos primeramente, pero también de los gentiles. De hecho, en el evangelio se revela la justicia que proviene de Dios, la cual es por fe de principio a fin, tal como está escrito: 'El justo vivirá por la fe'".[2] El evangelio (que significa "buenas noticias") de Cristo Jesús es *el* poder de Dios para la salvación. Esto significa que *no* hay otro poder para tu salvación excepto el evangelio de Cristo Jesús.

Por cierto, "salvación" no solo se relaciona con ser salvado del infierno. Aquí la palabra griega para "salvación" es *soteria*. Su significado abarca la liberación, la preservación, la seguridad y la salud.[3] La salvación del Señor en tu vida es completa y santa, y se basa en tu creencia y tu dependencia por la fe en *su* justicia. Que no te avergüence lo verdaderamente excelente que es la buena noticia de Jesús. Que no te avergüence el hecho de que Jesús tiene el poder para darte el buen éxito, para sanar tu cuerpo, para hacer que todo lo que toquen tus manos prospere, para bendecirte con hijos y para darte la satisfacción de una vida larga.

La bendición de Abraham

Jesús quiere que experimentes sus bendiciones. Las bendiciones de Dios son parte de nuestra herencia en el nuevo pacto de gracia, por el que Cristo murió para entregarnos. La Palabra de Dios dice que "Cristo nos rescató de la maldición de la ley al hacerse maldición por nosotros... para que, por medio de Cristo Jesús, la *bendición prometida a Abraham* llegara a las naciones, y para que por la fe recibiéramos el Espíritu según la promesa".[4] ¿No es interesante que el Señor sea tan específico al mencionar que Cristo se hizo maldición por nosotros en la cruz, para que podamos experimentar y disfrutar de la bendición de Abraham? Él no quiere que simplemente experimentemos cualquier tipo de bendición. Quiere que vivamos *la bendición de Abraham*. Entonces, creo que eso nos motiva a descubrir qué es "la bendición de Abraham" y quién puede recibirla.

Todo aquel que cree en Cristo es heredero.

La Biblia dice que "si ustedes pertenecen a Cristo, son la descendencia de Abraham y herederos según la promesa".[5] ¿Perteneces a Cristo? ¿Perteneces a Jesús? Entonces eso te hace heredero *según la promesa*. Todo aquel que cree en Cristo es heredero. Siempre que escuches la palabra "heredero", se referirá a algo bueno: a una herencia por la cual no trabajas; una herencia que es tuya, no por lo que hagas, sino *de quién* eres. En este caso, como creyente del nuevo pacto en Jesús, le perteneces a Él y tienes una herencia en Cristo comprada con sangre como simiente de Abraham. ¡Tú, querido, querida, eres un heredero según *la* promesa!

La promesa de Dios a Abraham

Ahora bien, en la Biblia hay muchas promesas, pero, ¿cuál fue la que Dios le hizo a Abraham? No podemos reclamar esa promesa si no sabemos qué es. Necesitamos ir a la Palabra (utiliza la Biblia para interpretarla a ella misma) para establecer qué es la promesa. Hallamos la respuesta en Romanos 4:13: "En efecto, no fue mediante la ley como Abraham y su descendencia recibieron *la promesa* de que él sería *heredero del mundo*, sino mediante la fe, la cual se le tomó en cuenta como justicia".

En Cristo eres un heredero del mundo, de sus bienes, de sus dotes, de sus riquezas, de sus ventajas y de sus placeres.

La promesa a Abraham y a sus descendientes (tú y yo) es que él sería el "heredero del mundo". En el texto original en griego, la palabra "mundo" se escribe *kosmos*. Su significado incluye "todo el círculo de los bienes terrenales, los dotes, las riquezas, las ventajas y los placeres".[6] Ahora, ¡*eso* es lo que eres como heredero por medio de la obra finalizada de Jesús! En Cristo, eres heredero del mundo, de sus bienes, sus dotes, sus riquezas, sus ventajas y sus placeres. Esta es *la* promesa que Dios le hizo a Abraham y a su simiente. No te disculpes por ella. ¡Es tu herencia en Cristo!

Eres heredero del mundo

¿Qué significa ser heredero del mundo? Echemos una mirada a la vida de Abraham para ver lo que hizo el Señor por él. La Palabra de Dios nos cuenta que Abraham no solo se volvió rico. Se hizo muy rico.

"Bueno, pastor Prince, ser heredero del mundo se refiere a las riquezas espirituales."

Espera, eso no es lo que dice mi Biblia. De acuerdo a Génesis 13:2: "Abram se había hecho muy rico en ganado, plata y oro". Ahora bien, si las bendiciones económicas no son parte de las bienaventuranzas del Señor, entonces ¿me estás diciendo que el Señor maldijo a Abraham con riquezas? Me alegra mucho que Dios definiera las riquezas de Abraham muy específicamente. Dios debe haber previsto una generación de gente religiosa que discutirían que Él está en contra de que su pueblo experimente el éxito económico, de modo que en su Palabra dijo claramente que Abraham era muy rico en ganado, plata y oro. Abraham no era rico solo espiritualmente. Queridos, Dios no está en contra de que poseas riquezas, sino de que las riquezas te posean a ti.

El Señor bendijo a Abraham para que pudiera ser de bendición para los demás. Le dijo a Abraham: "Te bendeciré … y serás una bendición".[7] De manera similar, te bendecirá económicamente, para que puedas ser una bendición para otros. No puedes ser una bendición para los que están a tu alrededor —tus seres queridos, la iglesia local, la comunidad y los pobres— sin antes ser bendecido por el Señor.

Supongamos que sabes que Dios te está llamando para que hagas algo, como un viaje de misionero, apoyar a un ministerio, construir una iglesia o bendecir a un misionero. Pero no puedes hacerlo porque ni siquiera tienes lo suficiente para mantener a tu familia. Ahora bien, ¿qué se ha vuelto más importante en tu vida? ¿Dios o el dinero? Dios dice: "Ve", pero tu billetera dice "No". ¿Cuál respuesta es más importante en esta situación? Aquí hay algo que no encaja. Aun así, hoy en día hay creyentes que siguen creencias religiosas tradicionales que no son bíblicas en lugar de buscar la verdad de Dios. Esas creencias han mantenido a la iglesia cautiva durante décadas y por eso es que por lo general el mundo ve a la iglesia como pobre, incapaz y en deuda. Es por eso que el mundo usa el siguiente refrán: "Pobre como un *ratón* de iglesia". (Pero en el mundo, ¡incluso Mickey Mouse es próspero y tiene un reino mágico!)

Ser heredero del mundo implica las bendiciones económicas

Lo irónico es que si examinaras las vidas de aquellos creyentes que luchan contra la enseñanza de que Dios bendice a sus hijos con más que suficiente, verías que no tienen problemas para mantener una casa linda y darles a sus hijos la mejor educación que el dinero puede comprar. Aun cuando no creen que Dios quiere bendecirnos en lo económico, es probable que los encuentres buscando oportunidades para invertir, esperando ascensos en sus carreras o considerando perspectivas de trabajo mejores para ganar más.

Lo triunfal de que, como creyentes del nuevo pacto, podamos creerle a Dios, es el éxito bueno y santo que cubre todas las áreas de nuestras vidas.

Verás, ellos no tienen problema con acumular riquezas para sí mismos y vivir bien, pero lo tienen cuando les contamos que el éxito económico proviene de Dios. Prefieren creer en su esfuerzo propio y decir que alcanzaron el éxito gracias a "su propio esfuerzo" en lugar de darle el crédito a Dios. En lugar de estar de acuerdo con la enseñanza de que Dios es la fuente de todas las bendiciones, la atacan. Pero no te dejes engañar, amigo, amiga, toda bendición que hoy tenemos, toda buena dádiva y todo don perfecto, fluye directamente del río del favor inmerecido de Dios.[8]

Nuestro Padre celestial quiere hacer de ti un éxito y ese éxito incluye lo económico. Tú ya sabes que las finanzas solas no te hacen exitoso. Hay en el mundo mucha gente "pobre" que tiene mucho dinero. Pueden tener grandes cuentas bancarias, pero sus corazones están vacíos sin la revelación del amor de Jesús por ellos. Tú y yo tenemos algo de parte de Jesús que es muy superior. Lo triunfal de que, como creyentes del nuevo pacto, podamos creerle a Dios, es el éxito bueno y santo que cubre todas las áreas de nuestras vidas.

"Bueno, pastor Prince... la Biblia dice que el dinero es la raíz de todo lo malo. ¿Qué dice en cuanto a eso?"

Muchas veces se cita la Biblia erradamente en cuanto a esto. La Escritura no indica que el dinero sea la raíz de todo lo malo. Dice que "el amor al dinero"[9] es la raíz de todo lo malo. A causa de esta mala interpretación y enseñanza errónea, muchos creyentes han sido engañados. Cuando el Señor intenta bendecirlos, ellos rechazan sus bendiciones porque creen que tener más dinero los llevará a todo tipo de males. Capta lo que te estoy diciendo. Tener más dinero no significa necesariamente que lo ames.

¡Cuanto más ocupado estés con Jesús, más dinero tendrás después!

Lo que mantiene tu seguridad en cuanto al éxito económico es que sepas que tus bendiciones provienen del favor inmerecido de Cristo. Cuando tienes esa revelación, ya no te preocupa tener dinero porque te interesa más el Señor. Te sorprenderá darte cuenta de que cuando más ocupado estés con Jesús, más dinero tendrás después. Ahora bien, ¿por qué sucede eso? Simplemente porque cuando buscas primero el reino de Dios, y pones a Jesús, a su justicia (no tu justicia propia), su gozo y su paz como prioridad, la Palabra de Dios te promete que te serán añadidas TODAS las cosas materiales que necesites.[10]

El Señor siempre te da dinero con una misión y te da prosperidad con un propósito. Te bendice y cuando eres bendecido, puedes ser una vasija para bendecir a los demás. Cuando envías la Palabra de Jesús con tu apoyo económico, el evangelio de la gracia puede ser predicado, las iglesias pueden ser construidas, las vidas preciosas pueden ser tocadas, los pecadores pueden nacer de nuevo, los matrimonios pueden restaurarse y los cuerpos pueden ser sanados.

No ames el dinero ni utilices a las personas. Utiliza el dinero para amar a las personas. Que en tu corazón se instale de una vez por todas, la verdad de que el deseo de Dios para ti es que seas exitoso económicamente y tengas más que suficiente. Está claro que no puedes ser un heredero del mundo si estás constantemente en quiebra y con deudas.

Tus bendiciones implican salud y renovación de juventud

Ahora echemos una mirada a lo más significativo de ser un heredero del mundo. ¿Qué otras bendiciones recibió Abraham? Sabemos que se hizo rico y fuerte, al igual que Sara, su esposa. El Señor renovó su juventud de manera tan drástica que cuando tenía algo así como cien años y Sara noventa, esta concibió a Isaac luego de muchos años de esterilidad.

Al principio de este capítulo, mostré que cuando Dios bendice, sus bendiciones incluyen la fecundación, que es la posibilidad de tener hijos. Nadie puede discutir que la renovación de la juventud de Abraham y de Sara fue solo espiritual. Isaac es la prueba de que la renovación que experimentaron también fue física. Como heredero del mundo, el Señor también te hará fuerte y rico a ti.

No es posible ser un heredero el mundo si todo el tiempo estás fatigado, enfermo y caído de espaldas. ¡De ninguna manera! ¡Dios te hará rico y te mantendrá con riquezas divinas en el nombre de Jesús!

Hace algunos años le pregunté al Señor por qué la Biblia llama hijas de Sara a todas las mujeres creyentes.[11] Había muchas otras mujeres de fe en la Biblia, como Rut y Ester. ¿Por qué Dios no eligió referirse a las mujeres creyentes como hijas de Rut o de Ester? Entonces el Señor me enseñó en su Palabra que Sara fue la única mujer a la que se le renovó la juventud cuando ya era mayor. Vemos la evidencia de tal renovación cuando fue perseguida dos veces por dos reyes diferentes que querían incluirla en sus harenes.

¿Sabes la edad que tenía Sara cuando Faraón, el primero de estos reyes, la quiso? ¡Tenía aproximadamente sesenta y cinco años! Ahora, si esa evidencia no es suficiente, ¿sabes cuántos años tenía Sara cuando Abimélec, rey de Guerar, la quiso? ¡Tenía cerca de noventa años! Oye, estos eran reyes paganos. Estoy seguro de que no quedaron cautivados por su belleza interior o espiritual. Sara debe haber tenido una belleza física renovada para que esos monarcas la desearan siendo tan vieja. Señoras, ¿están entendiendo esto? El Señor las llama hijas de Sara. ¡Pueden confiar en el Señor para que les renueve su juventud como lo hizo con Sara!

La Palabra de Dios te promete renovar tu juventud y tu fuerza. Hay dos pasajes en la Biblia que quiero que leas. El Salmo 103:1-5 dice:

> Alaba, alma mía, al SEÑOR; alabe todo mi ser su santo nombre. Alaba, alma mía, al SEÑOR, y no olvides ninguno de sus beneficios. Él perdona todos tus pecados y sana todas tus dolencias; él rescata tu vida del sepulcro y te cubre de amor y compasión; él colma de bienes tu vida y *te rejuvenece como a las águilas.*

Mientras que Isaías 40:31 promete lo siguiente:

> Pero los que confían en el SEÑOR renovarán sus fuerzas; *volarán como las águilas:* correrán y no se fatigarán, caminarán y no se cansarán.

Como en el caso de Sara, podemos experimentar una renovación literal en nuestros cuerpos. Creamos en Dios para que renueve nuestra juventud, de modo que tengamos un cuerpo completamente nuevo, aunque con una *mente sabia y experimentada*. Bueno, esa es una combinación poderosa y ese es el tipo de renovación que Dios quiere darnos.

"Pastor Prince, siga hablando de las bendiciones de salud, riqueza y buen éxito. Sabía que es uno de esos que predican el evangelio de la prosperidad... ¡uno de esos predicadores ricos y saludables!"

Amigo, amiga, no hay tal cosa como un "evangelio de la prosperidad". Solo hay un evangelio, el de Cristo Jesús. Cuando tienes a Jesús y dependes de su favor inmerecido, todas esas bendiciones te son añadidas. ¿De qué preferirías que predicara? ¿De que Dios quiere que permanezcas enfermo y pobre? Supón que visites a tus amigos no creyentes para decirles: "Hola fulano, Dios quiere que estés enfermo y seas pobre. ¿Quieres ser cristiano?". Casi seguro que te responderían: "No, gracias. ¡Ya tengo suficientes problemas en este momento!".

No hay tal cosa como un "evangelio de la prosperidad".
Solo hay un evangelio, el de Cristo Jesús.

Es sorprendente que hoy haya creyentes que luchen contra la enseñanza de que Dios sana. ¿No se dan cuenta que en realidad están luchando por el derecho de estar enfermos? Aún así, en el momento en el que se enferman, no tienen reparo en ver a un doctor y tomar medicamentos, o de ir al hospital. Ahora, si en verdad creen que el plan de Dios para ellos es que estén enfermos y que les está enseñando algunas lecciones, ¿por qué van en contra de su voluntad al tratar de mejorar? Es claro que aquí hay algunas incongruencias.

El plan de Dios para ti *no* es que estés enfermo. Las enfermedades, los virus y los malestares no provienen de Él, y la realidad es que tampoco te mandaría enfermedades para enseñarte una lección, ¡de la misma manera que tú no les mandarías enfermedades a *tus* hijos para enseñarles algo! Ten muy en claro que Dios no te disciplina ni te disciplinará con enfermedades, accidentes o malestares. Estamos del mismo lado que los doctores, luchando la misma batalla contra las enfermedades.

Queridos, queridas, es muy importante que entiendan bien estas doctrinas para que crean de una manera correcta. ¿Qué esperanza hay y cómo puedes tener expectativa para sanar si piensas erróneamente que la enfermedad proviene de Dios? Es momento de que dejes de ser engañado por enseñanzas malignas. Solo observa el ministerio de Jesús para que veas el amor que Dios siente por ti. Analiza los cuatro evangelios. ¿Qué sucedía cada vez que Jesús entraba en contacto con una persona enferma? ¡El enfermo sanaba! Nunca encontrarás a Jesús acercándose a una persona perfectamente sana para decirle: "Quiero enseñarte una lección de humildad y paciencia. Por eso, ¡toma un poco de lepra!". ¡De ninguna manera! Sin embargo, eso es básicamente lo que algunos están diciendo hoy en día acerca del Señor.

Jesús quiere bendecirte con más que suficiente para que puedas ser de bendición a los demás.

Ahora, dime, ¿qué sucedía cada vez que Jesús veía carencias o necesidades? Cuando el joven llevó sus cinco panes y sus dos pescados a Jesús, ¿se los comió y le dijo: "Estoy dándote una lección de pobreza"? ¡Por supuesto que no! Jesús tomó los cinco panes y los dos pescados, los multiplicó y alimentó a más de cinco mil personas y ¡sobraron doce canastas llenas![12] ¡Ese es mi Jesús! ¡Ese es mi Salvador! Jesús no alimentó a aquella multitud de personas únicamente con suficiente comida. Las bendijo con *más que suficiente*. Él es el Dios de la abundancia, ese es su estilo. De la misma manera, Jesús quiere bendecirte con más que suficiente, ¡para que puedas ser una bendición para los demás!

Ve la bendición de Dios en la simiente natural de Abraham

Ahora bien, veamos la simiente natural de Abraham, el pueblo judío. ¿Alguna vez te has preguntado cómo de una pequeña nación han surgido algunos de los inversionistas, pensadores, músicos, empresarios, científicos, académicos y filósofos más grandes de la humanidad? A continuación veamos algunos de los judíos de los que quizás hayas escuchado hablar:

- Los Rothschild de Europa, que revolucionaron los bancos.

- Albert Einstein, cuyas teorías resultaron en una gran cantidad de inventos y descubrimientos, y cuya famosa ecuación —$E=MC^2$—, revolucionó el mundo científico.

- Alan Greenspan, que fuera presidente de la Reserva Federal de Estados Unidos desde 1987 hasta el 2006.

- Steven Spielberg, el director y productor más famoso de Hollywood.

- Levi Strauss, cuya compañía es quizás la productora de bluyines más reconocida de todo el mundo.

- Stan Lee, a quien millones de fanáticos de sus revistas cómic conocen como el genio detrás del Hombre Araña, X-Men, Hulk, los Cuatro Fantásticos y el Hombre de Hierro.

- Paul Allen, cofundador de Microsoft junto a Bill Gates.

- John Strauss II, célebre autor que compuso más de ciento setenta valses, incluido el Danubio Azul y el Vals del Emperador.

- Yehudi Menuhin, considerado uno de los mejores violinistas del siglo veinte.

Ahora bien, puede ser que no esté de acuerdo con la moral de algunos de estos judíos famosos, pero el hecho es que la lista de sus logros y de sus contribuciones a la humanidad sigue y sigue. Para ser una población tan pequeña, también han producido un número desproporcionado de ganadores de premios Nobel. De acuerdo a algunos informes, de setecientos cincuenta premios Nobel entregados entre 1901 y 2008, al menos ciento sesenta y tres de las personas que lo recibieron, o más del veintiuno por ciento, son judíos.[13]

A pesar de lo espectaculares que son los logros de los judíos, hoy solo disfrutan una gota, casi el residuo, de la bendición de

Abraham. Muchos de ellos no conocen a Jesús, solo tienen la sombra. Cuánto más deberíamos esperar tú y yo, que no tenemos *el residuo sino la sustancia completa* de Jesús en nuestras vidas.

El secreto para caminar en la bendición de Abraham es dejar de intentar merecerla. En lugar de ello, ejercita tu fe para creer que eres recto a través de la obra finalizada por Jesús.

Por tanto, ¿por qué es que no hay más creyentes del nuevo pacto, la simiente espiritual de Abraham, experimentando la bendición completa de Abraham? La respuesta yace en Romanos 4:13-16, que dice:

> En efecto, *no fue mediante la ley* como Abraham y su descendencia recibieron la promesa de que él sería heredero del mundo, *sino mediante la fe, la cual se le tomó en cuenta como justicia.* Porque si los que viven por la ley fueran los herederos, entonces la fe no tendría ya ningún valor y la promesa no serviría de nada. La ley, en efecto, acarrea castigo. Pero donde no hay ley, tampoco hay transgresión. Por eso la promesa viene por la fe, a fin de que por la gracia quede garantizada para toda la descendencia de Abraham; esta promesa no es sólo para los que son de la ley sino para los que son también de la fe de Abraham, quien es el padre que tenemos en común...

La bendición de Abraham para el creyente del nuevo pacto se anula y no tiene efecto cuando tratas de ganártela y merecerla por tus propios esfuerzos. Por eso, *el* secreto para caminar en la bendición de Abraham es dejar de intentar merecerla. En lugar de eso, ejercita tu fe para creer que eres recto a través de la obra finalizada por Jesús. Cuanto más consciente estés de su justicia, más bendiciones tendrás. ¡Comienza a experimentar hoy la bendición abrahámica cual heredero, confía plenamente en el favor inmerecido de Dios!

Capítulo 17

Heredero del mundo

l hecho de que Dios quiera que seas heredero del mundo deja claro su deseo de ver que vivas en victoria. Eso significa que desea que *reines* en esta vida. Quiere que imperes por sobre toda enfermedad, carencia financiera, miedo, adicción y ansiedad. No importa cuál sea tu problema en este momento, Jesús te ayudará ¡a vencerlo y a reinar sobre este! La Palabra de Dios promete que "si por la transgresión de un solo hombre reinó la muerte, con mayor razón los que *reciben* en abundancia la gracia y el don de la justicia *reinarán en vida* por medio de un solo hombre, Jesucristo".[1]

Amigo, amiga, aquí la palabra en la que nos enfocamos es "recibir". Porque reinar en vida no implica lucha o esfuerzo. Lo único que necesitas hacer es recibir; y no solo recibir inmerecido favor sino *abundante* inmerecido favor y ¡el *regalo* de la justicia! Uno jamás podría recibir demasiado favor inmerecido. El Señor quiere que sigas recibiendo y recibiendo su favor inmerecido hasta que tengas tanto como para reinar en vida. De eso trata este libro. Trata de la abundancia del inmerecido favor de Jesús en tu vida y oro porque, cuando termines de leer, estés tan saturado del inmerecido favor de Jesús que no puedas sino experimentar buen éxito en cada una de las áreas de tu vida.

Romanos 5:17 declara lisa y llanamente que la justicia es un don. Un don es un regalo, algo que no se puede ganar. Solo podemos recibirlo. Cualquier cosa que intentes ganar no puede llamarse regalo ¡porque el intento anula la definición misma de la palabra "regalo"! La mejor respuesta al don de la justicia es decirle a Jesús un enorme "Gracias" por darte justicia a través de su sangre. No intentes merecer su regalo haciendo buenas obras. Estarías insultando a Jesús, que ya te lo ha dado gratis. ¡Simplemente, recíbelo!

La promesa de que serás heredero del mundo es tuya, a causa de quién eres en Cristo.

De manera similar, no hay nada que puedas hacer para merecer la promesa de Dios de que serás *heredero* del mundo. La promesa es tuya a causa de *quién eres en Cristo*. Es tu herencia. Y como sucede con el regalo, lo único que puedes hacer con una herencia es recibirla. Hoy, Dios quiere que recibas la herencia —todas las bendiciones, promesas y beneficios— que la obra cumplida por Jesús te concede.

En el capítulo anterior, vimos por qué no todos los creyentes experimentan la manifestación de la bendición de Abraham, aun cuando se supone que la obtienen a través de Cristo. Vimos que según la Biblia, esa bendición no fue de Abraham o su descendencia por medio de la ley, sino por la justicia de la fe. Eso significa que el acceso a la bendición de Abraham no es por medio de nuestra capacidad para cumplir los Diez Mandamientos, sino al creer que somos hechos justos por la fe en Jesús. Romanos 4:13 dice: "En efecto, no fue mediante la ley como Abraham y su descendencia recibieron la promesa de que él sería heredero del mundo, sino *mediante la fe*, la cual se le tomó en cuenta como justicia". Aunque la Biblia es muy clara al respecto, hay muchos creyentes que siguen pensando que si enferman, por ejemplo, es porque no obedecieron a Dios en algo. Así se ha programado el pensamiento de la iglesia. Cuando sucede algo negativo los creyentes siempre miran hacia dentro y se preguntan: "¿Qué es lo que hice mal? ¿En qué fallé?".

Quiero que veas que la pregunta que debiéramos formular es esta: "¿En qué erré con mi fe?". Verás, es de suma importancia que sepas en qué crees. ¿Crees que eres hecho justo por tus obras? ¿O crees que, según la Palabra de Dios, eres hecho justo por la fe en Jesús? La Biblia es clara en cuanto a cómo llegará la bendición de Abraham a tu vida. Si no ves la manifestación de las bendiciones, sea en el aspecto de la salud, la economía, las relaciones o tu trabajo, es porque estás intentando ganártelas por medio de la ley y tu esfuerzo, cuando en realidad esas bendiciones solo llegan por medio de la justicia en la fe.

Vivir bien es resultado de creer bien**

"Pero, pastor Prince, ¿no piensa usted que nuestra conducta y desempeño son importantes?"

Sí, por supuesto que pienso que eso importa. Pero creo que nuestro desempeño como esposos, esposas, padres, madres, empleados e hijos de Dios es resultado de creer que somos hechos justos por la fe. Lo digo una y otra vez y no me cansaré jamás de repetirlo: uno se porta bien, es decir, vive bien, como resultado de creer bien, de creer en lo que tenemos que creer. Hay mucha gente que predica y centra la atención en portarse y vivir bien. Para ellos, vivir bien siempre se relaciona con ser más santo, con temer más a Dios, con hacer más, orar más, leer más la Biblia, servir más en la iglesia o dar más dinero para ayudar a los necesitados. Pero quiero decirte, amigo mío, amiga mía, que cuando centras la atención únicamente en la conducta visible, te ocupas nada más que de los elementos superficiales.

Y aunque la predicación fuerte que se centra en la santidad puede tener un efecto temporal en la conducta de las personas, no producirá un cambio duradero ni permanente. Quiero presentarte una analogía. Si quitas las malezas de tu jardín pero no las sacas de raíz, pronto volverán a crecer. Es lo que hace en la iglesia la predicación sobre la buena conducta en la vida. El problema parece resuelto por un tiempo, pero si quedan vivas las raíces, volverán a surgir las mismas malas conductas, los mismos malos hábitos y las mismas adicciones, como sucede con las obstinadas malezas.

** N. de T.: Tuve que insertar unas palabras para relacionar "vivir bien" con "portarse bien" o "creer bien" con "creer en lo que tenemos que creer", para no cambiar significativamente el discurso del autor.

*Cree bien y vivirás bien. Y también vale
lo opuesto: cree mal y vivirás mal.*

Durante décadas la iglesia ha estado predicando acerca de "vivir bien" sin cambios duraderos ni permanentes en la conducta de las personas. Es hora de que ataquemos la raíz, y la raíz está no en predicar la buena conducta, sino en predicar la *creencia adecuada*. Cree bien y vivirás bien. Y también vale lo opuesto: cree mal y vivirás mal.

Ser cristiano no tiene que ver con modificar la conducta. Tiene que ver con una transformación del corazón, un cambio interior. Comienza a ocuparte de la raíz y aférrate a las buenas enseñanzas que están llenas de Jesús y de la justicia que recibimos por la fe en Él. Cuando tu ancla se afirma en estos fundamentos inconmovibles, tu conducta visible se alineará con su Palabra y empezarás a transformarte a su imagen, ¡de gloria en gloria! ¡Y producirás el fruto de la justicia!

Solo para asegurarme de que no me malentiendas, quiero dejar algo claro en este momento: Yo, Joseph Prince, detesto el pecado y la mala conducta. Como pastor de una iglesia desde hace más de dos décadas, he visto con mis propios ojos los devastadores efectos del pecado. Destruye matrimonios y familias, causa enfermedades y básicamente, es como si rasgara a la persona, de adentro hacia fuera. Estoy del mismo lado que quienes predican contra el pecado y enseñan que hay que portarse bien y vivir bien. Pero difiero en que creo que la solución para detener al pecado no está en centrarse en la buena conducta, sino en la buena fe, en creer bien.

Creo lo mejor en cuanto a los hijos de Dios. Creo que los

que sinceramente creen en Jesús, los nacidos de nuevo, no buscan oportunidades para pecar, sino el poder para vencer al pecado y reinar. Incluso si sus acciones no son perfectas, creo que ya saben cómo debieran vivir y quieren hacerlo. Así que, creo también que mi función como pastor es ayudarles primero a creer bien. Cuando crean bien y sepan que son hechos justos por la fe y no por sus buenas obras, vivirán bien.

Vemos en la Biblia que las características de la buena conducta incluyen el dominio propio, la perseverancia, la bondad entre hermanos y el amor.[2] Pero, ¿sabías que la Biblia también nos dice por qué a algunos creyentes les faltan estas cualidades? 2 Pedro 1:9 dice: "En cambio, el que no las tiene es tan corto de vista que *ya ni ve, y se olvida de que ha sido limpiado de sus antiguos pecados*". ¡Ah! Este versículo nos dice, en esencia, que la razón por la que alguien no manifiesta esas cualidades de la buena conducta es porque ha olvidado que le han sido perdonados todos sus pecados y que recibió justicia por la fe en Jesús.

Así que ¡empieza a creer en lo que tienes que creer, a creer bien, y te portarás bien, y vivirás bien! Si no ves que estés viviendo bien en algún aspecto de tu vida en particular —tal vez se trate de una adicción secreta— fíjate en lo que crees en ese aspecto. En algún punto del camino has creído una mentira. Pero hay una buena noticia: ¡Cuando comienzas a confesar en ese aspecto que has recibido justicia a través de Jesús, estás a punto de romper con el problema que tienes! ¡Porque Jesús quiere hacerte libre!

Usa tu fe para creer que recibes justicia en Cristo

Puedes usar tu fe para muchos de los aspectos de tu vida, como la familia, la salud, las necesidades materiales y el trabajo. Pero el área más importante en que puedes usarla es la de la justicia. Cuando buscas primero el reino de Dios y su justicia, y no la tuya propia, la Biblia dice que "todas estas cosas" —las bendiciones por las que tú crees en Él— vendrán por añadidura.[3] Casi todas las veces que se menciona la fe en el Nuevo Testamento, y en especial en los escritos del apóstol Pablo, es en el contexto de la justicia en Cristo.

¿Sabes qué es lo opuesto a la fe? Muchos creyentes piensan que es el miedo. Pero esa respuesta no es bíblica. Lo opuesto a la fe, en realidad, son las obras. Puedes ver el contraste entre las obras y la fe en Gálatas 2:16: "Nadie es justificado por las obras que demanda la ley sino por la fe en Jesucristo". También sabemos que la promesa de que Abraham heredaría el mundo fue por la justicia por *la fe*, no por *las obras* de la ley.

Dicho sea de paso, si la fe no es lo opuesto al miedo ¿sabes qué lo es? La Biblia nos dice en 1 Juan 4:18 que "el amor perfecto echa fuera el temor". Esto quiere decir que lo opuesto al miedo es el amor. El perfecto amor de Jesús por ti ¡es la antítesis del miedo! Si sientes algún temor irracional, aprende a reemplazarlo por el perfecto amor y la aceptación de Jesús. No tienes por qué temer a la opinión de los hombres, ni esforzarte por lograr aprobación humana si estás lleno del perfecto amor de Jesús. Con su amor, te sentirás completo y seguro, como hijo de Dios que recibió su justicia.

Verás que el diablo ya no puede influir en ti

¿Sabes que al momento en que la bendición de Abraham se activa en la vida del creyente, se acaba la influencia del diablo sobre esa persona?

Ahora, imagínalo, si tú fueras el diablo. ¿Qué estrategias usarías, sabiendo que la promesa de que el creyente será heredero del mundo no depende de la ley sino de la justicia por la fe? Por supuesto que promoverías la ley, tanto como te fuera posible, y transformarías a todos tus demonios en agentes de venta y publicidad promotores de tal producto. La Palabra de Dios nos dice que "no es de extrañar, ya que Satanás mismo se disfraza de ángel de luz. Por eso no es de sorprenderse que sus servidores se disfracen de servidores de la justicia. Su fin corresponderá con lo que merecen sus acciones".[4]

Y no te detendrías allí. Lanzarías un ataque furibundo y total contra el mensaje de la justicia por la fe. Intentarías destruir la reputación de quienes prediquen ese mensaje. Harías lo posible por causar corto circuitos y sabotear justamente el canal mediante el cual Dios cumple la promesa de que los creyentes heredarán la tierra.

Abre los ojos a los artilugios del diablo ¡no permitas que te robe nada más! Cuando el Señor abrió mis ojos por primera vez al evangelio de la gracia, hace años, realmente sentí que me habían estafado en mi camino cristiano. La Biblia lo decía con tanta claridad y, sin embargo, sufrí años porque creía mal. ¡Cómo deseo que alguien me hubiera enseñado las verdades en las que hoy me regocijo, verdades como que soy hecho justo por la fe en Jesús y no por mis propias obras!

> *La ley tiene que ver con hacer, en tanto*
> *la fe tiene que ver con hablar.*

Y de paso quiero decirte que es importante que sepas que la justicia por la fe no es una "enseñanza básica". No. Es una enseñanza poderosa. Y aunque pienses que ya lo sabes todo sobre ella, te desafío a que mires más de cerca esas áreas de tu vida en las que la bendición de Abraham pareciera no existir o no tener efecto. Te reto a que de veras te tomes el tiempo de mirar esas áreas de cerca, y a que te preguntes: "¿Entiendo en verdad la justicia por la fe?". También te desafío a que empieces a hablar de tu justicia por la fe en esas áreas.

La justicia por la fe habla

Quiero decirte algo acerca de la fe. No puedes tener fe y no hablar de ella. Cuando estudias Romanos 10, notas que dice que: "Así describe Moisés la justicia que se basa en la ley: "Quien *practique* estas cosas... Pero la justicia que se basa en la fe *afirma*: 'No digas en tu corazón...'".[5]

La ley tiene que ver con hacer, en tanto la fe tiene que ver con afirmar, con hablar. No basta con saber en tu mente que eres justo. No basta con leer este capítulo o con oír un sermón sobre la justicia y asentir mentalmente, aceptando que recibes justicia. Hace falta que abras la boca y digas por fe: "Soy la justicia de Dios en Cristo". Aquí es donde muchos creyentes pierden y dejan de recibir la bendición de Abraham. No afirman su justicia por la fe.

Nuestra primera respuesta a una situación difícil tiene gran importancia. Lo primero que debemos responder al descubrir un síntoma en nuestro cuerpo, cuando recibimos un informe negativo o cuando estamos ante un problema es: "Soy la justicia de Dios en Cristo".

Veamos… aquí es cuando se requiere de veras que afirmemos nuestra fe. Es este el momento en que necesitamos decirlo. Porque no basta con saber que has recibido justicia, sino que necesitas creer y confirmarla. ¡No es fe si no la afirmas! Pablo dijo: "Escrito está: 'Creí, y por eso hablé'. Con ese mismo espíritu de fe también nosotros creemos, y por eso hablamos".[6] El espíritu de fe tiene que ver con creer y hablar. Así que no importa cuántos sermones o libros sobre la justicia hayas oído y leído. Tienes que hablarla.

Cuando fracasas y no cumples con el perfecto parámetro de la ley, es momento de ejercer tu fe y afirmar: "Soy la justicia de Dios en Cristo".

En ese preciso momento en que ardes de enojo contra tu cónyuge o en que pierdes los estribos en el tránsito, hace falta fe para decir que recibiste justicia, porque sabes que has fallado. Y ¿sabes qué? En el momento en que lo digas, aunque la furia te invada, sentirás que has abierto la puerta a algo bueno, incluso en esa situación. Da un paso atrás y empieza a relajarte y la ira se esfumará cuando empieces a darte cuenta de tu verdadera identidad en Cristo.

Ustedes, caballeros, si ven mujeres con poca ropa en televisión o en la cubierta de una revista, y sienten la tentación ¿cuál será su primera respuesta? ¿Son conscientes del pecado o de la justicia? La consciencia del pecado les llevará a sucumbir a la tentación en tanto la consciencia de la justicia les dará el poder para vencer toda tentación. Por eso, el enemigo quiere que sigan siempre conscientes del pecado. Confesar los pecados todo el tiempo mantiene la conciencia de pecado. Es como si Jesús no hubiera convertido tus pecados en la cruz. La consciencia de la justicia nos mantiene conscientes de Jesús. Y cada vez que lo afirmamos, magnificamos la obra de Jesús en la cruz.

No puedes perder la comunión con Dios

Hay creyentes que piensan que puedes perder la comunión con Dios cuando pecas y que necesitas confesar tu pecado ante Dios y obtener perdón para volver a ser justo. Afirman que al pecar no se rompe tu relación con Dios, sino la comunión con Él y que por eso necesitas confesar tu pecado, para restaurarla.

Parece lógico. Pero si creer que tu comunión con Dios se rompe cuando pecas, tu capacidad para acudir con confianza ante su trono de gracia para recibir de Él se verá afectada. En realidad, tanto la palabra "relación" como "comunión" comparten la misma raíz en griego: *koinonia*.[7] Esto quiere decir que incluso cuando fallas, la relación y la comunión con Dios no se rompen. ¿Por qué? Porque tus pecados y errores ya han sido pagados en la cruz. ¿Cómo podrías perder la justicia que recibiste en Cristo cuando ella se basa enteramente en la perfecta obra de Él y no en tu imperfección?

Para poder ver que hemos recibido justicia eterna en Cristo tenemos que ir a la profecía acerca de la obra de Jesús en el Calvario, en el libro de Daniel. Este pasaje describe la misión de Cristo en términos muy certeros: "para que ... pongan fin a sus transgresiones y pecados, pidan perdón por su maldad, establezcan *para siempre* la justicia...".[8] Amados míos, hoy podemos regocijarnos puesto que Jesús ha cumplido esta profecía al pie de la letra, ¡sin que se cambie siquiera una *iota*! La sangre de los bueyes y cabras del viejo pacto solo daba justicia limitada y temporal a los hijos de Israel; por eso, cada vez que erraban, tenían que repetir los sacrificios.

Pero en el nuevo pacto, la sangre de Jesús puso fin al pecado ¡y nos dio justicia para siempre! Escucha esto con atención: Jesús no tiene que ser crucificado de nuevo cada vez que yerras, porque ya pagó por cada uno de tus pecados en la cruz. Necesitamos confiar en la plenitud y perfección de su obra cumplida. Hoy, como creyente del nuevo pacto, has recibido justicia no solo hasta que peques de nuevo ¡sino para siempre!

Sé consciente de la justicia y experimenta la bendición de Abraham

Hay un versículo muy poderoso en la Biblia, que se cita con frecuencia: "No prevalecerá ninguna arma que se forje contra ti".[9] ¿Quieres saber el secreto que hace que esta promesa de protección se cumpla en tu vida? El versículo completo no suele citarse, y es: "No prevalecerá ninguna arma que se forje contra ti; toda lengua que te acuse será refutada. Ésta es la herencia de los siervos del Señor, *la justicia que de mí procede*, afirma el Señor". Cuando sabes que la justicia proviene del Señor, no hay arma forjada en contra de ti que pueda prosperar, ni lengua que te acuse ni juicio ni condenación ¡porque todo eso fracasará!

Si mantienes tu creencia y confesión de que has recibido justicia en Cristo, la promesa de Abraham y todas las bendiciones que le corresponden a un heredero de la tierra serán derramadas en todos los aspectos de tu vida.

A muchos nos resulta fácil confesar que somos justos, cuando todo va bien. Pero hablemos sobre esas veces en que enfrentas una crisis en el trabajo, o cuando has cometido un error, o cuando te enfermas, te enfrentas a la tentación o te deprimes. Es entonces que el diablo, que es el "acusador de nuestros hermanos"[10] te ataca gritándote ideas acusatorias y condenatorias: "¿Y tú dices seguir a Cristo? ¿Crees que esta vez Dios oirá tus oraciones?".

Amigos, es entonces cuando debemos pronunciar y afirmar nuestra justicia, y es cuando ninguna arma forjada podrá prosperar en contra de nosotros. El acusador quiere que centremos la atención en nuestra conducta; por lo que si entramos en el plano de la ley, la fe queda vacía y la promesa no tiene efecto alguno.[11] Pero si mantenemos nuestra fe y confesamos haber recibido justicia en Cristo, la promesa a Abraham y todas las bendiciones que corresponden a los herederos de la tierra serán derramadas en cada uno de los aspectos de nuestras vidas.

El acusador es muy sutil. No tiene problemas en que uses tu fe para otras cosas, como para obtener un auto nuevo o un ascenso, siempre y cuando no la uses para lo más importante: que creas que has recibido justicia por la fe en Cristo. Una vez que centras y canalizas toda tu fe en esa dirección, no solo perderá su poder sobre ti el acusador ¡sino que se añadirán todas las bendiciones que deseas! La Palabra de Dios promete: "Busquen *primeramente* el reino de Dios y su justicia, y todas estas cosas les serán *añadidas*".[12]

Cuando usamos la fe para creer que somos hechos justos, ¡nos suceden cosas buenas!

Me encanta la sencillez del Señor con nosotros. Él desea que enfoquemos nuestra atención en usar nuestra fe para creer que ante Él somos justos. Es todo lo que tenemos que hacer. Cuando lo hagamos, las bendiciones de Dios vendrán por añadidura. Cuando usemos nuestra fe para creer que somos justos en Cristo, nos sucederán cosas buenas. Tendremos grandes oportunidades, incluso aquellas para las que ni siquiera creemos en Dios. Cuando usamos la fe para creer que somos hechos justos, ¡nos suceden cosas buenas!

El Salmo 128:2-4 afirma: "Gozarás de dicha y prosperidad. En el seno de tu hogar, tu esposa será como vid llena de uvas; alrededor de tu mesa, tus hijos serán como vástagos de olivo. Tales son las bendiciones de los que temen al Señor". Este versículo habla de ti. Tú eres ese hombre bendecido, esa mujer bendecida. Y cuando eres bendecido, es bendecido tu trabajo y —como José en la Biblia—, todo lo que tus manos toquen prosperará. Además, si crees en Dios para tener hijos, tu esposa será una vid fructífera y tus hijos serán obedientes y ungidos (el olivo habla de unión). ¡Debes verte como esa persona llena de bendiciones!

"Pero, pastor Prince, yo… yo no merezco esa bendición."

Tienes razón, amigo. Absolutamente. Ninguno de nosotros merece la bendición de Abraham y justamente por eso es tan importante que sepamos que somos justos por la fe. No recibimos lo que merece nuestra conducta ni nuestra rectitud. Recibimos lo que merece la justicia de Jesús. Nosotros no hicimos nada bien, pero Cristo lo hizo por nosotros. Eso es gracia, el inmerecido favor de Dios que no ganamos. Su gracia es la clave para poder ser herederos de la tierra y para recibir todas las bendiciones prometidas por Dios a Abraham.

Disfruta la siguiente porción de las Escrituras:

> En realidad, si Abraham hubiera sido justificado por las obras, habría tenido de qué jactarse, pero no delante de Dios. Pues ¿qué dice la Escritura? "Le creyó Abraham a Dios, y esto se le tomó en cuenta como justicia". Ahora bien, cuando alguien trabaja, no se le toma en cuenta el salario como un favor sino como una deuda. *Sin embargo, al que no trabaja, sino que cree en el que justifica al malvado, se le toma en cuenta la fe como justicia.*
> —ROMANOS 4:2-5

El secreto a la bendición de Abraham yace en el versículo cinco. ¿En qué creía Abraham? Creía que Dios justifica al impío. Tómate tu tiempo para meditar en esto. Dios quiere que uses tu fe para creer que incluso aunque falles, Él es un Dios que justifica al impío y le da justicia. Eso es gracia.

Pon tu fe en su inmerecido favor, no en tus obras. Ser justo no tiene que ver con una conducta perfecta, sino con su obra perfecta. Lo que te toca hacer es usar tu fe para creer que eres hecho justo por la fe para reinar en vida, heredar la tierra y tener una vida victoriosa.

Me gustaría que ahora te pusieras la mano sobre el corazón. Digamos juntos esto ante el Señor, y creo que sucederán los milagros. ¿Estás listo? Repite conmigo:

"Padre Dios, te doy gracias porque en tu gran plan de amor quieres que tenga bendición en todos los aspectos de mi vida. Tu deseo, según 3 Juan 1:2, es darme prosperidad y salud, y que mi alma prospere. Te doy gracias porque las bendiciones de Abraham llegarán a mis hijos, mi matrimonio, mi trabajo y mi ministerio. Sé que será por tu promesa, no por mis esfuerzos u obras. Así que, Padre, en el nombre de Jesús te pido que me libres del cristianismo centrado en la conducta y me des tu gracia para establecerme en la justicia por la fe. Confieso delante de ti que soy la justicia de Dios en Cristo. Y por eso, toda bendición que le corresponde al justo es mía. Es mi llamado. Es mi destino. El diablo ha quedado bajo mis pies. Estoy encima del maligno porque estoy en Cristo, que es mi justicia. Tengo justicia eterna. No soy justo hoy para no serlo mañana. Soy justo para siempre. El Espíritu Santo habita en mí y me muestra que tú me has hecho justo. En el nombre de Jesús declaro que reinaré en vida y heredaré la tierra. ¡Amén!".

Cuando te enfoques en la justicia en Cristo y en confesarla, prepárate para que lleguen sus bendiciones a tu vida. Tal vez no suceda de la noche a la mañana, pero si sigues confesando por fe que eres la justicia de Dios, honras aquello que Jesús hizo para darte justicia ¡y Dios cumplirá su promesa!

Capítulo 18

Ocúpate de ti mismo o de Cristo

s maravilloso saber que Dios no nos mide ni nos juzga según nuestra conducta. ¿Por qué no lo hace? Porque mira a Jesús, y nos ve como a Él. Su Palabra declara que: "En esto ha llegado el amor a su plenitud con nosotros: en que tengamos confianza en el día del juicio, pues *como él es, así somos nosotros* en este mundo".[1]

Como creyentes del nuevo pacto no tenemos que temer al día del juicio ya que nuestros pecados han sido juzgados totalmente en la cruz, y así como es Jesús ¡somos nosotros! Observa que no dice que "así como fue Jesús somos nosotros en este mundo". Sería asombroso de todos modos porque durante el ministerio de Jesús en la tierra, dondequiera que iba le seguían la salud, las bendiciones y la abundancia. Pero no es eso lo que afirma la Palabra. Dice "*como él es*" (el verbo está conjugado en presente). Es decir que así como Él es *ahora mismo*, somos nosotros en este mundo.

¡Qué poderosa revelación! Considera dónde está Jesús hoy. La Biblia lo dice:

> Dios... lo sentó [a Jesús] a su derecha en las
> regiones celestiales, muy por encima de todo
> gobierno y autoridad, poder y dominio, y de cual-
> quier otro nombre que se invoque, no sólo en este
> mundo sino también en el venidero. Dios sometió
> todas las cosas al dominio de Cristo, y lo dio
> como cabeza de todo a la iglesia. Ésta, que es su
> cuerpo, es la plenitud de aquel que lo llena todo
> por completo.
>
> —EFESIOS 1:20-23

Jesús está sentado hoy a la diestra del Padre, en posición de poder y autoridad. En tu lugar, yo me tomaría un tiempo para meditar en este pasaje ya que la Biblia nos dice que lo que Jesús es nosotros lo somos en este mundo. Medita en que así como Jesús está "muy por encima de todo gobierno y autoridad, poder y dominio, y de cualquier otro nombre que se invoque" ¡también nosotros lo estamos! Puedes verlo allí mismo, en la Palabra de Dios.

Así como Jesús está "muy por encima de todo gobierno y autoridad, poder y dominio, y de cualquier otro nombre que se invoque" ¡también nosotros lo estamos!

En caso de que no te haya convencido, la Biblia también deja claro que por el inmerecido favor de Dios estamos sentados junto a Cristo a la diestra del Padre:

> Pero Dios, que es rico en misericordia, por su gran
> amor por nosotros, nos dio vida con Cristo, aun
> cuando estábamos muertos en pecados. ¡Por gracia
> ustedes han sido salvados! Y en unión con Cristo
> Jesús, Dios nos resucitó *y nos hizo sentar con él en
> las regiones celestiales*, para mostrar en los tiempos

venideros la incomparable riqueza de su gracia
[inmerecido favor] que por su bondad derramó
sobre nosotros en Cristo Jesús.

—Efesios 2:4-7

El reposo en la obra cumplida por Jesús

¿Qué significa estar sentados en los lugares celestiales, en
Cristo Jesús? Significa que hoy estamos en posición de reposo
en la obra cumplida por Jesús. Estar sentados en Cristo es
reposar, confiar en Él y recibir todo lo que nuestro bellísimo
Salvador logró por nosotros.

Amigo, amiga, Dios quiere que asumamos la posición de
confiar en Jesús y depender de Él para el buen éxito en todas las
áreas de nuestras vidas, y no que confiemos en nuestras buenas
obras y esfuerzos humanos para triunfar. ¡Qué bendición es
estar en esta posición de dependencia de nuestro Salvador!

Pero en lugar de mirar a Jesús, hay creyentes a quienes el
diablo desvía para que se miren a sí mismos. La estrategia del
enemigo no ha cambiado en miles de años. Él es un maestro
de la acusación, que te señala todos tus defectos, debilidades,
errores y manchas. Seguirá recordándote tus errores del pasado
y usará la condenación para perpetuar en tu vida el ciclo de la
derrota.

Cuando el apóstol Pablo se encontraba hundiéndose en la
ocupación consigo mismo, se deprimió y exclamó: "¡Soy un
pobre miserable! ¿Quién me librará de este cuerpo mortal?".[2]
En el siguiente versículo, ve la solución de Dios y dice:
"¡Gracias a Dios por medio de Jesucristo nuestro Señor!". De
la misma manera, querido amigo o querida amiga, es hora de

que ya dejes de ocuparte de ti, de estar consciente de ti, y comiences a ocuparte de Cristo.

Ya no debieras estar preguntándote: "¿Me aceptará Dios?". Esa es una pregunta que se enfoca en ti y te pone bajo la ley. Sé que hay personas que te animarán a que te preguntes esto, pero es un error preguntarse si uno es aceptado ante Dios. La pregunta que tenemos que hacernos es: "¿Es aceptado Cristo ante Dios?" porque así como Cristo eres tú en este mundo. No preguntes: "¿Soy agradable a Dios?", sino "¿Cristo es agradable a Dios?". ¿Te das cuenta de que el énfasis es diferente? El viejo pacto de la ley tiene que ver contigo, pero ¡el nuevo pacto de la gracia tiene que ver con *Jesús!* La ley enfoca la exigencia en ti, en tu conducta y hace que estés consciente de ti mismo. Pero la gracia se enfoca en Jesús y hace que estés consciente de Él.

Tu amoroso Padre celestial quiere que te arraigues, que te establezcas y te ancles en su inconmovible amor por ti.

¿Puedes imaginarte a un niño que a medida que crece se pregunte a cada momento: "¿Le agrado a papá?¿Le agrado a mamá?¿Me aceptan papá y mamá?". Ese sería un niño con problemas emocionales, ya que no tiene la seguridad del amor y la aceptación de sus padres. Por eso es que tu amoroso Padre celestial quiere que te arraigues, te establezcas y te ancles en su inconmovible amor por ti. Amor que demostró cuando envió a Jesús para que se convirtiera en tu pecado en la cruz para que tú pudieras recibir su justicia. ¡Hoy tenemos que apartar la mirada de nosotros mismos y mirar a Jesús!

Poder para mirar a Jesús

"Pastor Prince, usted siempre predica que miremos a Jesús y nos ocupemos de Cristo más que de nosotros mismos, pero ¿cuál es el valor de ver a Jesús? ¿Cómo entra el dinero en mi cuenta de banco y cómo llega la comida a mi mesa? ¿De qué manera ayuda eso a mis hijos en sus estudios?"

Los creyentes que me preguntan lo anterior creen que son pragmáticos, pero no se dan cuenta de que cuando fijan la mirada en Jesús, los milagros suceden. Fíjate en lo que le sucedió a un pescador de nombre Pedro, uno de los discípulos de Jesús, en Mateo 14:22-33. Estando su barca en medio de un lago, lo más práctico para el pescador experimentado era quedarse en ella. ¡La ciencia misma nos dice que si salimos de la barca y pisamos el agua nos hundimos!

Pero el mayor milagro que experimentó Pedro sucedió una noche en que salió de su nave en medio de una tormenta, porque Jesús le dijo que lo hiciera. Esa noche el viento era muy fuerte, sin embargo, mientras Pedro mantenía la mirada en Jesús, pudo hacer lo imposible: caminó sobre el agua. Jesús estaba caminando sobre el agua y cuando Pedro lo miró, se volvió como Jesús e hizo algo sobrenatural. La Palabra de Dios declara que: "Así, todos nosotros, que con el rostro descubierto reflejamos como en un espejo la gloria del Señor, *somos transformados a su semejanza* con más y más gloria por la acción del Señor, que es el Espíritu".[3]

Queridos míos, así como es Jesús somos nosotros en este mundo. Si mantenemos la mirada centrada en Él somos transformados a su imagen, y no por nuestras obras. Cuando vemos que Jesús está por encima de las tormentas de la vida, también nosotros, sin esfuerzo alguno nos elevamos por encima de ellas. No es posible que Pedro hubiera podido caminar sobre el agua por su propio esfuerzo. Cuando lo logró fue simplemente porque centraba su mirada en Jesús.

Ahora observemos lo que pasó cuando el apóstol apartó la mirada del Señor y centró su vista en el viento y las olas que le rodeaban. En ese instante Pedro volvió a su condición natural y empezó a hundirse. Ahora, imaginemos que no hubiera habido tormenta, ni ráfagas de viento ni olas que rompieran furiosas esa noche. Imaginemos que era una noche perfectamente calmada y que el Mar de Galilea era como un espejo, sin siquiera una olita en la superficie. ¿Podría haber caminado Pedro sobre el agua? ¡Claro que no!

Mantén los ojos en Jesús. Aunque parezca poco práctico, es lo más poderoso que puedes hacer ¡y Jesús hará que reines en vida sobre todas las tormentas!

Caminar sobre el agua no es algo que alguien pueda hacer, haya tormenta o no. El viento y las olas en realidad no tenían que ver con la posibilidad y la capacidad de Pedro para hacerlo. Lo mejor que podría haber hecho él era mantener la mirada en Jesús, y no apartarla para ver la tormenta. De la misma manera, en vez de mirar lo imposible de tus circunstancias y problemas, aparta la vista de todo eso y fíjala en Jesús. Aunque pueda parecer poco práctico, es lo más poderoso que puedes hacer ¡y Jesús hará que reines en vida sobre todas las tormentas!

Quiero contarte un testimonio de una señora de nuestra

iglesia. Una mañana fue a que le hicieran una mamografía. Los médicos encontraron unos bultos en uno de sus senos y le dijeron que volviera por la tarde a la clínica para hacerle más exámenes a fin de determinar si eran cancerosos. Pero esa señora acababa de oírme enseñar que como Jesús es, así somos en este mundo. Por lo tanto, antes de volver a la clínica para que le hicieran la biopsia, escribió en su historia clínica: "¿Tiene Jesús tumores en su pecho? Porque yo soy como Él". Esa tarde, volvió a la clínica y... ¿adivinas qué? Los médicos le dijeron que hubo un error ¡porque no encontraban ningún bulto! ¿Sabes por qué? ¡Porque ella es como Él!

Acabas de conocer el poder de mirar a Jesús. Si piensas que con solo mirar a Cristo no haces nada práctico, te desafío a que hoy hagas la prueba. De hecho, es lo más práctico que puedes hacer. Mantén los ojos fijos en Cristo, y te parecerás cada vez más a Él.

Haz de Jesús tu prioridad y verás que llegan las bendiciones por añadidura

"Pero pastor Prince, con eso no ayudaré a que mi negocio funcione bien. Tengo problemas y necesito ayuda."

Querido, querida, puedes preocuparte todo lo que quieras por esa crisis que te afecta hoy, pero con ello tu situación no mejorará ni un ápice. Por favor, entiende que no estoy tomando a la ligera tu problema. Solo te estoy ofreciendo la mejor solución. Sé que funciona. Tu progreso no vendrá como resultado de tus esfuerzos. Vendrá cuando reposes en la persona de Jesús y su obra cumplida.

Jesús dijo: "No se preocupen por su vida, qué comerán o beberán; ni por su cuerpo, cómo se vestirán".[4] Ahora bien, Jesús no decía que no fueran importantes todas esas cosas: la comida, la bebida o la ropa. De hecho, dice que "todas estas cosas... el Padre celestial sabe que ustedes las necesitan".[5] Sin embargo, Jesús quiere que hagamos esto: "Busquen primeramente el reino de Dios y su justicia, y todas estas cosas les serán añadidas".[6]

¡El Señor derrama beneficios sobre nosotros día a día!

Ahora bien, ¿quién es la justicia de Dios? Jesucristo. Y ¿quién es el monarca del "reino de Dios" que tenemos que buscar? ¡Jesucristo![7] En efecto, Jesús se refería a sí mismo cuando predicaba eso. Cuando buscas a Jesús antes que ninguna otra cosa en tu vida y haces de Él tu prioridad, todas esas provisiones materiales —lo que comerás, lo que beberás o tu vestimenta— vendrán por añadidura. Dios no se ocupa de quitarte cosas. Se ocupa de añadirte, darte más, promoverte y enriquecerte. El Salmo 68:19 declara: "Bendito el Señor; cada día nos colma de beneficios [el] Dios de nuestra salud". ¡El Señor nos llena de beneficios cada día! Así es nuestro Salvador. Sus misericordias y su inmerecido favor son nuevos cada día. Así vivimos y disfrutamos de la vida, sabiendo que Jesús está contigo y de tu parte, a cada paso del camino.

Pon a Jesús primero en todo lo que hagas. Hónrale y dale preeminencia en tu vida diaria. Participa de su obra cumplida, leyendo su palabra de vida cada día. Ponte en la presencia de Jesús y sé consciente de que está contigo, así como José, el de la Biblia, estaba consciente de que Jesús estaba con él (ver capítulos uno y dos, donde hablamos sobre esto). Jesús bendecirá el trabajo de tus manos y todo lo que toques prosperará, por lo que te irá bien en la vida.

Jesús es el pan de vida, y el pan hay que comerlo fresco, del día. Vemos esto como principio en la Biblia. Cuando los hijos de Israel estaban en el desierto, Dios les ordenó que recogieran maná fresco cada mañana y que se lo comieran el mismo día (la única excepción era el sexto día, cuando debían recoger doble porción para poder descansar al día siguiente, que era sábado.[8]) Mira qué sucedió cuando algunos de los israelitas no obedecieron la instrucción de Dios y dejaron algo de maná de un día para el otro. Se llenó de gusanos y olía mal.[9] No puedes vivir del maná de ayer. Hay que recoger y comer el maná fresco, cada día.

Cómo comer el pan de vida cada día

Ahora bien, recuerda que en el Antiguo Testamento Jesús está oculto, y que en el Nuevo Testamento es revelado. En el Antiguo Testamento, el maná es la sombra de Jesús pero en el Nuevo, Jesús es nuestra sustancia, nuestro pan de vida.[10] De allí, que en la misma forma en que había que recoger el maná y comerlo fresco cada día, ¡nosotros necesitamos una revelación renovada de Jesús cada día! Esto lo obtenemos leyendo su Palabra, escuchando mensajes ungidos que nos señalen su obra cumplida, leyendo recursos que estén llenos de Jesús, pasando tiempo con Él y alimentándonos de su amor día a día. No te equivoques. No se trata de una obligación religiosa. Es que cuando tienes la revelación del amor personal de Jesús por ti, quieres alimentarte de Él no porque debas hacerlo, sino porque lo deseas.

Hacer algo bueno porque es obligatorio sería volver a estar bajo la ley. Hacerlo porque lo deseas… eso es gracia. En todo caso, si durante un tiempo no has estado leyendo la Palabra, no debieras sentirte culpable. Debieras sentir hambre.

Por ejemplo, si solo lees la Biblia porque piensas que tienes que hacerlo para poder recibir bendición, no hay duda de que la recibirás debido a su Palabra viva, pero te agotarás. Bajo la gracia, lees su palabra porque quieres saber más de Jesús. Es la misma acción, pero en un caso está motivada por el legalismo y en el otro, por el amor de Jesús y el inmerecido favor. La una surge de la ocupación en ti mismo, mientras que la otra surgirá porque te ocupas de Cristo. La una depende de tu fuerza de voluntad y tu perseverancia, en tanto la otra, de su poder que obra en ti.[11] Cuando lees la Palabra de Dios por obligación legalista, cinco minutos pueden parecerte una eternidad. Y si lees cuando estás en la cama antes de entrar en la tierra de los sueños… te dormirás enseguida. ¿Te ha pasado ya?

Pero por otra parte, si te consume el amor de Jesús, el tiempo pasa volando y ni siquiera te das cuenta. Sencillamente estás inmerso en su presencia, disfrutándola, disfrutando de su Palabra y su favor. Aunque pareciera que ambas acciones son iguales, al menos a primera vista, la experiencia es muy diferente. ¿Por qué? Porque una de ellas nace de la religión en tanto la otra ¡nace de una relación viva y dinámica con el Salvador!

Haz la única cosa que hace falta

Volvamos a las preguntas que estuvimos viendo hace un momento. ¿Piensas que es práctico ocuparte de Jesús? ¿Te ayuda? ¿Pone comida en tu mesa? ¿Prospera tus finanzas? ¿Te da salud física? Ya vimos lo que hizo por Pedro; ahora, veamos lo que hizo por María. Encontrarás esta historia de María y su hermana, Marta, en Lucas 10:38-42.

María estaba sentada a los pies de Jesús cuando el Señor fue a visitarlas. Marta, la hermana mayor, estaba ocupada en la cocina, trabajando para asegurarse de que todo estuviera en orden y de que hubiera suficiente comida y bebida para su huésped. ¿A quién estaba sirviendo Marta? A Jesús. Y mientras Marta trabajaba con afán en la cocina ¿qué hacía su hermana menor, María? En medio del ajetreo María estaba sentada a los pies de Jesús, contemplando su belleza, contemplando su gloria, escuchando atenta cada palabra que salía de sus labios. Mientras María reposaba y bebía agua viva de Jesús, su hermana Marta iba de un lado a otro, frenética, estresada por servir a Jesús. Una de ellas se enfocaba en servir en tanto la otra, se centraba en recibir.

Pero nota qué pasó después de un rato. Finalmente, Marta terminó estallando a causa de la frustración: "Señor, ¿no te importa que mi hermana me haya dejado sirviendo sola? ¡Dile que me ayude!"[12] En ese momento de enojo, estaba culpando a dos personas: al Señor Jesús y a su hermana, María. Ahora bien, observa con atención qué le respondió Jesús y tal vez encajes en esa descripción que el Señor hizo al contestarle a María: "Marta, Marta … estás inquieta y preocupada por muchas cosas, pero sólo una es necesaria. María ha escogido la mejor, y nadie se la quitará".[13]

Es una respuesta que asombra. En la cultura de Medio Oriente, se suponía que María debía estar en la cocina, preparando comida y sirviendo a su huésped. El hecho de que María se sentara a los pies de Jesús y no ayudara a Marta era vergonzoso si Jesús hubiese sido un invitado común. Pero María sabía algo que Marta había pasado por alto. Jesús no era un huésped común. Era Dios hecho carne y la mejor forma en que puedes ministrarle a Dios cuando está en tu hogar ¡es sentarte a sus pies y seguir alimentándote de Él! Eso es lo que deleita al Señor.

La única cosa necesaria es que te sientes a los pies de Jesús y mantengas centrados en Él tus ojos, tus oídos y tu corazón.

Cuando te acercas a Jesús para tomar todo lo que puedas, Él se agrada. Por eso sentía agrado por lo que hacía María. Y por ello defendió lo que hacía María, diciendo: "Una sola cosa es necesaria, y María ha escogido la mejor…". ¿Cuál es esa "única cosa" necesaria? ¿Es ocuparte en servir al Señor? ¿Es preocuparte por las muchas cosas? No, lo único necesario es que te sientes a los pies de Cristo y mantengas centrados en Él tus ojos, tus oídos y tu corazón. Una de las hermanas veía a Jesús en lo natural, necesitando que le ministrara. La otra hermana lo veía como Dios hecho carne, con una plenitud que ella quería extraer para sí. ¿Cuál de las dos, crees tú, estaba agradando a Jesús y haciéndole sentir como el Dios? María. Marta, obviamente olvidó que este Dios-Hombre multiplicaba panes y peces para alimentar multitudes. *¡Es que*

Él no vino para que le diéramos de comer, sino para darnos de comer a nosotros!

Por desdicha, en ocasiones, lo que más nos cuesta hacer es sentarnos. A veces, lo más difícil de hacer es dejar de esforzarnos y reposar, únicamente en el inmerecido favor de Jesús. Solemos ser como Marta, y nos preocupamos, nos ocupamos y esforzamos por tantísimas cosas. Pueden ser preocupaciones legítimas, claro. En el caso de Marta, ella se esforzaba por servir al Señor. Ese día, hizo muchas cosas, pero pasó por alto esa sola cosa que era en verdad necesaria.

Cuando haces esa única cosa que es necesaria, acabarás haciendo lo correcto en el momento correcto y Dios hará que todo lo que toques sea bendecido, maravillosamente.

Los creyentes que hacen esa única cosa que es necesaria no se preocupan por nada más. Por otra parte, los que no hacen esa única cosa necesaria, terminan preocupados por muchas otras. ¿Crees que solo es necesaria una cosa? ¿Y que se trata de reposar a los pies de Jesús y recibir de Él?

Oye la Palabra que Jesús tiene para ti

Sé que no elegiste este libro para oír lo que dice Joseph Prince. Lo tomaste para poder ver más de Jesús, para oír sus palabras y recibir esa palabra que Él tiene para ti. Porque de parte de un mero hombre, ni mil palabras pueden hacer nada por ti. Pero de Jesús, tan solo una puede cambiar tu vida para siempre. Al escribir este libro oro porque la persona de Jesús sea exaltada y glorificada en estas páginas, y que Él hable a través de mí. Solo soy una vasija. Siempre oro porque el Señor me dé la capacidad sobrenatural de proclamar y develar su belleza, su amor, su obra perfecta, de manera potente y fresca.

Veamos ahora, ¿es práctico ocuparse solo en Jesús? Claro que sí. Veremos que más adelante, en el Evangelio de Juan, María tomó como medio litro de nardo puro, un perfume muy caro, lavó los pies de Jesús con él y los secó con su cabello para prepararle para su sepultura.[14] En la mañana de la resurrección unas mujeres acudieron con ungüentos para ungir el cuerpo de Jesús, pero ya era demasiado tarde. Estaban haciendo lo correcto, pero el momento no era el indicado. El Señor ya había resucitado. Sin embargo, María hizo lo correcto en el momento exacto. Esto nos muestra que cuando haces esa única cosa necesaria, acabarás haciendo lo correcto en el momento correcto y Dios hará que todo lo que toques sea bendecido maravillosamente.

Así como María, decide centrarte en la belleza, la gloria y el amor de Jesús. Decide no preocuparte por tantas cosas, ni ocuparte en ti mismo constantemente. Como Pedro, aparta la mirada de la tormenta y ve a Jesús, y empezarás a caminar por encima de la tormenta. Amado amigo, amada amiga, decide enfocarte en el Señor y reposar en su obra cumplida. ¡Tú eres como Jesús!

Capítulo 19

La oración del sirviente sin nombre

Concluimos el capítulo anterior demostrando que cuando haces lo más necesario —reposar a los pies de Jesús y acercarte a Él—, terminas haciendo lo correcto en el momento preciso. Para avanzar un paso más, quiero compartir contigo cómo puedes depender del favor inmerecido de Jesús para encontrarte en el *lugar indicado* en el *momento adecuado*. Veamos juntos Eclesiastés 9:11, que dice:

> La carrera no la ganan los más veloces, ni ganan la batalla los más valientes; que tampoco los sabios tienen qué comer, ni los inteligentes abundan en dinero, ni los instruidos gozan de simpatía, sino que a todos les llegan buenos y malos tiempos.
> —ECLESIASTÉS 9:11

Este es un pasaje muy interesante, escrito por el hombre más sabio de todos los tiempos que haya andado sobre la tierra (además de Jesús). Su nombre es Salomón y es el hijo del rey David.

En el sistema del mundo, la carrera la ganan los más veloces, la batalla los más valientes, el pan los sabios, los inteligentes tienen dinero en abundancia y los instruidos y capaces gozan de favor. El sistema compensatorio del mundo se basa en los méritos y los logros. En otras palabras, en la vida tendrás éxito en base a cuán veloz, valiente, sabio, inteligente e instruido seas. Ese éxito se basa completamente en ti y en tus habilidades.

Como creyente en el nuevo pacto de Cristo, aunque vivas en el sistema del mundo que se basa en los méritos, tienes una ventaja sobrenatural, ya que tienes el favor inmerecido de Jesús.

Escucha con atención lo que estoy diciendo. No hay nada esencialmente malo con este sistema compensatorio del mundo. El mérito es un buen signo y ha provocado el florecimiento de naciones, la prosperidad de comunidades e incentivado a personas a crear oportunidades para ellos mismos. Sin embargo, como creyente en el nuevo pacto de Cristo, aunque vivas en el sistema del mundo que se basa en los méritos, tienes una ventaja sobrenatural, ya que tienes el favor inmerecido de Jesús.

Dios elige a los débiles para hacer caer a los poderosos

Dios quiere que triunfes aunque no seas el más veloz, valiente, sabio, inteligente e instruido. A pesar de ello, Dios aún puede bendecirte con el buen éxito si dependes de su gracia. Puedes elevarte por sobre el sistema meritorio por medio de su favor inmerecido, que por cierto no te has ganado. El sistema del mundo solo premia a los fuertes, mientras que a los débiles se les niega y en algunos casos, hasta son despreciados. Pero, en Jesús, hay esperanza para los débiles. La manera, el camino de Dios es completamente distinto a la manera o camino del mundo. De acuerdo con 1 Corintios 1:26: "No muchos de ustedes son sabios, según criterios meramente humanos; ni son muchos los poderosos ni muchos los de noble cuna". ¿No es fascinante descubrir que aun cuando el mundo mira de manera favorable a los sabios, poderosos y nobles, Dios no hace lo mismo? Veamos en el siguiente versículo qué decide hacer Dios en lugar de eso: "Dios escogió lo insensato del mundo para avergonzar a los sabios, y escogió lo débil del mundo para avergonzar a los poderosos".

¿No es grandioso? Dios eligió lo insensato y lo débil para que reciban sus abundantes bendiciones. Pero el versículo no dice que los insensatos y los débiles seguirán siendo insensatos y débiles. Al contrario, por el favor inmerecido de Dios, avergonzarán a los que se hacen llamar sabios y poderosos en el mundo. En sus manos de gracia, los insensatos y débiles se vuelven más sabios y poderosos que los sabios y poderosos del mundo.

Esto es algo que experimenté en persona. En la secundaria yo era tartamudo. Veía a los otros niños hablando y leyendo en voz alta en clase sin hacer ningún esfuerzo, aunque yo tenía serios problemas para lograr que las palabras salieran de mi boca.

Recuerdo que había un maestro que entraba al aula y siempre me hacía poner de pie y leer en voz alta frente a toda la clase. Lo hacía solo por el mero placer de verme tartamudear y trabarme, sabiendo muy bien lo que pasaría. Y así sucedía siempre. Mientras yo trataba de pronunciar la primera palabra —"l-l-l-l-la"—, mis compañeros (sobre todo las niñas) se reían, el maestro estallaba de risa y mis orejas ardían y se ponían rojas. Eso sucedía cada vez que me pedía que leyera en clase.

Francamente, si en ese entonces me hubieran dicho que predicaría ante miles de personas todas las semanas, habría corrido a esconderme bajo la mesa diciendo: "¡Aléjalos de mí, Satanás!" Si había un área en la que cualquiera que me conociera en ese entonces sabía que fallaría, era la lectura en público. Pero Dios miró hacia abajo y dijo: "Voy a hacer de este niño un predicador".

Un día, cuando me cansé de sentir angustia le dije al Señor: "Maestro, no tengo mucho que darte, pero te doy todo lo que tengo". Recuerdo que mi voz era lo que más me avergonzaba, de modo que dije: "Señor, te entrego mi voz". Cuando dije eso, sentí lástima de Él por elegir a alguien como yo, con tantas debilidades.

En síntesis, luego de entregarle todas mis debilidades al Señor, sucedió algo sobrenatural. Dejé de ser consciente de mi tartamudeo y desapareció de manera sobrenatural. Dios le dio su fuerza a mi área débil. Hace más o menos dos años, una de mis maestras de la secundaria asistió a mi iglesia y se sentó para escuchar uno de los servicios que yo estaba predicando. Después del servicio, me escribió una carta que decía: "Vi un milagro. ¡Debe haber sido Dios!".

Creo que la razón por la que Dios eligió a alguien como yo para que predicara el evangelio es para que otros (en especial aquellos que me conocen desde antes) me miren y digan: "¡Debe haber sido Dios!" y la gloria sea para Él. Ahora bien, al ver cómo Dios utilizó mi voz —mi mayor debilidad—, para realizar transformaciones y milagros no solo en Singapur sino también alrededor del mundo por medio de nuestras emisiones por televisión, me siento humillado porque sé cómo era antes de que Dios me tocara. Amigo, amiga, cuando te mires y solo veas debilidad, recuerda que Dios puede utilizarte. Dios no puede usar a aquellos que son orgullosos y dependen de su fuerza humana.

¿Por qué es que el Señor elige a los insensatos y débiles para confundir a los sabios y poderosos de este mundo? La respuesta es simple. Es para que "en su presencia nadie pueda jactarse".[1] Dios elige a los que son débiles en lo natural para que ningún hombre pueda hacer alarde de su *propia* habilidad. Toda la gloria recae sobre el Señor y como nos indica la Biblia: "Si alguien ha de gloriarse, que se gloríe en el Señor".[2]

Jesús, su sabiduría en tu vida, su justicia y su perfecta obra redentora en la cruz son lo que hacen de ti un triunfador. De modo que cuando alardeas de tu éxito, solo puedes presumir de Jesús. Sin Él, no tienes nada de qué alardear. Pero con Cristo en tu vida, puedes alardear de Él y sólo en Él por todo éxito y toda bendición que te llegue por medio de su favor inmerecido. Si eres fuerte, poderoso y sabio por ti mismo, entonces el favor inmerecido de Dios no puede fluir. Pero cuando te das cuenta de tus debilidades y tu insensatez, y en lugar de ello dependes de Jesús, solo entonces es que su favor inmerecido puede fluir con libertad en tu vida.

Vemos esto en la historia de Moisés. En sus primeros cuarenta años como príncipe egipcio, a quien se admiraba y respetaba, pensaba que lo sabía todo. La Biblia afirma que en sus primeros cuarenta años, Moisés era "poderoso en palabra y en obra",[3] pero Dios no podía utilizarlo. Sin embargo, en los siguientes cuarenta años, algo le sucedió a Moisés. Escapó de Egipto tras matar a un egipcio que estaba golpeando a un hebreo, y se fue a habitar al desierto, en Madián. Se convirtió en pastor de ovejas y ya no era considerado poderoso ni en palabra ni en obra. De hecho, hasta quedó tartamudo.[4] Y en ese punto de su vida, cuando pensaba que era un don nadie, insignificante en comparación con lo que había sido, y que sus días de gloria habían quedado atrás, Dios se le apareció y le dijo: "Voy a enviarte al faraón para que saques de Egipto a los israelitas, que son mi pueblo…".[5]

Cuarenta años antes, en el momento más álgido de su vida, Moisés ni siquiera supo enterrar correctamente a un egipcio al que había matado; por eso lo descubrieron y se vio obligado a huir.[6] Pero ahora, despojado de su dependencia de la fuerza humana y consciente de sus debilidades, aceptó su llamado, dependiendo solo del favor inmerecido de Dios. Y esta vez, cuando Moisés agitó su vara sobre el mar, este cubrió por completo a decenas de miles de egipcios.[7]

La Biblia indica que "Dios se opone a los orgullosos, pero da gracia [favor inmerecido] a los humildes".[8] Queridos, Dios no nos impondrá su favor inmerecido. En cuanto queremos depender de nosotros mismos y de nuestra propia sabiduría, Él nos permite que lo hagamos. Su favor inmerecido es dado a aquellos que reconocen humildemente que no pueden tener éxito por medio de su propia fuerza y sabiduría.

Dios envió a un joven pastor para derrotar a un guerrero filisteo

Cuando Dios quiso derrotar a un gigante poderoso que estaba aterrorizando a la nación de Israel, envió a alguien que era débil en la carne. Piensa en eso. A la vista del mundo, ¿qué podía hacer alguien tan débil como un joven que no tenía ningún tipo de entrenamiento militar, ningún tipo de armadura, que estaba vestido con ropa de pastor y que no tenía ningún tipo de arma real más que una honda y cinco piedras pequeñas de una pradera, contra un soldado temible y entrenado? No es extraño que Goliat se burlara de ese joven pastor y de su estrategia. Cuando David pisó el terreno de batalla, Goliat le preguntó con sarcasmo: "¿Soy acaso un perro para que vengas a atacarme con palos?".[9]

Las repercusiones de esa batalla fueron masivas. No era solo un duelo o una competencia entre dos individuos. Los israelitas y los filisteos habían acordado enviar a un guerrero que representaría a sus naciones. El derrotado comprometería a toda su nación a convertirse en sirvientes de la otra nación. Decir que el futuro de todos ellos dependía de esa pelea es quedarse corto. ¿Y a quién envía Dios para representar a Israel? En términos naturales, probablemente a la persona menos calificada para ir al campo de batalla en el valle de Elá.

David ni siquiera era un soldado del ejército de Israel. Para comenzar, ¿recuerdas cómo llegó a estar ese joven pastor en el campo de batalla? David estaba allí para entregar pan y maíz tostado a sus hermanos que estaban en el ejército.[10] Aun así, David se encontró parado en el campo de batalla como representante de Israel contra el arrogante Goliat. De entregar pan y maíz tostado, ahora era llamado para entregar a toda la nación de Israel.

No menosprecies los días de los comienzos modestos

David estaba en el lugar correcto en el momento adecuado porque fue humilde y se sometió a las indicaciones de su padre, que consistían en entregarles pan y maíz tostado a sus hermanos. Jóvenes, esto es algo que necesitan entender. Obedecer a sus padres y al liderazgo indicado por Dios hará que el favor suyo fluya siempre en la vida de ustedes, por lo que se encontrarán —al igual que David— ¡en el lugar correcto en el momento preciso!

La Biblia afirma que no debemos menospreciar los días de comienzos modestos.[11] No hay encanto alguno en entregar pan y maíz tostado, pero David no menospreció eso. Y eso lo llevó justamente al valle de Elá, con el viento soplando sobre sus cabellos; un joven pastor sin ninguna experiencia militar representando a la nación de Israel contra un gigante poderoso, un hombre de guerra desde su juventud.

A Dios le encanta tomar a los insensatos y débiles para avergonzar a los sabios y poderosos del mundo.

Eso es lo que a Dios le agrada hacer. Le encanta tomar a los insensatos y débiles para avergonzar a los sabios y poderosos del mundo. Presta atención a las palabras de este joven pastor cuando pisó el campo de batalla: "Tú vienes contra mí con espada, lanza y jabalina, pero yo vengo a ti en el nombre del Señor Todopoderoso, el Dios de los ejércitos de Israel, a los que has desafiado. Hoy mismo el Señor te entregará en mis manos; y yo te mataré y te cortaré la cabeza".[12] ¡Qué palabras tan fuertes y audaces las del joven pastor!

Lo que Dios define como humildad

"Pero pastor Prince, ¿no acaba de decir que Dios brinda favor inmerecido a los humildes? El discurso de David no luce muy humilde."

Qué gran pregunta. Cuando yo era joven, solía pensar que ser humilde significaba que siempre había que hablar con suavidad y que siempre había que dar a los demás. En la iglesia a la que asistía en ese entonces había un líder que siempre subía al estrado para dar los discursos haciendo una leve reverencia. Era muy amable, la manera en que hablaba era casi como pidiendo perdón y, para mí, esa era la imagen de un hombre humilde. Pero en realidad, la humildad no tiene nada que ver con hablar con suavidad o caminar inclinado. Así es como el mundo define la humildad.

La manera más clara para definir la humildad es ver si la persona está ocupada en Cristo o en sí misma. Cuando alguien es arrogante, orgulloso y confía en sí mismo, es claro que está ocupado en sí mismo. Por otro lado, el que siempre tiene miedo también tiene un problema con el orgullo, incluso aunque parezca hablar con ternura y ser amable. En lugar de mirar a Jesús, esa persona consciente de sí todo el tiempo se mira a sí misma. Ambos extremos son manifestaciones de orgullo. Mientras un extremo manifiesta orgullo en términos de arrogancia, el otro lo expresa en términos de una conciencia de sí mismo. En tanto una persona esté ocupada en sí misma, eso sigue siendo orgullo. Entonces, la humildad consiste en ocuparse en Cristo. Esa persona sabe que sin el Señor, no puede tener éxito; pero con Él, todo es posible.

En tanto una persona esté ocupada en sí misma, eso sigue siendo orgullo. Por tanto, la humildad consiste en ocuparse en Cristo.

Cuando observes el discurso de David, verás que no presumió de sí. Su jactancia no fue en cuanto a su destreza y sus habilidades con las armas. No, fue a la batalla "en el nombre del Señor de los ejércitos". David estaba completamente ocupado en el Señor, en quien confiaba que liberaría a la nación de Israel. No mencionó sus propias habilidades. Y fue más explícito todavía cuando le dijo a Goliat: "Todos los que están aquí reconocerán que el Señor salva sin necesidad de espada ni de lanza. *La batalla es del Señor*, y él los entregará a ustedes en nuestras manos".[13]

Me agrada el espíritu de ese joven. David sabía que la batalla no era suya sino del Señor, y eso era lo que le dio tanto valor para enfrentar a Goliat, mientras el resto del ejército israelita se acobardó. Es hermoso ver cómo ese joven pastor tuvo la sabiduría de no tomarse la gloria del Señor. Incluso antes de que comenzara la batalla, David declaró que esa victoria pertenecía a Israel y que todo el crédito era del Señor. Entonces, es claro que a pesar de que David habló con valentía y audacia, no fue arrogante. No sufrió de orgullo ni de falta de humildad. De hecho, su valentía y su coraje provenían directamente de su humilde dependencia del Señor. ¡Qué gloriosa diferencia entre una persona que hace alarde de su propio brazo de carne y una persona como David, cuyo alarde es el poderoso brazo del Señor para liberarlo!

La verdadera humildad consiste en estar ocupado en Cristo, ¡entonces estarás lleno de su valentía y su audacia para vencer a tu gigante!

Amigo, amiga, sea cual sea la batalla en que te encuentres ahora, puedes confiar, como lo hizo David, que le pertenece al Señor. Sea cual sea tu gigante, sea una situación matrimonial, deudas económicas, problemas de trabajo o una enfermedad con la que estés luchando, debes saber esto: Puedes ser débil, pero *Él* es fuerte. Puedes ser incapaz, ¡pero *Él* es más que capaz! Sea cual sea la lucha a la que te enfrentes, la batalla le pertenece a Él. La verdadera humildad consiste en estar ocupado en Cristo, ¡entonces estarás lleno de su valentía y su audacia para vencer a tu gigante!

El lugar adecuado en el momento exacto

Nunca olvides que "la carrera no la ganan los más veloces, ni ganan la batalla los más valientes … sino que a todos les *llegan buenos y malos* tiempos" (Eclesiastés 9:11). Dios quiere que tengas coordinación, su coordinación, por lo que nada queda a la suerte puesto que eres hijo de Dios. El Salmo 37:23 declara: "El Señor afirma los pasos del hombre". Tú eres ese "hombre" puesto que eres la justicia de Dios en Cristo.

Ahora, observa la palabra "ocurre". En el texto original en hebreo, es *qarah*, que significa "encontrar, encontrarse (sin arreglo previo), la suerte de estar presente".[14] En pocas palabras, significa "ocurrir en el momento adecuado". Amigos, pueden depender de Dios para que haga que estén en el lugar correcto en el momento exacto, ¡para que ocurran cosas correctas en su vida! Estoy seguro de que estarán de acuerdo en que estar en el lugar correcto en el momento preciso es una gran bendición. La verdad es que no quieres estar en el lugar incorrecto en el momento equivocado. Eso puede traer resultados desastrosos.

> *Un retraso puede acabar resultando en la*
> *protección divina de un accidente futuro.*

Pero incluso cuando te encuentres en el lugar incorrecto en el momento equivocado, como cuando te atrapa un embotellamiento de tráfico o cuando pierdes tu tren, no te agites. Un retraso puede acabar resultando en la protección divina de un accidente futuro. A veces, retrasarse solo unos segundos puede valer la vida o la muerte.

En el 2001, un hermano de mi iglesia escribió que la oficina de su hijo estaba en las torres gemelas de Nueva York. Una mañana en particular, el reloj despertador de su hijo no sonó y terminó perdiendo el tren que tomaba regularmente para ir al trabajo, por lo que llegaría tarde al mismo. Si esa mañana hubiera llegado a tiempo, habría estado en su oficina cuando los aviones se estrellaron contra el edificio en el devastador ataque terrorista del 11 de septiembre.

En el 2003, otro hermano de mi iglesia estaba de viaje por negocios en Yakarta, Indonesia. Se estaba alojando en el Hotel Marriott y se encontraba en el vestíbulo en el momento en que explotó una bomba en las afueras del hotel. La bomba destrozó el vestíbulo y él vio cómo un cuerpo pasó volando frente a él mientras el ensordecedor estallido retumbaba a su alrededor.

Luego de que el polvo se asentara, vio que estaba manchado de sangre y que había escombros por todos lados, pero sorprendentemente, él estaba ileso. En el instante en el que explotó la bomba, estaba pasando por detrás de una columna que lo protegió del impacto del estallido. ¡Imagínate lo que le habría sucedido si hubiera llegado a la columna unos segundos antes o después de que estallara la bomba!

No importa cuán inteligente seas, cuán abultada esté tu cuenta bancaria o cuánto prestigio pueda tener tu apellido, no hay manera de que puedas saber de antemano cuándo ubicarte detrás de una columna en el instante en el que una bomba inesperada explota cerca de ti. Solo Dios puede ubicarte en el lugar correcto en el momento preciso. Fue el Señor el que puso a ese hermano detrás de esa columna en el momento exacto. Sus pasos fueron literalmente guiados por el Señor. ¡Toda la gloria es para Él! ¡Jesús es nuestra verdadera columna de protección!

La fidelidad de Dios para proteger a sus amados al ubicarlos en el lugar correcto en el momento adecuado se comprobó incluso hace menos tiempo. Dos explosiones masivas estremecieron Yakarta, Indonesia, esta vez en la mañana del 17 de julio de 2009, y tanto el hotel Marriott como el Ritz-Carlton fueron el objetivo de ataques terroristas.

Una señora de nuestra iglesia estaba en el vestíbulo del Ritz-Carlton cuando una de las bombas fue detonada en el restaurante donde los huéspedes estaban tomando el desayuno. La fuerza de la explosión hizo que volaran pedazos de vidrio por donde estaba la señora, desgarrando los cuerpos de otros huéspedes que estaban parados delante de ella. Asombrosamente, ¡ella no resultó herida!

Nos dijo que al principio había planeado tomar el desayuno en ese mismo restaurante en el momento en el que explotó la bomba. Ciertamente, ese habría sido el lugar incorrecto en el momento equivocado. Si hubiera hecho eso, podría haber muerto por el estallido en el restaurante. Sin embargo, dijo que la razón por la que esa mañana no llegó a la hora habitual para tomar el desayuno fue que se había quedado leyendo alguno textos devocionales de mi *Destined to Reign Devotional* [Devocional destinados para reinar] y pasando tiempo con el Señor en su habitación del hotel. ¡El "retraso" que experimentó al leer mi libro hizo que no fuera al restaurante y le salvó la vida! ¡Alabado sea Jesús!

Confía en el Señor y cree en que hace que las cosas funcionen de la forma adecuada para que todo esté bien. Estar en el lugar correcto en el momento adecuado no siempre tendrá que ver con la protección contra algún hecho maligno. Quizás el Señor quiera ponerte en contacto con alguien con quien no te has encontrado hace muchos años, y haya una oportunidad de bendición esperándote.

No sé cuántas veces en mi iglesia alguien se encontró con un viejo conocido o conoció personas nuevas que luego resultaron ser de bendición. Hemos tenido testimonios de conexiones sobrenaturales que resultaron en oportunidades increíbles de trabajo, como también testimonios de personas a las que les han dado oportunidades laborales luego de encontrarse con amigos a los que hacía años no veían.

Amigo, amiga, nada sucede por casualidad, el Señor sabe cómo ubicarte en el lugar correcto en el momento adecuado. Puedes depender de Cristo para que suceda lo correcto. Las bendiciones llegan por su favor inmerecido y están más allá de tu capacidad para obtenerlas por medio de planes y estrategias pensadas cuidadosamente. El mundo dice: "Cuando fallas al planear, planeas para fallar". Pero no puedes planear el *qarah*. Esto es evidente en los testimonios que acabas de leer.

Nada sucede por casualidad, el Señor sabe cómo ubicarte en el lugar correcto en el momento adecuado.

Oye, no estoy en contra de los planes. Lo único que digo es que no deberías estresarte y ponerte nervioso cuando las cosas no suceden como las planeaste. No te atengas tan rígidamente a tus planes al punto que olvides hacer lugar para que el favor inmerecido de Jesús fluya, te proteja y te ubique. En el nuevo pacto de gracia, la Biblia indica que el Señor mismo escribe sus leyes en tu corazón.[15] Él puede hablarte y guiarte en todo lo que hagas. ¡Permite que te guíe de manera sobrenatural!

Recibí otro testimonio de una pareja en mi iglesia que experimentó justamente eso. Era el año 2004 y habían decidido pasar sus vacaciones navideñas en Penang, Malasia. Primero pensaron pasar todo el día paseando por la playa, pero de pronto uno de ellos sintió unas ganas inexplicables de comer algo que solo se conseguía del otro lado de la playa. Decidieron hacerle caso al deseo y salieron en busca del plato. Más tarde, se dieron cuenta de que poco después de que se fueron, el tsunami asiático golpeó la costa de la playa en la que habían estado relajándose y destruyó todo lo que se encontraba a su paso.

Verán, amigos, aquí no hay fórmulas establecidas. El Señor hará lo que sea necesario para proteger a sus hijos. ¡Involucra a Jesús en tus planes y permite que Él te guíe!

Primera mención de *qarah* en la Biblia

En la Palabra de Dios hay un principio interpretativo conocido como "principio de la primera mención". En la Biblia, cada vez que se menciona una palabra por primera vez, por lo general tiene un significado especial y una lección que podemos aprender. Echemos un vistazo a la primera vez que aparece la palabra *qarah*. La encontramos en Génesis 24, cuando Abraham envió a su sirviente sin nombre[16] a buscar una novia para Isaac, su hijo.

El sirviente sin nombre llegó a un pozo en las afueras de la ciudad de Najor por la tarde y decidió parar allí. Había tantas mujeres jóvenes reunidas para sacar agua de ese pozo que no sabía cuál sería la indicada para Isaac. Entonces, el sirviente sin nombre pronunció esta oración: "Señor, Dios de mi amo Abraham, te ruego que hoy me vaya bien, y que demuestres el amor que le tienes a mi amo".[17]

Aquí, la palabra "bien" es el vocablo hebreo *qarah*, y es la primera vez que aparece en la Biblia. En realidad, el sirviente oró: "Dame *qarah* hoy". No hace falta decir que con el *qarah* del Señor o la ubicación para que suceda lo correcto, el sirviente encontró una mujer hermosa y virtuosa llamada Rebeca, que se convirtió en la esposa de Isaac.

Necesitamos que el Señor nos dé *qarah* todos los días. Te aliento a que hagas la oración de ese sirviente sin nombre. Dile al Señor: "Dame éxito —*qarah*— hoy", ¡y depende de su favor inmerecido para que te lleve a estar en el lugar correcto en el momento adecuado!

La historia de Rut

En la Biblia hay un relato hermoso de una mujer moabita llamada Rut. En lo natural, ella no tenía nada a su favor. Era una viuda muy pobre y moabita, una gentil en la nación judía. Pero luego de que muriera su esposo, Rut se quedó con Noemí, su suegra. Dejó a su familia para seguir a Noemí de vuelta a Belén, e hizo del Dios de su suegra —el Dios de Abraham, de Isaac y de Jacob— su Dios.

Ahora bien, a causa de su pobreza, Noemí y Rut no podían comprar granos, por lo que esta tenía que ir al campo a realizar la ardua tarea de recoger lo que fuera que los segadores dejaran. Quiero que notes que Rut dependía del favor del Señor puesto que le dijo a Noemí: "Permíteme ir al campo a recoger las espigas que vaya dejando alguien a quien yo le caiga bien".[18] Rut confiaba en que Dios le daría favor a pesar de que era una extraña y no conocía a nadie en el campo. Ella ni siquiera sabía en el campo de quién podría ir a recoger.

Observa lo que cuenta la Biblia que sucedió después: "Rut salió y comenzó a recoger espigas en el campo, detrás de los segadores. Y dio la *casualidad* de que el campo donde estaba trabajando pertenecía a Booz, el pariente de Elimélec".[19] De todos los lugares del campo en los que Rut podría haber recogido, su "casualidad" fue que llegó al terreno que pertenecía a Booz, que era un hombre de gran riqueza, y que también por *casualidad* era pariente de Noemí.

Casualidad significa estar "justamente" en el lugar correcto. Sin embargo, en el texto original en hebreo, ¡la raíz de esta palabra es la palabra *qarah*![20]

Cuando Rut confió en el favor inmerecido de Dios, ella por *qarah* (o por casualidad) llegó a la parte del campo que pertenecía a Booz. En resumen, Booz vio a Rut, se enamoró de ella y se casaron. Probablemente Rut estaba en el punto más bajo de su vida antes de conocer a Booz. Todos los factores naturales estaban en su contra. Pero por confiar en el Señor, que la ubicó en el lugar correcto en el momento adecuado, su situación cambió por completo. De hecho, se convirtió en una de las pocas mujeres mencionadas en la genealogía de Jesús en Mateo 1:5, que declara: "Booz, padre de Obed, cuya madre fue Rut". ¡Qué honor estar incluida en la genealogía de Cristo Jesús! ¡Hablando de estar en el lugar correcto en el momento adecuado!

Ten fe en la gracia de Dios en tu vida. ¡Tus bendiciones están justo a la vuelta de la esquina!

Amigo, amiga, no importa qué circunstancias naturales puedas tener en contra hoy, confía en el favor inmerecido de Jesús y el Señor te dará lo que yo llamo "éxito *qarah*". Él te pondrá en el lugar correcto en el momento exacto para tener éxito en todas las áreas, como la protección física, las relaciones, tu carrera y tus finanzas.

No importa si no tienes las calificaciones educativas correctas o la experiencia necesaria. Puedes nacer en una familia pobre, puedes ser divorciado o padre soltero, pero sea cual sea el caso, no abandones la abundante gracia de Dios en tu vida para cambiar tu situación. Todo lo que necesitas es un momento *qarah* y que el favor inmerecido de Dios te ubique en el lugar correcto en el momento adecuado. Ten fe en la gracia de Dios. ¡Tus bendiciones están justo a la vuelta de la esquina!

En mi iglesia hay una mujer que era huérfana y extranjera. Al principio, cuando se unió a nosotros, no tenía mucho y nadie sabía quién era. Luego de escuchar el evangelio de la gracia, comenzó a depender del favor inmerecido de Jesús y a creer en Dios en cuanto a cosas grandes. Asistió a una convención de negocios en Israel donde conoció a unos científicos que tenían una tecnología especial de membrana para el tratamiento del agua, y ese fue su momento *qarah*.

Por el favor inmerecido de Dios sobre su vida, esos científicos quisieron trabajar con ella. Inició una empresa en la industria del tratamiento del agua, y en poco tiempo, estaba ya cotizando en la bolsa. Cuando decidió hacerlo, la coordinación fue perfecta ya que la escasez del agua estaba en todos los medios, y las acciones de su compañía eran muy codiciadas. ¡Hablando de estar en el lugar correcto en el momento adecuado!

Su éxito no termina ahí. Por el favor inmerecido y la sabiduría de Jesús, ella construyó una compañía que hoy vale varios cientos de millones de dólares. También ganó varios premios importantes y ahora es conocida como la mujer más rica del sudeste de Asia.

No hace mucho, algunos de mis líderes principales y yo nos encontramos con ella. Al escuchar su discurso, me fue obvio que esa mujer de negocios no solo era humilde, sino que también era alguien que entendía y caminaba en el favor inmerecido de Jesús. Ella viaja mucho debido a su trabajo y me contó que dondequiera que vaya, lleva consigo mis sermones y los mira en su habitación del hotel.

Me contó lo vital que era para ella seguir escuchando el evangelio de la gracia para mantenerse y basarse en el favor inmerecido de Jesús. ¡Escucharla decir eso me hizo sentir como si estuviera mirando mis propios DVD cuando llego a casa! Ella realmente obtuvo una revelación al hacer del evangelio de Jesús una prioridad en su vida, sin importar qué tan ocupada estuviera con sus negocios. Ella es un buen ejemplo de una persona que está a salvo para el éxito. No tiene falsas ideas en cuanto a la fuente de sus bendiciones. Al igual que José en la Biblia, ella es consciente de la presencia del Señor y sabe que todo lo que toca será bendecido por el favor inmerecido de Él sobre ella. ¡A eso llamo buen éxito!

No mires tus circunstancias naturales. Esa mujer de negocios comenzó literalmente con nada y, en lo natural, tenía todas las probabilidades en su contra. Sin embargo, como dependió de la gracia de Dios (favor inmerecido), el Señor lo cambió todo por completo en un momento *qarah*. Querido amigo, querida amiga, Jesús puede hacer lo mismo por ti. ¡Haz la oración del sirviente sin nombre y pídele al Señor que te dé *qarah*!

Sabiduría divina para el éxito

En este capítulo quiero hablarte sobre cómo puedes depender de la sabiduría de Dios para alcanzar el éxito. Esa sabiduría nos es dada por el inmerecido favor de Dios. No se logra con mucho estudio, ni puedes conseguirla por tu propio esfuerzo. Es algo que el mundo no tiene ni puede tener. No quiero decir con esto que no haya sabiduría en el mundo. Entra en cualquier librería y encontrarás estantes llenos de libros que contienen teorías y métodos de expertos sobre toda clase de temas. Pero la gran mayoría, lo que contienen surge de la *sabiduría humana*, que fortalece y edifica solo la carne. Lo sepan o no, la gente del mundo pide a gritos la verdadera sabiduría, que viene del Señor.

Observa nada más la demanda constante de libros de autoayuda. Y en realidad, no es "autoayuda" lo que necesitamos, sino ¡la ayuda del Señor! Lee libros escritos por creyentes llenos del Espíritu y por líderes cristianos que te alienten a mirar a Jesús, y no a mirarte a ti mismo.

El Salmo 1:1 nos dice esto desde el comienzo mismo: "Dichoso el hombre que no sigue el consejo de los malvados, ni se detiene en la senda de los pecadores ni cultiva la amistad de los blasfemos". Eso significa que en la sabiduría humana *hay* consejo pero aun así, el hombre que no sigue la sabiduría del mundo es dichoso, bendecido. Al mismo tiempo, si su deleite está en Jesús y medita en Él día y noche, dice el Salmo 1:3 que "Es como el árbol plantado a la orilla de un río que, cuando llega su tiempo, da fruto y sus hojas jamás se marchitan. ¡Todo cuanto hace prospera!". ¿Te suena conocido? Es que la Palabra de Dios es muy congruente. Las promesas del Salmo 1 ¡son las mismas que vimos en Jeremías 17, sobre el hombre bendecido!

Cuando Jesús estuvo en la tierra jamás pasó por una situación en la que no tuviera sabiduría.

Pon en práctica el consejo del que sigue a Dios y no el del mundo, y verás que todo lo que haces prospera. Dios ha levantado personas establecidas en las verdades del nuevo pacto que te ayuden a mantener los ojos fijos en Cristo. En Él encontrarás toda la sabiduría que necesitas. La Biblia nos dice que en Él "están escondidos todos los tesoros de la sabiduría y del conocimiento".[1] Es lo que necesitas para que te vaya bien.

Verás la sabiduría de Cristo en acción

Verás la sabiduría de Cristo en acción con tus propios ojos. Cuando Jesús estaba en la tierra jamás hubo una situación en la que le faltara sabiduría. Mira lo que pasó cuando los fariseos le llevaron a la mujer atrapada cometiendo adulterio. Los fariseos acudieron a Jesús, y citaron la ley, diciendo: "Maestro, a esta mujer se le ha sorprendido en el acto mismo de adulterio. En la ley Moisés nos ordenó apedrear a tales mujeres. ¿Tú qué dices?".[2]

Pensaron que habían logrado atrapar a Jesús en un dilema, porque si les decía que apedrearan a la mujer, podían acusarlo de no mostrar el perdón y la gracia que predicaba. Y si les decía que no debían apedrearla, entonces lo acusarían públicamente de violar la ley de Moisés y podrían enjuiciarlo por ello.

Los fariseos tal vez estuvieran muy confiados en que por fin habían logrado tenderle una trampa con éxito. Por eso confrontaron a Jesús con esa mujer en el área pública que rodeaba al templo. Querían avergonzarlo ante las multitudes que habían acudido a oír sus enseñanzas. Pero observa la sabiduría de Jesús en acción. Sencillamente, les dijo: "Aquel de ustedes que esté libre de pecado, que tire la primera piedra".[3]

¡Qué majestuoso! Habían ido ante Jesús con la ley de Moisés, y Jesús les dio el parámetro perfecto de la ley. Sin inmutarse, sencillamente desafió al que fuera perfecto ante la ley a tirar la primera piedra. Los fariseos que habían ido con la intención de tenderle una trampa empezaron a alejarse, uno a uno, sin decir palabra. Ese mismo Jesús, con toda su sabiduría, es nuestro Cristo que ha ascendido a los cielos y está sentado a la diestra del Padre, y a Él la Biblia lo llama "a quien Dios ha hecho nuestra sabiduría".[4]

Antes de dejar esta historia de Jesús y la mujer a quien habían encontrado cometiendo adulterio, quiero que veas algo importante. ¿Quién era en esa escena la única persona libre de pecado? El propio Jesús. Pero en vez de condenar a la mujer, silenció a sus acusadores y le mostró su gracia, preguntándole:

"Mujer, ¿dónde están? ¿Ya nadie te condena? ...Tampoco yo te condeno. Ahora vete, y no vuelvas a pecar".[5]

¿No es maravilloso saber que el ser más poderoso del universo es también el más bondadoso, el más lleno de gracia, y el que más perdón tiene para dar?

Es vital que sepas que "Dios no envió a su Hijo al mundo para condenar al mundo, sino para salvarlo por medio de él".[6] El Maestro no vino para condenarnos. ¡Vino para salvarnos! Al darle a esa mujer el regalo de la no condenación, le concedió el poder de "ir y no pecar más". De la misma manera, el favor inmerecido de Jesús con nosotros nos lleva a arrepentirnos ¡y nos da poder para vencer los errores que cometemos!

Nuestro Salvador es amoroso. Jamás llega temprano, nunca llega tarde. Siempre está en el lugar preciso en el momento indicado. Siempre está en perfecta paz y no hay en Él urgencia. Cuando fue el momento de mostrar ternura, fue infinitamente tierno. Cuando fue momento de voltear las mesas de los que cambiaban dinero, lo hizo con pasión. No lo amedrentaban los intentos de los fariseos por tenderle trampas, y siempre fluía de Él sabiduría divina. Él es acero y terciopelo, humildad y majestad, perfecta deidad y humanidad a la vez. Ese es Jesús ¡y tú estás en Él!

Estás en Cristo

Ahora veamos, ¿qué significa estar en Cristo? Significa que somos nuevas creaciones.[7] Cuando estamos en Cristo, somos bendecidos con toda bendición.[8] Cuando estamos en Cristo, estamos en el secreto lugar del Altísimo[9] y estamos protegidos.

Cuando estamos en Cristo somos cabeza, y no cola, y estamos por encima y no por debajo.[10] No seas como el mundo, y digas cosas como: "Dentro de todo, me va bien". No tienes por qué estar "dentro" de las circunstancias. ¡Porque el Señor puede hacer que te eleves por encima de lo que esté sucediendo a tu alrededor!

La Palabra de Dios nos dice: "Pero gracias a él ustedes están *unidos a Cristo Jesús*, a quien Dios ha hecho nuestra sabiduría; es decir, nuestra justificación, santificación y redención".[11] Cuando estamos en Cristo Dios hace que Jesús sea nuestra sabiduría, justificación, santificación y redención. A lo largo de este libro hemos estado hablando de la justificación, la santificación y la redención que es tuya por medio de la obra cumplida por Jesús. A estas alturas espero que sepas que hoy lo que hay que preguntar no es si eres justo o santo a los ojos de Dios, sino: "¿Es justo Cristo a los ojos de Dios?", y "¿Es santo Cristo a los ojos de Dios?". Cuando estás en Cristo, eres como Cristo *¡así eres tú!*[12] ¿Es Cristo saludable, está lleno de favor y es agradable a Dios en nuestros días? Entonces ¡así eres tú!

No tienes que dejar que tus circunstancias te intimiden. Cuando estés frente a los gigantes de la carencia económica, la enfermedad o la depresión, has de saber que para ti, son pan comido.

Todas las bendiciones que registra la Palabra de Dios son tuyas hoy. Cuando la Biblia dice: "La oración del justo es poderosa y eficaz"[13], no tienes que desear ser justo, ni buscar a un justo para que ore por ti. Así como Jesús es justo, tú también lo eres. Basados en la Palabra de Dios ¡eso significa que puedes orar y tener la confiada expectativa de que tus oraciones lograrán muchísimo! Dios oirá y responderá tus oraciones. La Biblia dice que no recibes porque no pides.[14] De modo que ¡atrévete y pídele grandes cosas a Dios!

Aquí hay otra descripción del justo: "El justo vive confiado como un león".[15] Eso te describe a ti, amado, amada. No tienes que dejarte intimidar por tus circunstancias. Eres valiente y tienes la audacia para enfrentar a cualquier gigante. Sea que te enfrentes al gigante de la escasez de dinero, la enfermedad o la depresión, todos son pan comido para ti.

Pero, ¿sabes qué? La mayor valentía que puedes tener cuando te has establecido en justicia es acudir ante Dios, sin miedo ni conciencia del pecado, para recibir su inmerecido favor. Cuando confías en que has recibido justicia por la justicia de Cristo, no tienes que tener miedo de que Dios te persiga para juzgarte o condenarte. Eres libre de ir ante el Señor y reclamar sus promesas para ti, incluso cuando hayas fallado… o mejor dicho, *especialmente* cuando has fallado.

Dios quiere que nos acerquemos "confiadamente al trono de la gracia [inmerecido favor] para recibir misericordia y hallar la gracia [inmerecido favor] que nos ayude en el momento que más la necesitemos".[16] Observa que para el creyente, el trono de Dios no es un trono de juicio. Es un *trono de gracia*, de favor inmerecido. Puedes tener la osadía de creer en el favor de Dios solo cuando estás seguro de tu justicia en Cristo. Así que, asegúrate de estar creyendo bien, hoy mismo.

Lo principal es la sabiduría

Ahora bien, nota que en 1 Corintios 1:30 Cristo es hecho nuestra sabiduría primero, y luego nuestra justicia, santidad y redención. ¡La sabiduría es lo primero! Jesús, como nuestra sabiduría, es lo más importante. Observa que hay una diferencia entre sabiduría y conocimiento. El conocimiento se hincha de orgullo.[17] Puede volvernos arrogantes y orgullosos. Pero la sabiduría nos hace humildes, deseosos de aprender. Puedes leer muchísimo y acumular cantidad de conocimiento, y aun así carecer de sabiduría. Tampoco te vuelves sabio solo porque envejezcas o tengas más experiencia en la vida. La sabiduría no es natural. No importa si eres joven o viejo, si tienes o no experiencia, si has estudiado en la universidad o no. La sabiduría viene del inmerecido favor de Dios.

El ascenso y el honor vienen como resultado
de recibir a Cristo como tu sabiduría.

Mira lo que declara la Palabra de Dios acerca de la importancia de la sabiduría: "La sabiduría es lo primero. ¡Adquiere sabiduría! Por sobre todas las cosas, adquiere discernimiento. Estima a la sabiduría, y ella te exaltará; abrázala, y ella te honrará; te pondrá en la cabeza una hermosa diadema; te obsequiará una bella corona".[18] Verás, el ascenso y el honor resultan de recibir a Cristo como tu sabiduría.

Recuerdo que solía orar cada día por una cosa que en los inicios de mi iglesia era esencial: pedía que la sabiduría de Dios nos guiara en todo lo que hiciéramos. Era ese el centro de mi oración. No quería basarme en mi propia sabiduría para llevar adelante la iglesia, sino depender de la sabiduría de Cristo. Y en efecto, fue durante esa época de creer para recibir la sabiduría de Dios ¡que el Señor abrió mis ojos al evangelio de la gracia!

Cuando se abrieron mis ojos al evangelio del inmerecido favor de Jesús, comenzaron a cambiar vidas drásticamente, y a transformarse, y de solo unos pocos cientos de personas a mediados de los noventa, hoy la cantidad más grande de asistentes a los servicios del domingo supera las veintidós mil preciosas almas. Cuando me piden que explique cómo creció nuestra congregación, mi respuesta es simple y clara: fue y sigue siendo enteramente por el inmerecido favor de Jesús. Sé que es la gracia y solamente ella lo que hizo que nuestra iglesia tuviera un crecimiento tan explosivo.

Antes de que creciera tanto en cantidad de personas, el Señor me preguntó si haría algo. Yo pasaba tiempo en su presencia y un día estaba leyendo su Palabra. Entonces me preguntó si yo predicaría a Cristo en cada sermón. Sinceramente, pensé antes que nada que si predicaba a Jesús en cada mensaje, la gente dejaría de asistir y nuestra iglesia se haría cada vez más pequeña. Pero el Señor me insistió entonces: "Si dejan de venir ¿seguirás predicando a Jesús en todos tus mensajes?". Como todo joven pastor, yo era ambicioso y quería que la iglesia creciera. Sin embargo, me sometí al Señor y dije: "Sí, Señor. Aunque la iglesia se reduzca, ¡seguiré predicando a Cristo!".

La sabiduría siempre te guiará a la persona de Jesús en la cruz.

No podía saber que en realidad era una prueba del Señor, porque desde el momento en que empecé a predicar a Jesús, a develar su amor y perfección así como su obra cumplida, domingo tras domingo, nunca volvimos a mirar atrás como iglesia. No me daba cuenta de que a lo largo de todos esos años en que oraba pidiendo sabiduría, la sabiduría de Dios me llevará a revelar el evangelio de gracia, un evangelio que no está adulterado por la ley ni por las obras humanas, y que se basa enteramente en la obra cumplida por Jesús. Eso es lo que hace la sabiduría. Siempre te guía hacia la persona de Jesús y la cruz.

Hoy, el mismo evangelio de gracia que predicamos cada domingo en nuestra iglesia, se trasmite a millones de hogares de América, Europa, Medio Oriente y la región de Asia Pacífico. Comenzamos como una iglesia muy pequeña en Singapur, de la que nadie había oído. Pero el favor inmerecido de Dios nos ha bendecido hasta hacer que seamos un ministerio internacional que tiene impacto en el mundo, con la buena nueva de su inmerecido favor. Y no me arrogo crédito por ello porque esa sabiduría es de Cristo y solo nos gloriamos en Él y nada más que en Él.

El espíritu de sabiduría

Hemos hablado de la sabiduría como lo principal, pero ¿sabes lo que es el "espíritu de sabiduría"? Observa la oración que pronunció el apóstol Pablo por la iglesia de Éfeso:

> Pido que el Dios de nuestro Señor Jesucristo, el Padre glorioso, *les dé el Espíritu de sabiduría y de revelación*, para que lo conozcan mejor. Pido también que les sean iluminados los ojos del corazón para que sepan a qué esperanza él los ha llamado, cuál es la riqueza de su gloriosa herencia entre los santos, y cuán incomparable es la

grandeza de su poder a favor de los que creemos. Ese poder es la fuerza grandiosa y eficaz.

—EFESIOS 1:17-19

¿Lo vas entendiendo? El espíritu de sabiduría y revelación *¡está en el conocimiento de Jesús!* Cuanto más conoces a Jesús y tienes la revelación de su inmerecido favor en tu vida, tanto más tendrás el espíritu de sabiduría. Te desafío a repetir esta oración pidiendo sabiduría con regularidad, porque cuando aumentas el conocimiento de Jesús, Él te guía con toda seguridad al buen éxito en todos los aspectos.

Cuanto más conoces a Jesús y tienes la revelación de su inmerecido favor en tu vida, tanto más tendrás el espíritu de sabiduría.

Notemos que cuando Pablo oraba esto por los creyentes de Éfeso, ellos ya estaban llenos del Espíritu Santo. Pero aun así Pablo oraba a Dios para que les diera el espíritu de sabiduría y la revelación, de modo que conocieran mejor a Jesús. Una cosa es tener el Espíritu Santo dentro de ti, pero es diferente permitir que el que está en ti fluya, como espíritu de sabiduría y revelación. Cuando el Espíritu Santo te guía en la sabiduría de Jesús no hay situación imposible, ni problema que no pueda solucionarse, ni crisis que no pueda vencerse. La sabiduría de Cristo en ti te ayuda a navegar a salvo, en todas las pruebas que vengan, y hace que prevalezcas sobre todos tus problemas.

El secreto de la sabiduría de Salomón

Echemos una mirada a la vida de Salomón. Cuando asumió el trono tenía solo dieciocho años, y sucedía al gran rey David. Salomón no estaba lleno de sabiduría cuando llegó al trono pero tenía un corazón muy sincero. Fue al monte Gabaón donde estaba el tabernáculo de Moisés, para ofrecer mil holocaustos al Señor. Allí el Señor se le apareció en un sueño y le dijo: "Pídeme lo que quieras".[19]

Ahora, reflexiona en esto por un momento. ¿Qué habrías pedido si hubieses estado en el lugar de Salomón? Él no pidió riquezas. Tampoco pidió que todos los hombres lo honraran. No. En cambio, le dijo al Señor: "Yo te pido *sabiduría y conocimiento* para gobernar a este gran pueblo tuyo; de lo contrario, ¿quién podrá gobernarlo?".[20] La Biblia registra que "al Señor le agradó que Salomón hubiera hecho esa petición".[21] Y el Señor respondió: "Ya que has pedido sabiduría y conocimiento para gobernar a mi pueblo, sobre el cual te he hecho rey, y no has pedido riquezas ni bienes ni esplendor, y ni siquiera la muerte de tus enemigos o una vida muy larga, te los otorgo. Pero además voy a darte riquezas, bienes y esplendor, como nunca los tuvieron los reyes que te precedieron ni los tendrán los que habrán de sucederte".[22]

El primer libro de Reyes nos cuenta que Salomón le dijo al Señor: "Yo te ruego que le des a tu siervo *discernimiento* para gobernar a tu pueblo y para distinguir entre el bien y el mal. De lo contrario, ¿quién podrá gobernar a este gran pueblo tuyo?".[23] Por eso, cuando Salomón pedía sabiduría y conocimiento, estaba pidiendo discernimiento. Profundicemos más aun. Aquí, en el texto hebreo "discernimiento" es *shama*, que significa "oír con inteligencia".[24] En otras palabras, Salomón había pedido un corazón dispuesto a oír, un corazón que oye al Espíritu y a Dios y que fluye con su guía, que nos lleva a toda verdad.[25] Necesitas un corazón que escuche la sabiduría de Dios ¡para que su sabiduría fluya en todos los aspectos de tu vida!

Creo que ese mismo pedido que en ese momento agradó al Señor, le agrada hoy también. A Dios le agrada cuando pedimos sabiduría a Jesús. Pedirle su sabiduría implica ponernos en una postura de confianza y dependencia de su inmerecido favor. Solo el humilde puede pedirle a Jesús sabiduría y un corazón dispuesto a oír. Aunque Salomón solamente pidió sabiduría, el Señor añadió "riquezas y honor" a su vida. Hay demasiada gente que corre tras la riqueza y el honor, sin ver que vienen a través de la sabiduría de Cristo. Incluso si alguien llega a obtener riquezas repentinamente, sin la sabiduría de Jesús para administrarla, despilfarrará su dinero. Pero con la sabiduría divina, no solo tendrás bendición sino que podrás aferrarte a las bendiciones de tu vida. Jesús hace que estés a salvo, para obtener el buen éxito que produce fruto perdurable, que dura de generación en generación.

> *Jesús hace que estés a salvo, para obtener el buen éxito que produce fruto perdurable, que dura de generación en generación.*

Volviendo a Salomón, veamos qué hizo después que recibió la sabiduría de Dios. David había instituido la adoración en el monte Sión, no en Gabaón. Lo que quedaba en el tabernáculo de Moisés en el monte Gabaón era meramente la estructura, la forma religiosa, con la lámpara, la mesa para el pan y el altar de incienso. Pero faltaba la parte del mobiliario más importante del tabernáculo: el arca de la alianza, que contenía la presencia de Dios.

El rey David tuvo una especial revelación del arca de la alianza, y la había llevado de regreso a Jerusalén, poniéndola en el monte Sión. Vemos que por alguna razón, Salomón estaba en la religión antes de recibir sabiduría. Y aunque era sincero al buscar a Dios en el monte Gabaón, la presencia del Señor en realidad estaba en Sión. El tabernáculo de Moisés solo tenía la forma, pero la sustancia de la presencia del Señor estaba en el arca de la alianza, en Jerusalén.

Ahora, observa esto: apenas recibió sabiduría del Señor, *lo primero* que hizo Salomón al despertar fue ir a Jerusalén, donde "se presentó ante el arca del pacto del Señor y ofreció holocaustos y sacrificios de comunión. Luego ofreció un banquete para toda su corte".[26]

La sabiduría te hace valorar la presencia de Jesús

¿Cómo saber si alguien ha recibido sabiduría del Señor? Lo primero que hará esa persona es valorar la presencia de Jesús. Lleno ya de la sabiduría de Dios, Salomón dejó la estructura religiosa del tabernáculo de Moisés y fue a buscar la presencia del Señor en Jerusalén. Después de recibir sabiduría y un corazón dispuesto a oír a Dios, valoró como un tesoro la presencia del Señor. Del mismo modo, cuando recibes la sabiduría divina, no te apartas de la iglesia sino que quieres recibir más y más de la Palabra de Dios y la presencia de Jesús.

"Pero, pastor Prince ¿qué tan importante era el arca de la alianza?"

El arca del pacto o de la alianza es la imagen de Jesús. Hecha de madera, habla de la humanidad de Jesús,[27] y recubierta de oro, habla de la divinidad de Jesús.[28] Jesús es cien por cien hombre y cien por cien Dios. En el arca hay tres artículos: las tabletas de piedra de los Diez Mandamientos, la vara de Aarón que floreció y una vasija de oro que contiene maná. Estos objetos representan la rebelión del ser humano contra la perfecta ley de Dios, su liderazgo y su provisión, respectivamente.[29]

Ahora veamos lo que Dios tiene en su corazón para su pueblo. Les instruyó que esos símbolos de la rebelión del hombre se pusieran dentro del arca ¡y se cubrieran con el propiciatorio! El propiciatorio es donde el sumo sacerdote salpicaría la sangre de la ofrenda para cubrir los pecados y la rebelión de los hijos de Israel.

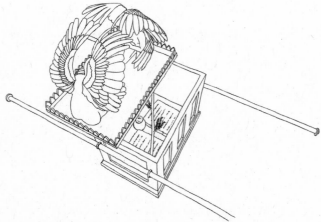

Los tres artículos que contiene el arca de la alianza son las tabletas de piedra de los Diez mandamientos, la vara de Aarón que floreció y una vasija de oro con maná.

El arca de la alianza no es más que una sombra. Hoy tenemos la sustancia de la obra cumplida por Jesús en la cruz, donde la sangre del mismo Hijo de Dios, y no la sangre inferior de bueyes o corderos, fue derramada para limpiar todos nuestros pecados y toda nuestra rebelión *¡de una vez y para siempre!*

No es de extrañar que en las batallas en las que los hijos de

Israel apreciaban el valor del arca, siempre salieran victoriosos. De la misma manera, hoy es clara indicación de que la sabiduría de Dios está en tu vida, el hecho de que valores y aprecies la persona de Jesús y lo que hizo por ti en la cruz. Y como la auténtica arca de la alianza está contigo todo el tiempo, no puedes sino triunfar, y tener éxito y victoria en cualquier batalla. Salomón lo sabía, por eso buscó la presencia del Señor apenas despertó. Busca la presencia de Jesús en tu vida. ¡Él es tu sabiduría y tu victoria en todas las batallas!

El sumo sacerdote salpica la sangre de las ofrendas sobre el propiciatorio
para cubrir los pecados y la rebelión de los hijos de Israel.

Sabiduría y larga vida

La Biblia nos promete algo más cuando tenemos sabiduría: "Dichoso el que halla sabiduría … porque ella … *con la mano derecha ofrece larga vida*; con la izquierda, honor y riquezas".[30] Por desdicha, para Salomón, solo obtuvo la mano izquierda de sabiduría, que ofrece riquezas y honor. El Señor le había dicho: "Si andas por mis sendas y obedeces mis decretos y mandamientos … *te daré una larga vida*".[31]

Para Salomón, que estaba bajo el viejo pacto de la ley, la bendición de la larga vida era condicional y solo podía recibirla si era capaz de cumplir la ley a la perfección. Pero no lo hizo, y no tuvo la larga vida que ofrece la mano derecha de la sabiduría. Nosotros estamos bajo el nuevo pacto de la gracia, Jesús es la mano derecha del Padre, y es nuestra sabiduría. Y cuando tenemos a Jesús, podemos ser bendecidos con las dos manos de la sabiduría gracias a la obra que cumplió en la cruz. Eso significa que nos pertenecen la riqueza y el honor, y también la larga vida. ¡Servimos a un Dios maravilloso!

Amado amigo, amada amiga, busca a Jesús y tendrás sabiduría en todos los aspectos de tu vida. No puedes tratar de ganarla, ni merecerla, ni conseguirla por mucho que estudies. Así es la sabiduría de Dios y viene por su inmerecido favor. Esa sabiduría te dará éxito en lo que hagas. Y te hará vencer, como estudiante, como padre, como madre, como esposo o esposa.

La sabiduría de Dios siempre lleva a la promoción y al buen éxito.

Por ejemplo, si estás pasando por problemas matrimoniales, Dios no va a "secuestrar" a tu cónyuge para que después de andar por la luna, ¡vuelva a ti! Lo mismo que hizo que tu cónyuge se alejara será lo que le haga volver. Lo que necesitas ¡es sabiduría para tu situación matrimonial!

Si enfrentas una crisis en tu negocio, depende del Señor para que te dé su sabiduría. No existen los "problemas de dinero". Existen los "problemas de las ideas". Confía en que el Señor te bendecirá con la sabiduría celestial que hará que todo lo que toques en tu trabajo prospere. La sabiduría de Dios siempre lleva a la promoción y al buen éxito.

La sabiduría de Dios trae promoción y avance

En Génesis 39:3-4 vemos que cuando Potifar vio que el Señor estaba con José, y que todo lo que tocaba prosperaba, Potifar de inmediato ascendió a José al puesto de supervisor y administrador de todos los asuntos de su casa. De manera similar, cuando el faraón vio que el Espíritu de Dios estaba en José y que no había nadie que tuviera la sabiduría y el discernimiento que tenía José, lo puso a cargo de todo Egipto.[32]

Sin embargo, debemos notar algo: José sabía que Dios era el origen de su sabiduría. Cuando el faraón dijo: "Tuve un sueño que nadie ha podido interpretar. Pero me he enterado de que, cuando tú oyes un sueño, eres capaz de interpretarlo", José respondió: "No soy yo quien puede hacerlo sino que es Dios quien le dará al faraón una respuesta favorable".[33] José sabía que su sabiduría era resultado del inmerecido favor del Señor y no se arrogaba mérito ni crédito personal por ello. Es claro que era un hombre que entendía la gracia y a quien podían confiársele la riqueza, el ascenso y más del buen éxito.

Observa la sabiduría de José en acción. José no solo interpretó el sueño del faraón sino que le aconsejó cómo aprovechar los siete años de abundancia para prepararse para los siete años de hambruna que le habían sido revelados en su sueño. ¿Has notado que el sabio consejo de José le llevó a una posición de influencia? Así opera la sabiduría del Señor. Proverbios 18:16 dice: "La dádiva del hombre le abre camino y lo lleva ante la presencia de los grandes" (LBLA). José sabía que su sabiduría era un don del Señor. Sabía que no se la había ganado y que fluía del inmerecido favor del Señor para con él.

Los caminos del Señor son maravillosos. Observa hasta dónde llegó José, en Génesis 41. En poco tiempo, pasó de ser un simple prisionero al puesto más alto en la corte de Egipto. Eso, amigos míos ¡es el inmerecido favor de Dios! No hay esfuerzo, ni trabajo, ni negociación o manipulación. Solo gracia pura. ¡Solo la gracia marcó la diferencia en la vida de José!

No olvides lo que hemos visto desde el principio de este libro. Cuando el Señor está contigo, eres una persona de éxito. Tal vez ahora sientas que estás en prisión, atrapado en una situación sin salida, olvidado como lo estaba José. ¡Pero la historia no ha terminado todavía! La promoción del Señor está a la vuelta de la esquina. No importa cuál sea tu situación en este momento, no abandones ni renuncies.

Cuando recibes la sabiduría de Dios, vienen las riquezas, el honor y la larga vida.

Si estás en una situación en la que no sabes qué hacer, es hora de que te humilles y le pidas al Señor su sabiduría. La Biblia dice: "Si a alguno de ustedes le falta sabiduría, pídasela a Dios, y él se la dará, pues Dios da a todos generosamente sin menospreciar a nadie".[34] Pedirle al Señor su sabiduría es decir: "Yo no puedo, Señor. Pero tú sí. Renuncio a mis propios esfuerzos, y dependeré enteramente de tu inmerecido favor y sabiduría". Al recibir su sabiduría, vienen las riquezas, el honor y la larga vida. ¡Acude corriendo al Señor, ahora mismo!

Capítulo 21

Grandiosamente bendecido, altamente favorecido, profundamente amado

Hemos hecho un viaje emocionante para comprender el favor inmerecido del Señor, ahora estamos en el penúltimo capítulo de nuestra jornada. Oro porque Dios te haya abierto los ojos para que veas la gran cantidad de riquezas de su gracia (favor inmerecido) que hay en su bondad con nosotros en Cristo Jesús, y que te haya revelado lo que realmente significa ser justificado por la fe y no por las obras.

Estamos lavados por la sangre de Jesús, llenos de su Espíritu y vestidos con su justicia. Cuando Jesús murió en la cruz por nuestros pecados, la cortina o velo que nos separaba de la presencia santa del Señor se rasgó en dos,[1] y se abrió una nueva y viviente experiencia a la presencia santa de Dios. Hoy, podemos entrar confiados en el Lugar Santísimo sin miedo alguno ya que no estamos parados sobre nuestra propia santidad, sino sobre la de Cristo. Queridos, ¿saben qué privilegio tan asombroso es este? Hacer esto bajo el antiguo pacto de la ley era imposible.

Bajo ese acuerdo, la única persona que podía entrar al Lugar Santísimo, donde se hallaba el arca del pacto o de la alianza, era el sumo sacerdote de Israel. Incluso este no podía entrar cuando quisiera. Solo tenía permitido entrar en la presencia de Dios una vez al año, el Día de la Expiación o Propiciación. Pero hoy, tú y yo tenemos acceso libre y total a la presencia de Jesús en cualquier momento. Él está con nosotros todo el tiempo. ¡Eso significa que podemos tener éxito en todo momento, en todo lo que hagamos!

Jesús está con nosotros todo el tiempo. ¡Eso significa que podemos tener éxito en todo momento, en todo lo que hagamos!

El intercambio divino en la cruz

Mientras nos preparamos para terminar, quiero asegurarme de que antes de que cierres este libro, tu postura perfecta hoy en Cristo esté totalmente asegurada. Permite que te reitere qué es el nuevo pacto en términos muy simples. En el antiguo pacto de la ley, Dios le dijo a la nación de Israel que a menos que siguieran sus mandamientos a la perfección, Él no podría aceptarlos. Pero Dios mismo encontró fallas en el antiguo pacto porque el hombre nunca podría cumplir con sus requisitos, y decidió hacer un nuevo pacto que se basaba completamente en la obra perfecta de Jesús.

En el nuevo pacto, Dios dijo básicamente: "Tengo una manera mejor. Deja que Jesús cumpla todas las leyes a la perfección por ti. Y aunque no hay pecado alguno en Él, deja que pague el precio por todos tus quebrantos de la ley. Deja que cargue con todo el castigo que mereces tú. Una vez que todos tus pecados hayan sido juzgados en el cuerpo de Jesús en la cruz, nunca más te castigaré por ellos. Todo lo que necesitas es aceptar a Jesús y creer en todas las cosas buenas que ha hecho, y pondré todo lo que Él ha hecho en tu cuenta, te daré todas las bendiciones, los favores y el éxito que merece mi Hijo.

"Pondré todas las cosas malas que has hecho y volverás a cargarlas a su cuenta en la cruz. Él cargará con todo el juicio, la condena y el castigo que mereces. Así, todas las cosas buenas que Él hizo se volverán tuyas, y todas las cosas malas que tú hiciste y hagas se vuelven suyas en el Calvario".

Por eso es que lo llamamos el evangelio de la gracia. "Evangelio" significa "buenas noticias", ¡y estas sí que son BUENAS NUEVAS! Incluso si no entiendes completamente las diferencias teológicas entre el antiguo pacto y el nuevo, simplemente necesitas entender el intercambio divino que sucedió en la cruz y tendrás una comprensión profunda e íntima del evangelio de Cristo. ¿Qué estoy diciendo con esto? Te estoy diciendo que no necesitas ser estudiante de la Biblia para entender el evangelio. Simplemente necesitas conocer a la persona de Jesús y todo lo que hizo por ti. Necesitas saber que en el momento en el que aceptas a Cristo, Dios te da la más alta calificación eterna por tu posición correcta en Él. Necesitas saber que hoy puedes disfrutar del favor de Dios. Es totalmente inmerecido y sin méritos, y es tuyo por lo que Jesús hizo en la cruz.

Cómo crecer en el favor inmerecido de Dios

La Palabra de Dios nos cuenta que "Jesús siguió *creciendo* en *sabiduría* y estatura, y cada vez más gozaba del *favor* de Dios y de toda la gente".[2] Este es un buen versículo para orar y para decirles a tus hijos que ellos crecen primero en favor con

Dios, y luego en favor con el hombre. Tu "relación vertical" con Dios siempre debe tener prioridad por sobre tu "relación horizontal" con la gente que te rodea.

Al igual que Cristo, tú también puedes crecer en sabiduría y en el favor inmerecido de Dios. ¿Cómo? Es probable que hayas notado que algunos creyentes parecen tener muchos más favores inmerecidos que otros. Creo que es porque esos creyentes comprenden la clave para tener acceso al favor de Dios. Eso está explicado con claridad en Romanos 5:2, que dice: "*mediante la fe*, tenemos acceso a esta gracia [favor inmerecido] en la cual nos mantenemos firmes". Para obtener acceso a tu computadora o a tu cuenta bancaria, necesitas una contraseña. Para obtener acceso y para crecer en el favor inmerecido de Dios, la "contraseña" o la clave que necesitamos tener es la fe, la fe de creer que TÚ, _____ (escribe tu nombre), *¡eres* altamente favorecido!

Una de las cosas que les enseñé a los miembros de mi iglesia que debían hacer es declararse a sí mismos *grandiosamente bendecidos, altamente favorecidos y profundamente amados.*

"*Pastor Prince, ¿cómo sabemos que somos grandiosamente bendecidos?*"

Lee Hebreos 6:13-14. Dios quería que supiéramos con tal seguridad y firmeza que *nos* bendecirá a nosotros, la semilla de Abraham, que prometió en su Nombre, que "Te bendeciré en gran manera y multiplicaré tu descendencia".

"*¿Cómo podemos saber que somos altamente favorecidos?*"

Efesios 1:6 nos dice que por medio de la gracia de Dios

(favor inmerecido), Él "nos *concedió* en su Amado". En el texto original griego, la palabra "concedido" está escrita como *charitoo*, que significa "altamente favorecido".[3]

"¿Y es cierto que somos profundamente amados por Dios?"

Dios no solo nos amó. Juan 3:16 dice que *"tanto* amó Dios al mundo, que dio a su Hijo unigénito". Demostró lo *tanto* que nos ama enviando a Jesús a morir en la cruz por nosotros.

Oro porque los versículos que acabo de mostrarte y todo el libro te ayuden a creer que a través de Jesús, en verdad eres grandiosamente bendecido, altamente favorecido y profundamente amado. Si estas verdades todavía no están establecidas en tu corazón, comienza a pronunciarlas. Mírate al espejo todas las mañanas y declara con osadía: "Por la obra perfecta de Jesús en la cruz, por su sangre, soy recto, ¡y soy grandiosamente bendecido, altamente favorecido y profundamente amado! Espero que me sucedan cosas buenas. ¡Espero tener buen éxito en Cristo!".

Por la obra perfecta de Jesús en la cruz, por su sangre, soy justo, ¡y soy grandiosamente bendecido, altamente favorecido y profundamente amado!

Una vez que recibes a Cristo, pisas suelo favorecido. Ya no estás sobre suelo condenatorio. ¡Dios te ve como su hijo favorito!

"Pero pastor Prince, ¿cómo es posible que Dios tenga tantos favoritos?"

Es que Él es Dios. No intentes limitar a un Dios infinito con tu mente limitada. La Biblia indica que Dios cuenta cada cabello de la cabeza de cada uno de nosotros.[4] (Yo amo mucho a mi hija, pero nunca conté la cantidad de cabellos o los mechones de pelo que hay en su cabeza.) Su amor por cada uno de nosotros es íntimo y profundamente personal. Ante sus ojos, ¡todos somos sus preferidos!

La historia de Ester

Cuando sabes que eres grandiosamente bendecido, altamente favorecido y profundamente amado, no tienes que depender de tu propio esfuerzo. Por ejemplo, mira la historia de Ester. Cuando el rey Jerjes estaba buscando una reina nueva, las mujeres más hermosas de la zona fueron llevadas ante él. A todas las mujeres se les dio la posibilidad de adornarse con lo que desearan antes de ser llevadas a una audiencia con el rey. Pero cuando llegó el turno de Ester, ella "no pidió nada fuera de lo sugerido por Jegay, el eunuco encargado del harén del rey". Mira los resultados: "Ella se había ganado la simpatía de todo el que la veía",[5] y "el rey se enamoró de Ester más que de todas las demás mujeres, y ella se ganó su aprobación y simpatía más que todas las otras vírgenes. Así que él le ciñó la corona real y la proclamó reina en lugar de Vasti".[6]

Mientras las otras mujeres agarraron los mejores vestidos, perfumes y accesorios para embellecerse, Ester no dependió de sus propias habilidades sino que se sometió a Jegay, el oficial al que el rey había nombrado para que vigilara a las damas. Hubo gran sabiduría y humildad en su decisión. ¿Puedes ver la belleza de Ester? No confió en su propio esfuerzo. Mientras las otras mujeres trataron de mejorarse a sí mismas confiando en sus propios esfuerzo, Ester se sometió sabiamente a la única persona que podía conocer las preferencias y gustos del rey, y los resultados hablan por sí solos.

Este incidente también nos demuestra que Ester dependía totalmente del favor inmerecido del Señor. Cuando dependes totalmente del favor inmerecido del Señor, asumes una posición de reposo, confianza y comodidad. Ester no tuvo que luchar. Como reposó en el Señor y se humilló a sí misma, el Señor la ascendió y la elevó por encima de todas las otras mujeres. Dios se opone a los orgullosos y da favor inmerecido a los humildes.[7] Cuando te humillas y dejas de confiar en tus propios esfuerzos para ser ascendido, y depende de Jesús y nada más que de Él, el Señor mismo será tu ascenso y tu crecimiento. Al igual que Ester, te levantarás entre una multitud, obtendrás gracia y favor de Dios y del hombre.

Cuando el Señor te asciende, te da influencia para que seas de bendición y protección para los que te rodean.

¿Sabes por qué la historia de Ester es tan importante? Lee los detalles en el libro de la Biblia que lleva su nombre. Por haber sido ascendida para convertirse en reina, Ester estaba en una posición favorecida para proteger a todos los judíos que estaban en el reino. Cuando el Señor te asciende, te da influencia para que seas de bendición y protección para los que te rodean. No existen las coincidencias, solo las "Dios-incidencias". ¡El Señor te bendecirá para que seas una bendición!

Ser favorecido no significa que no enfrentarás problemas

Cuando el favor inmerecido de Dios brilla en ti, te suceden *cosas buenas*. Sin embargo, al mismo tiempo, quiero que estés consciente de que también es probable que afrontes algunos problemas que surgen a causa del favor en tu vida. Por ejemplo, si eres hombre de negocios, tendrás más trabajo del que puedas manipular. Si eres médico, los pacientes harán largas filas para que los atiendas. Pero estos problemas son "buenos".

En tanto el Señor siga bendiciendo a nuestra iglesia, nuestro problema es seguir quedándonos sin espacio para acomodar a las preciadas personas que vienen cada domingo a escuchar el evangelio de gracia y la "palabra del momento" que tiene Dios para ellos. En estos tiempos, ya estamos emitiendo cuatro servicios en "vivo" cada domingo en varias sedes repletas, con muchas personas haciendo fila afuera durante más de una hora para tener un asiento en nuestro auditorio principal. Nuestra sede más grande, repleta, tiene cabida para más de dos mil personas. Es un "problema bueno", pero asegurar nuevas sedes repletas sigue siendo un desafío constante mientras esperamos la terminación de la instalación más grande que estamos construyendo al tiempo que escribo esto.

De modo que el favor inmerecido no significa que no vayas a tener ningún problema en tu vida. Pero recuerda, incluso en medio de ellos, la gracia todopoderosa de Dios es suficiente para ti, y en tu debilidad, ¡Su fuerza se hace perfecta![8]

Ser favorecido no significa que le caerás bien a todos

Disfrutar del favor inmerecido de Dios tampoco significa que les caerás bien a todos los que te conozcan. Creo que serás favorecido con una gran mayoría de personas, pero puede ser que haya un puñado de ellas con las cuales parecerá que no eres favorecido. Echemos una mirada a la vida de Jesús porque el mismo favor que está en su vida está hoy en la tuya.

Cuando Jesús comenzó su ministerio a los treinta años de edad, había multitudes que acudían a Él en cualquier lado que fuera. Por ejemplo, Mateo 4:24 dice que "Su fama se extendió por toda Siria, y le llevaban todos los que padecían de diversas enfermedades, los que sufrían de dolores graves, los endemoniados, los epilépticos y los paralíticos, y él los sanaba".

Jesús era tan favorecido que cuando se paró frente a Poncio Pilato, este buscó varias excusas para liberar a Jesús. De hecho, el Maestro debía mantener su boca cerrada para ser crucificado. Sabía que si abría su boca y hablaba con la sabiduría y el favor de Dios, habría sido liberado.

Escucha, amigo, ¡Jesús no fue asesinado! Dejó su vida a un lado por voluntad propia. Eligió ser llevado como un cordero al matadero. En todo momento tuvo poder para detener a los soldados que lo apresaron. Es más, los hombres que habían ido a arrestarlo en el jardín de Getsemaní cayeron al suelo cuando les dijo: "Yo soy".[9] ¡Jesús tuvo que esperar que se levantaran para que lo arrestaran!

El Señor eligió ser objeto de los golpes, de los abusos y de los azotes. Eligió ser crucificado en la cruz en Calvario. Todo ese tiempo, tú y yo estuvimos en su mente. Soportó cada tortura para limpiar nuestros pecados y reconciliarnos con Dios. ¿Cómo podríamos no amar y adorar a nuestro Salvador, que pagó un precio tan alto por nuestra salvación?

Aunque Jesús tenía favor con bastante gente, había un grupo de personas que con las que no lo tenía: los pretenciosos y egoístas fariseos religiosos. De manera similar, cuando observas la vida de José, notas que tenía tanto favor con su padre Jacob que este le dio un lindo abrigo de lino fino. Pero José no tenía favor con sus hermanos mayores. Ellos estaban llenos de tal envidia y odio por José que lo arrojaron a una fosa y lo vendieron como esclavo.

Por desdicha, los pretenciosos fariseos y los celosos "hermanos mayores" siguen estando a nuestro alrededor. Ellos dependen de sí mismos y obran bajo el sistema del "favor merecido" que se basa en la ley. Por eso es que odian y envidian a las personas que caminan bajo la gracia de Dios, que es el favor que no se obtiene por méritos, logros o merecimiento. De modo que no te sorprendas cuando no tengas favor con personas pretenciosas si estás caminando en el favor de Dios. De hecho, es probable que descubras que al ir creciendo en el favor divino, algunos escribirán cosas terribles acerca de ti, intentarán asesinar tu carácter y arrastrar tu nombre por el lodo.

El favor de Dios es como un escudo que te rodea, protegiéndote de aquellos que vienen contra ti.

De todas formas, no te preocupes por ellos. Rápidamente se convierten en una reducida minoría. Alrededor del mundo hay una revolución del evangelio dado que las personas están redescubriendo el evangelio por el que nuestro Salvador murió para liberarnos. Solo centra tu atención en el favor del Señor contigo y cree lo que dijo: "No prevalecerá ninguna arma que se forje contra ti; toda lengua que te acuse será refutada. Ésta es la herencia de los siervos del Señor...".[10] No tienes que intentar defenderte puesto que la protección de Dios rodea a los rectos. El salmista dice: "Porque tú, Señor, bendices a los justos; cual escudo los rodeas con tu buena voluntad".[11] ¡Qué promesa más hermosa! El favor de Dios es como un escudo que te rodea, protegiéndote de aquellos que vienen en contra de ti. ¡Imagina eso con tu propia vida y experimenta su protección amorosa!

Personaliza el favor de Dios en tu vida

Yo solía pensar que entre los doce discípulos de Jesús, Juan era el favorito y el más cercano a Él, porque la Biblia lo llama "el discípulo a quien Jesús amaba".[12] Tenía la impresión de que Juan contaba con el favor especial de Jesús. Siempre me pregunté qué era lo que lo hacía tan especial como para apartarlo de los otros discípulos. ¿No quieres ser conocido como el discípulo a quien Jesús ama? ¡Yo sí!

Un día, mientras leía la Palabra de Dios, supe el secreto del favor de Juan. El Señor abrió mis ojos y me mostró que en realidad la frase "el discípulo a quien Jesús amaba" ¡solo se encuentra en el *propio* libro de Juan! Corrobóralo tú mismo. No encontrarás que se utilice esta frase en los evangelios de Mateo, Marcos ni Lucas. Solo se encuentra en el Evangelio de Juan. ¡Es una frase que *Juan* utilizó para describirse a sí mismo!

Ahora bien, ¿qué estaba haciendo Juan? Estaba *practicando*

y personalizando el amor que Jesús tenía por él. Todos somos favoritos de Dios, pero Juan sabía el secreto para acceder al favor inmerecido de Jesús. ¡Estás en todo tu derecho de verte como el discípulo a quien Jesús ama, y de llamarte así a ti mismo!

Cuando comencé a enseñar que el secreto del favor de Juan se basa en su personalización del amor de Dios, la gente en mi iglesia literalmente entró en una dimensión nueva experimentando el favor inmerecido de Dios. He visto cómo algunos de ellos realmente tomaron esa revelación y salieron con ella. Algunos personalizaron las pantallas de sus teléfonos celulares para que dijeran: "El discípulo a quien Jesús ama", mientras otros firmaban sus mensajes de texto y sus correos electrónicos con esta frase.

Al seguir recordándose a sí mismos que son el discípulo a quien Cristo ama, comenzaron a aumentar la conciencia del amor que el Señor tiene por ellos. Al mismo tiempo, ¡empezaron a crecer en cuanto a ser conscientes de ese favor! Tengo numerosos reportes acerca de cómo los miembros de nuestra congregación han sido tan bendecidos solo por ser conscientes del favor de Jesús. Algunos han sido ascendidos, otros han recibido aumentos espectaculares en su sueldo y muchos otros han ganado varios premios en funciones de su compañía o en otros concursos, incluyendo vacaciones con todo pagado.

Un hermano de mi iglesia solicitó cierta tarjeta de crédito durante una promoción especial en la que los nuevos usuarios podían ganar diferentes premios. Había alrededor de cientos de miles de personas que participaron de esa promoción, pero este joven creía que *él* estaba altamente favorecido y, por eso, podía ganar el premio mayor.

Para el creyente, no hay tal cosa como la suerte.
¡Solo existe el favor inmerecido de Jesús!

Llegó el día del concurso y la verdad es que, este joven ganó el premio mayor: ¡un impresionante Lamborghini Gallardo negro! Cuando escribió a la iglesia para difundir su testimonio, anexó una fotografía suya con una sonrisa de oreja a oreja, posando con su Lamborghini. Dijo que sabía que había ganado el auto por el favor inmerecido de Dios, y luego de venderlo, trajo el diezmo a la iglesia, dándole toda la gloria y el honor a Cristo. El mundo llama a eso "suerte", pero para el creyente, no existe tal cosa como la suerte. ¡Solo existe el favor inmerecido de Jesús!

Cómo me salvó el favor de Dios

Le doy gracias a Dios por revelarme su favor inmerecido incluso cuando estaba terminando mi adolescencia. Durante mi servicio militar, que en Singapur es obligatorio para todos los ciudadanos varones, me sucedió algo que realmente me estableció en el favor de Dios.

Cuando estaba realizando el entrenamiento en la jungla, me ubicaron bajo el mando de un comandante al que se conocía por su sadismo. Él nos hacía trabajar hasta agotarnos. Todas las noches, mucho después de que el otro pelotón finalizara su entrenamiento, él seguía presionándonos con un ejercicio tras otro. El duro régimen agotaba nuestros cuerpos, el comandante nos insultaba mientras hacíamos los ejercicios, aplastando la poca autoestima que nos quedaba en nuestros cuerpos transpirados y adoloridos.

Una tarde en particular, nos obligó a subir una colina una y otra vez hasta que en verdad sentí que ya no podía soportarlo. Vi a otros pelotones preparándose para ir a dormir mientras nosotros éramos obligados a seguir con el cruel ejercicio. Luego de subir y bajar la colina innumerables veces, a mi rápida mente se le ocurrió acudir a Jesús. Entonces, casi sin aliento, ¡pedí su favor a gritos! Antes de eso, nunca antes había llamado a Dios de esa manera, pero Dios estaba esperando a que abriera mi boca para derramar su favor sobre mí. Esa noche finalmente terminó, pero todavía quedaba algo inesperado para nosotros al otro día.

A la mañana siguiente, el comandante nos reunió. Al sentarnos en el suelo, viéndonos uniformemente exhaustos, nos dijo esto: "Anoche tuve un sueño. Uno de ustedes aparecía en él, y cuando vi su rostro, sentí que algo sucedía en mi corazón… me di cuenta de que los había estado tratando muy mal. ¿Quieren saber a quién vi?".

Apuntó su dedo bronceado justo a mi rostro.

Desde ese momento, el comandante del pelotón pasó al otro extremo. Cuando nuestro pelotón estaba solo con él, siempre nos decía que nos relajáramos y que no nos entrenáramos tan duro. En vez de obligarnos a completar cientos de ejercicios de abdominales, ahora se sentaba con nosotros para contarnos una historia detrás de otra. En realidad no importaban las historias que nos contaba acerca de su padre, de su abuelo y de personas de quién sabe qué cantidad de generaciones pasadas de su familia, pero no teníamos queja alguna. ¡De pronto, la vida militar se convirtió en pan comido!

De todas formas, poco después de ese incidente, fui enviado a otros programas de entrenamiento militar, y no volví a ver a ese comandante por casi un año. Pero el último día de mi servicio militar, nuestros caminos se cruzaron y me llamó desde lejos. Sabiendo que tiene cientos de reclutas por año y que todos se ven igual (todos vestíamos el mismo uniforme y teníamos el mismo corte de pelo al ras), sabía que debía haber sido algún *sueño* que tuvo conmigo. Para ese entonces, ¡yo estaba completamente convencido de que el favor de Dios funciona!

Cuanto más consciente estés de lo preciado que eres para Jesús y de cuán favorecido eres por Él, más crecerás en favor con Dios y con el hombre.

Amados, amadas, oro porque aprendas a personalizar el favor de Dios en tu vida. Cuando te des cuenta de que no eres solo un rostro entre la multitud, sino alguien de quien Dios —el Creador de todo el cielo y la tierra— está apasionadamente enamorado, no podrás más que desear una vida que glorifique a tu Padre. Cuanto más consciente estés de lo preciado que eres para Cristo y de cuán favorecido eres por Él, más crecerás en favor con Dios y con el hombre. Prepárate para ver buen éxito en tu vida al ir volviéndote más y más consciente de Jesús. Y recuerda, ¡eres grandiosamente bendecido, altamente favorecido y profundamente amado!

Capítulo 22

El secreto de los tan amados

migos, hemos llegado al último capítulo de este libro y antes de concluir, quiero asegurarme de que conozcas el secreto del bien amado, que equivale a saber que el Todopoderoso Dios te ama profundamente. Al saber esta verdad, te establecerás en el inmerecido favor de Dios y dondequiera que vayas estarás consciente de ese favor.

Todos los cristianos creen que Dios tal vez tiene poder para bendecir, sanar, proteger, prosperar y hacer que algunos alcancen el éxito. Pero sabemos que no todos creen que Dios quiere hacer eso por ellos. Mateo 8:1-3 registra la historia de un leproso que acudió a Jesús para ser sanado. Él dijo: "Señor, si quieres puedes limpiarme". El leproso no dudó de la capacidad de Cristo para sanarle, pero no estaba seguro de que quisiera hacerlo, ya que los leprosos eran rechazados por todos. Es decir que creía en la omnipotencia de Dios, pero no estaba seguro de que Dios estaba lleno de amor e inmerecido favor por él. Estoy seguro de que conoces creyentes que son así. Tal vez crean en el poder de Dios, pero no saben qué es lo que hay en el corazón de Dios con respecto a ellos. Saben que Él puede, pero no están seguros de que quiera.

Y es esta una de las más grandes tragedias de la iglesia de nuestros días. Pese a que oyen testimonios de otros a los que el Señor sanó, no están seguros de que también quiera sanarles a ellos. Cuando leen informes acerca de la bendición del Señor en las vidas de otros, de las alabanzas por sus ascensos y las bendiciones financieras, se cuestionan en privado si Dios querrá hacer lo mismo por ellos también. Se preguntan qué hicieron esas personas para conseguir tales bendiciones.

Y lo más trágico es que miran sus propias vidas, sus imperfecciones y errores y comienzan a descalificarse a sí mismos, para no recibir las bendiciones de Dios. Piensan: "¿Y por qué querría bendecirme Dios? Mira lo que he hecho. No merezco nada". En lugar de tener fe para creer que Dios les haga avanzar, se sienten demasiado condenados como para creer en la bondad divina o recibir algo bueno de Él.

No seas como ese leproso ¡que no entendía a Jesús! Veamos cómo le respondió el Maestro. Es importante, porque sería lo mismo que te contestaría a ti si acudieras a Él hoy.

"Sí, quiero"

Dice Mateo 8:3 que "Jesús extendió la mano y tocó al hombre. Sí quiero —le dijo—. ¡Queda limpio!". ¿Ves lo personal que es el ministerio de Jesús? No tocó a todas las personas que sanó. A veces, solo con hablar sanaba a la gente. Pero en este caso extendió su mano y con ternura tocó al leproso. Creo que lo hizo para sanarlo no solo de la lepra sino también de las heridas emocionales provocadas por años de rechazo.

La lepra era una enfermedad muy contagiosa y la ley prohibía que los leprosos estuvieran en contacto con otras personas. Eso significa que durante años ese leproso había sufrido el rechazo de todos los que veían que estaba enfermo, incluso de sus familiares. Tal vez oliera a carne podrida, a suciedad; su aspecto tiene que haber sido repulsivo.

> *Sea cual sea ese avance por el que crees*
> *en Jesús, Él te dice: "Sí, quiero".*

Sin dudarlo, el Señor lo tocó. Ese fue el primer contacto humano que tuvo aquel hombre desde que hubiera contraído la enfermedad. La Biblia nos dice que sanó de inmediato.

Jesús es el mismo ayer, hoy y siempre.[1] Y te dice: "Sí, quiero". No dudes que su corazón está lleno de amor por ti; ya no lo dudes más. Deja de ocuparte de tus descalificaciones y déjate absorber por su amor y su gracia (inmerecido favor) contigo.

Acude a Jesús tal como eres

"Pastor Prince, ¿por qué querría bendecirme Dios? Mi vida es un desastre."

Tienes el favor y la aceptación de Dios por su inmerecido favor. Él puede tomar el desastre y convertirlo en algo hermoso. Acude a Él tal como eres.

Hace años, uno de los miembros de mi iglesia dejó de asistir repentinamente. No lo vimos mucho tiempo. Me reuní con él para preguntarle cómo estaba, para ver si todo iba bien. Fue muy sincero y me dijo que estaba pasando por muchos problemas en su matrimonio y que ahora era adicto al alcohol. Luego me dijo: "Deje que arregle mi vida y entonces volveré a la iglesia".

Sonreí y le pregunté: "Antes de bañarte, ¿te limpias?" Me miró, confundido. Y le dije: "Ven al Señor tal como eres, así como estás. Él es el baño que te limpiará. Él arreglará tu vida y hará que cualquier adicción ya no te tenga atrapado. No necesitas tratar de limpiarte por tus propios esfuerzos antes de bañarte".

Me alegra poder decir que este precioso hermano pronto volvió a la iglesia. Y que Jesús dio vuelta a su vida. Hoy está felizmente casado, bendecido con una lindísima familia, y es uno de mis líderes clave, en quien puedo confiar. Eso es lo que hace el Señor cuando acudes a Él tal como eres, y permites que te lleve a la plenitud con su amor. Dios hará que todo en tu vida sea hermoso.

Hay mucha gente que es como este hermano. Quieren arreglar sus vidas antes de acudir a Cristo. Tienen la impresión de que deben santificarse antes de poder entrar en la santa presencia de Dios. Sienten que son hipócritas si no arreglan sus vidas antes de venir a la iglesia.

Nada más lejos de la verdad. Jamás podrás hacerte lo suficientemente santo como para recibir las bendiciones de Dios. Recibes santidad, justicia y limpieza mediante la sangre de Jesucristo y es su justicia la que te califica, nada más ni nada menos. Así que deja de tratar de limpiarte antes de acudir al

Señor. Ven ante Jesús con todos tus líos, todas tus adicciones, todas tus debilidades y todos tus errores. Dios te ama tal como eres. Pero también te ama demasiado como para permitir que sigas como estás. Cuando vienes ante Jesús, Él te lava. ¡Y te deja más blanco que la nieve! ¡Entra a ese baño de un salto, hoy mismo y deja que Jesús te dé perfección, justicia y santidad a los ojos de Dios!

Altamente favorecido en el Amado y agradable a Dios

Efesios 1:6 dice: "Para alabanza de su gloriosa gracia [inmerecido favor], que *nos concedió* en su Amado". No es posible lograr aceptación por nuestros propios medios. Es la gloria del inmerecido favor del Señor lo que hace que seamos aceptados. En el capítulo anterior aprendimos que "aceptado" en Efesios 1:6 es la palabra griega *charitoo*. Ahora bien, la raíz de *charitoo es charis*,[2] que significa "gracia". Por eso, *charitoo* significa "altamente en gracia" o "altamente favorecido". Es decir que ¡en el Amado eres altamente favorecido!

Sabemos que el Amado de Efesios 1:6 se refiere a Jesús. Si sigues leyendo, en el siguiente versículo verás que dice: "En él Jesús, el Amado] tenemos la redención mediante su sangre, el perdón de nuestros pecados, conforme a las riquezas de la gracia [inmerecido favor]". Ahora, ¿por qué no dice la Biblia directamente que somos altamente favorecidos en Jesús o en Cristo? (No hay detalles insignificantes en la Biblia). ¿Por qué eligió específicamente el Espíritu Santo esas palabras "en el Amado"?

"Amado" es un término afectuoso, de intimidad, usado por Dios en el río Jordán para describir a Jesús. La Biblia nos dice que cuando fue bautizado Jesús en el Jordán, tan pronto salió del agua: "Jesús vio que el cielo se abría y que el Espíritu bajaba sobre él como una paloma. También se oyó una voz del cielo que decía: '*Tú eres mi Hijo amado*; estoy muy complacido contigo'".[3] En este pasaje podemos ver el Dios Trino y Uno: Dios Padre, Hijo y Espíritu Santo. Esto nos dice que aquí tenemos algo muy importante por aprender.

Dios Padre habló en público y sus palabras fueron registradas para que supieras que ser "aceptado en el Amado" significa que Dios está muy complacido contigo hoy. Mírate, justo en medio de Jesús, el Amado de Dios. Cuando Dios te mira, no ve en ti defectos o errores. Ve en ti ¡la perfección y el amor de Jesús! Porque estás en Cristo, Dios te dice: "Tú _____ (inserta aquí tu nombre) eres mi amado y estoy muy complacido contigo". Jesús agrada y complace a Dios porque guardó la ley a la perfección. Tú y yo agradamos y complacemos a Dios porque somos aceptados y altamente favorecidos en el Amado ¡que cargó con todos nuestros pecados y cumplió la ley por nosotros!

Recuerda siempre que eres el amado de Dios

Apenas fue bautizado, Jesús fue llevado al desierto donde el diablo lo tentó. El diablo le dijo a Jesús: "Si eres el Hijo de Dios, ordena a estas piedras que se conviertan en pan".[4] Sin embargo, no olvides que Jesús acababa de oír la voz de su Padre que le afirmaba, diciendo: "Tú eres mi Hijo amado". Hace años, estaba estudiando las tentaciones del diablo a Jesús y el Señor me preguntó: "¿Has notado que el diablo omitió una palabra cuando vino a tentar a mi Hijo?"

Para que las tentaciones del diablo funcionen, él no puede recordarte que eres el amado de Dios.

Jamás había oído a nadie predicar esto, ni lo había leído en ningún libro. Pero Dios abrió mis ojos para que viera que el diablo había omitido la palabra "amado". Dios acababa de decirle a Jesús: "Tú eres mi Hijo amado". Pero poco después el diablo fue ante Jesús y le dijo: "Si eres el Hijo de Dios…" ¡Deliberadamente, omitió la palabra "amado"!

El Señor entonces me mostró que para que funcionen las tentaciones del diablo, él no puede recordarte que eres el amado de Dios. Apenas recuerdas tu identidad como amado de Dios en Cristo ¡no logrará su cometido! No nos extrañemos entonces de que el diablo quiera robarles a los creyentes su valor de que son los amados de Dios.

Dios nunca se enoja contigo

En 1 Pedro 5:8 tenemos una advertencia: "Practiquen el dominio propio y manténganse alerta. Su enemigo el diablo ronda *como león rugiente*, buscando a quién devorar". Sé que el león ruge para intimidar, para dar miedo. Pero me preguntaba qué tipo de miedo intenta inspirar el diablo en el creyente. Sin embargo, tenemos que *dejar que la Biblia se interprete a sí misma*. No podemos basar nuestras interpretaciones en nuestra historia denominacional o nuestra experiencia.

Un día estaba leyendo Proverbios 19 cuando llegué al versículo 12: "*Rugido de león* es la ira del rey; su favor es como rocío sobre el pasto". ¿Quién es el rey al que se refiere este versículo? ¡Nuestro Señor Jesús! Así que, cuando el diablo anda por allí como león rugiente, intenta personificar al Rey. Intenta que sientas que Dios está enojado contigo. Cada vez que oyes predicación que te deja con la sensación de que Dios está enojado contigo ¿sabes qué? ¡Acaban de rugirte! Pero hay algo que debes saber, amado, amada: Dios NUNCA MÁS estará enojado contigo. Bastaría con que nos lo diga, pero quiere que estemos tan seguros que hasta lo *juró* en su Palabra: nunca más estará enojado con nosotros. Quiero que leas lo siguiente:

> Para mí es como en los días de Noé, cuando juré que las aguas del diluvio no volverían a cubrir la tierra. Así he jurado no enojarme más contigo, ni volver a reprenderte. Aunque cambien de lugar las montañas y se tambaleen las colinas, no cambiará mi fiel amor por ti ni vacilará mi pacto de paz, dice el Señor, que de ti se compadece.
>
> —ISAÍAS 54:9-10

Este pasaje de Isaías está justo después del famoso capítulo mesiánico de los sufrimientos de Cristo, Isaías 53. Por eso el capítulo 54 nos describe los triunfos y despojos de sus sufrimientos.

¿Sabes por qué Dios nunca más se enojará con nosotros? ¡Por lo que Cristo hizo por nosotros! En la cruz, Dios derramó todo su enojo sobre el cuerpo de su Hijo. Jesús agotó todo el fuego de la ira divina contra todos nuestros pecados y cuando todo el juicio de Dios por nuestros pecados se había agotado, gritó: "Todo se ha cumplido".[5] Y puesto que nuestros pecados ya recibieron castigo, Dios, que es santo y justo, no nos castigará hoy si creemos en lo que hizo Cristo. La santidad de Dios ahora está de tu parte. Su justicia ahora está de tu parte, y no en contra de ti. Eres su amado, ¡en quien Él se complace!

Cuando sabes que eres el amado de Dios, puedes derribar todos los gigantes que se te aparezcan.

¡Qué revelación más potente! Significa que siempre que estés consciente de la revelación de que eres altamente favorecido en el Amado, puedes vencer cualquier tentación que te pongan delante. La próxima vez que el diablo intente robarte la certeza de que eres amado, haciéndote pensar que Dios está enojado contigo, ignóralo. Ignóralo aunque diga: "¿Cómo puedes llamarte cristiano?". ¡Eres el amado de Dios! Y de paso, ¿sabías que el nombre David, en hebreo, significa "amado"? Cuando sabes que eres el amado de Dios ¡puedes derribar todos los gigantes que se te aparezcan!

Cerca de Dios en el Amado

Después que José les revelara a sus hermanos su identidad, les dijo que regresaran a su padre y le dijeran: "Ven a verme. No te demores".

Vivirás en la región de *Gosén, cerca de mí,* con tus hijos y tus nietos, y con tus ovejas, y vacas y todas tus posesiones".[6] El nombre "Gosén" significa "acercarse".[7] Dios quiere que estés en "Gosén", un lugar cercano a Él, y no hay lugar más cerca de Dios que cuando estamos en el Amado. El corazón de Dios, lleno de amor, no se satisface solo con limpiar tus pecados. No. Dios quiere más. Te quiere en su presencia. Te quiere en el lugar donde pueda derramar sobre ti el abundante amor de su corazón.

Cuando te acercas a Jesús, mira qué sucede. José les dice a sus hermanos que además, le digan a su padre: *"Yo les proveeré alimento allí, porque aún quedan cinco años más de hambre"*.[8] Cuando te acercas a tu José celestial, Él te proveerá, a ti y a tus pequeños. En medio de la hambruna financiera del mundo, en medio del aumento de precios de combustibles y alimentos, no te desesperes. Acércate a Jesús porque allí, en el Gosén, en ese lugar tan cercano, Él proveerá para ti y para tu casa. Tu Dios te proveerá TODO lo que necesites según SUS riquezas (no según el saldo de tu cuenta bancaria, ni la situación económica del mundo) en gloria ¡por Cristo Jesús![9]

Hay protección en el Amado

Y quiero decirte que eso no es todo. Otra bendición de la que puedes disfrutar cuando estás en el Amado es la protección divina. En estos últimos años los titulares de los periódicos han anunciado nuevas cepas de virus mortales. Pero no importa de qué virus se trate, sea el de la gripe aviar, el de la gripe porcina o alguna nueva plaga, puedes reclamar con seguridad el Salmo 91. Puedes declarar: "Podrán caer mil a tu izquierda, y diez mil a tu derecha, pero *a ti no te afectará*".[10]

Cuando sobrevinieron plagas y pestilencia en todo Egipto porque el faraón se negaba a liberar al pueblo de Dios, mira qué dijo Dios sobre los hijos de Israel: "Cuando eso suceda, la única región donde no habrá tábanos será la de Gosén, porque allí vive mi pueblo. Así sabrás que yo, el Señor, estoy en este país. Haré distinción entre mi pueblo y tu pueblo. Esta señal milagrosa tendrá lugar mañana".[11] Hay una diferencia entre el amado pueblo de Dios y el pueblo del mundo. Aunque Egipto estaba plagado de enjambres de moscas y otras pestilencias, los hijos de Israel estaban a salvo en la tierra de Gosén, ¡totalmente ajenos a todos esos problemas!

Así que, aunque sucedan cosas feas en el mundo de hoy, recuerda que como amado hijo de Dios, *estás* en el mundo pero *no eres del mundo*.[12] No hay plaga, ni mal, ni peligro que puedan acercarse a ti o a tu casa porque estás a salvo en el secreto lugar del Altísimo. Así como los hijos de Israel estaban a salvo y protegidos en Gosén, tú y yo también lo estaremos ¡porque Dios nos llama sus amados!

Alimento a diario en el conocimiento de que eres el amado de Dios

Ahora, veamos cuál fue la respuesta de Cristo a la tentación del diablo en el desierto. Él dijo: "Escrito está: 'No sólo de pan vive el hombre, sino de toda *palabra* que sale de la boca de Dios'".[13] Hay una potente revelación oculta en esta respuesta. En el texto original en griego, "palabra" es *rhema*, que significa "lo que es o ha sido pronunciado por la voz viva, cosa hablada".[14] Me gusta llamarlo "palabra ya" o "palabra a tiempo". Jesús se refería a una palabra muy específica. ¿Recuerdas cuál? La palabra ya para Jesús era lo que el Padre acababa de decirle en el río Jordán: "Tú eres mi Hijo amado y estoy muy complacido contigo". Cada una de las palabras pronunciadas por el Padre aquí, eran pan para Jesús. También lo son para nosotros, para que vivamos de ellas. Jesús, como estaba consciente de que era el Hijo amado de su Padre, pudo vencer todas las tentaciones que el diablo le presentó.

Vive cada día alimentándote del amor de Dios, de su gracia, su perfecta aceptación y su inmerecido favor contigo.

Jesús dijo: "No sólo de *pan* vive el hombre, sino de toda palabra que sale de la boca de Dios". Aquí "pan" habla de alimento físico. Jesús dijo que no basta con comer comida física. Necesitamos alimentarnos y vivir también de la *rhema*. Necesitamos saber cuál es la palabra ya específica de Dios para nosotros. Así como es importante que obtengamos alimento físico, también lo es alimentarnos espiritualmente de Cristo y de sus palabras.

Amigo, amiga, Dios quiere que vivas cada día sabiendo que eres su hijo o su hija a quien Él ama, en quien se complace. Ese es tu alimento diario de Él: conocer, creer y confesar que eres su amado, su amada, y que le complaces siempre.

Así que, vive cada día alimentándote del amor de Dios, de su gracia, su perfecta aceptación y su inmerecido favor contigo.

Cuando lo hagas, te estarás recordando que no importa qué suceda, Dios te ama. Cuando constantemente te llenes de la conciencia de su favor en tu vida, nada podrá aplastarte. Tendrás tal confianza en la bondad de Dios contigo que incluso cuando el diablo empiece a arrojarte limones ¡sabrás que Dios los convertirá en refrescante limonada! Empiezas a esperar con confianza lo bueno incluso cuando en el plano de lo natural, las cosas no se vean tan bien que digamos. Eso es caminar por fe en la bondad de Jesús, y no caminar por vista. Ya no miras tus desafíos y problemas. Miras el rostro de Jesús que resplandece sobre ti e imparte gracia a tu situación.

Si confías en que Dios te ama, no solo podrás vencer las tentaciones del diablo sino que te atreverás a pedirle a Dios que te bendiga hasta en las cosas más pequeñas. Hace años, Wendy y yo fuimos a cenar a un restaurante. Wendy estaba encinta, de Jessica. Cuando íbamos a pedir la comida un hombre que estaba sentado no muy lejos de nuestra mesa, sacó un atado de cigarrillos y se dispuso a fumar. Yo no quería que Wendy aspirara ese humo de cigarrillo, pero en el restaurante no había ningún sector demarcado para no fumadores. Así que, ¿imaginas qué hice? ¡Oré! En voz baja le dije al Señor: "Señor, sé que soy tu amado. Por favor, que ese hombre no fume en el restaurante". Fue todo lo que dije, una oración corta y simple.

¿Sabes qué pasó? El hombre intentó encender su cigarrillo ¡pero su encendedor no funcionaba! Por mucho que insistió, no funcionó. Después de un rato, guardó los cigarrillos en el bolsillo de su camisa, frustrado. ¡Alabado sea Jesús! Hasta en las cosas más pequeñas, Dios oye y responde las oraciones de sus amados. No hay nada demasiado grande ni demasiado pequeño para tu Papá Dios. Si te importa a ti, a Dios también. Cuando sabes que eres su amado ¡puedes andar, constantemente esperando su inmerecido favor en toda situación!

Porque tanto nos amó Dios

Hace unos años, me disponía a tomar un taxi en Nueva York y aproveché la oportunidad para hablarle al conductor del amor de Jesús. Era una mujer, y su respuesta fue bastante típica. Dijo casi a la ligera: "¡Dios ama a todo el mundo, señor!"

Sí, así es. Dios los ama a todos, es verdad. Pero para vivir su amor, de primera mano en tu vida, tienes que personalizar su amor por ti. Jesús murió por ti y ¿sabes que aunque fueras la única persona sobre la tierra Dios habría enviado a su Hijo a morir en la cruz por ti? Eso te muestra lo precioso que eres a sus ojos.

Necesitas identificarte con Juan 3:16, declarando: "Porque tanto amó Dios a _____ (inserta tu nombre) que dio a su Hijo unigénito para que muriera por _____ (inserta tu nombre)". Sé como Juan, que personalizó el amor del Señor por él llamándose "el discípulo al que Jesús amaba".

El sol brilla sobre cada brizna de hierba en los campos. Pero si pones una lupa sobre una brizna en particular, enfocará el calor del sol y la brizna de césped se quemará.

Es lo que he estado tratando de hacer con este libro. He puesto la lupa del amor de Jesús y su inmerecido favor con tu vida. Quiero que estés tan consciente del inmerecido favor de Jesús, al punto de que tu corazón arda con su incondicional amor por ti.

Dios, que te ama profundamente, está de tu parte y por eso ¡puedes tener buen éxito en todo lo que hagas!

Jesús dijo en Mateo 8:20: "Las zorras tienen madrigueras y las aves tienen nidos —le respondió Jesús—, pero el Hijo del hombre no tiene dónde *recostar* la cabeza". En griego, aquí "recostar" es *klino*.[15] Es la misma palabra que se usa en Juan

19:30: "Al probar Jesús el vinagre, dijo: Todo se ha cumplido. Luego *inclinó* la cabeza y entregó el espíritu". También aquí, el texto griego dice *klino*. Es decir que después de exclamar "Todo se ha cumplido", Jesús inclinó su cabeza para descansar. Finalmente, encontró su descanso en SU AMOR POR TI.

Al concluir este libro, oro porque ardas con la revelación de que Dios, que te ama tan profundamente, está DE TU PARTE. Y por eso ¡puedes disfrutar del buen éxito en todo lo que hagas!

Palabras finales

lo largo de este libro he intentado mostrarte que Dios se deleita en bendecirte con buen éxito en todas las áreas de tu vida por medio de su inmerecido favor. El éxito del mundo proviene del propio esfuerzo, de la fuerza de voluntad, del trabajo propio. El camino de Dios al éxito sobrenatural, que alcanzas sin esfuerzo, consiste en que dependas totalmente de su inmerecido favor. Este favor que no mereces y que no puedes ganar, hará perfecta toda imperfección en tu vida, y transformará toda área de debilidad y problemas por las que estés pasando ahora, convirtiéndolas en testimonios de su gracia y su poder.

Muchos creyentes viven derrotados porque dependen de su obediencia a la ley para ser bendecidos. No saben que el inmerecido favor de Jesús ES el nuevo pacto que podemos disfrutar hoy, y que fue posible solo por la cruz y la obediencia de Jesucristo. Eso significa que podemos pasar de la mera experiencia de un poco de su inmerecido favor aquí o allá, a ver que inunda todos los aspectos de nuestras vidas.

Creo de todo corazón que al haber hecho este viaje conmigo

hacia el corazón de nuestro Padre celestial para bendecirte por medio de la obra cumplida de Jesús, Dios ha echado un fuerte cimiento, que te servirá para edificar todo éxito en tu vida. Verás más y más del favor inmerecido de Jesús, manifiesto en tu vida familiar, en tu trabajo y en tus relaciones, y cada vez te conformarás menos con lo que no sea lo mejor que Dios tiene para ti.

Deseo de todo corazón ver la gracia y la paz de Dios multiplicadas en todos los aspectos de tu vida. Una vez más quiero que centres tu atención en 2 Pedro 1:2, que dice: "Que abunden en ustedes la gracia [favor inmerecido] y la paz por medio del conocimiento que tienen de Dios y de Jesús nuestro Señor". Cuanto más conoces y ves a Jesús, tanto más se multiplicarán en tu vida el inmerecido favor y la paz de Dios. Por eso, capítulo tras capítulo, he intentado develar la persona de Jesús y la perfección de su obra cumplida. Cuanto más le veas, más pasarás de ocuparte de ti mismo y sufrir estrés, frustración y derrota, a ocuparte de Cristo, que te dará paz, gozo, sabiduría divina y capacidad sobrenatural para enfrentar cada uno de los desafíos que surjan en tu vida.

Quiero que tu vida sea bendecida, drásticamente, y eso solo puede suceder si se te predica drásticamente el favor inmerecido de Dios. Oro por haber hecho eso en este libro. Lo que el Señor me dijo en 1997 mientras estaba de vacaciones con mi esposa en los bellísimos Alpes suizos, sigue siendo para mí tan vívido como en ese momento: "Si no predicas drásticamente la gracia [inmerecido favor] las vidas de las personas no podrán ser bendecidas drásticamente, ni transformadas drásticamente".

Amigo, amiga, espero que hayas disfrutado la lectura de este libro tanto como yo disfruté escribirlo. Si te han bendecido las muchas verdades que aquí te conté, y sientes hambre de más, podrán encontrar más poderosas verdades fundamentales y revelaciones de la gracia de Dios, en mi libro *Destined to Reign* [Destinados a reinar]. Allí explico en mayor detalle cómo dividir correctamente la Palabra de Dios, cómo nuestro nuevo pacto de gracia da vida en abundancia y cómo podemos reinar en vida simplemente al recibir la abundancia de la gracia de Dios y su don de justicia. Y al igual que muchos de los que han sido maravillosamente bendecidos y transformados al leer *Destined to Reign*, oro porque también seas ricamente bendecido por las verdades fundamentales y transformadoras que encontrarás en esa obra.

Como dije en *Destined to Reign*, todo lo que he dicho obra con mayor potencia y efectividad dentro del entorno de la iglesia local. Estas verdades son para el bien mayor del Cuerpo de Cristo y no debieran jamás acabar siendo leyes para tu vida. Amado, amada, quiero que disfrutes de la seguridad que brinda la iglesia local, donde hay sumisión y rendición de cuentas. Allí, nuestras bendiciones se multiplican enormemente.

¡Ha sido una gran jornada! He disfrutado de tu compañía, de veras. Oro porque con este libro haya depositado en tu corazón un fuerte sentido de lo mucho que eres bendecido, de lo mucho que eres favorecido y de lo profundamente que te ama el Señor. Recuerda que está contigo, así como estuvo con José, el de la Biblia. Y si está contigo, hará que todo lo que toquen tus manos prospere. Así como hizo con José, hará que veas buen éxito en cada una de las áreas de tu vida, para la gloria de Dios. Espero saber de ti en cuanto a cómo te han bendecido las palabras de este libro, y del buen éxito que hayas conseguido en la vida.

Hasta que volvamos a vernos,

Joseph Prince

Oración de salvación

Si te gustaría recibir todo lo que Jesús ha hecho por ti, y hacer de Él tu Señor y Salvador, repite esta oración:

Señor Jesús, gracias porque me amas y moriste por mí en la cruz. Tu preciosa sangre lava todos mis pecados. Tú eres mi Señor y mi Salvador, ahora y siempre. Creo que resucitaste de entre los muertos y que vives hoy. Gracias a tu obra cumplida, hoy soy un amado hijo o amada hija de Dios y el cielo es mi hogar. Gracias por darme la vida eterna y por llenar mi corazón con tu paz y tu gozo. Amén.

Nos gustaría saber de ti

Si has hecho la oración de salvación o si tienes un testimonio que contarnos después de haber leído este libro, por favor, envíanos un mensaje de correo electrónico a: info@ destined2reign.com.

Notas

Introducción
1. Lucas 12:32; Salmos 35:27
2. Juan 8:7
3. Juan 8:10-11
4. Marcos 4:37-39
5. Hebreos 9:13-14
6. Hebreos 8:7
7. 1 Corintios 15:10

Capítulo 1
Definición de éxito
1. Mateo 1:19, BL95
2. Mateo 1:20-21
3. Mateo 1:22-23
4. Josué 6:20
5. Hebreos 13:5

Capítulo 2
Todo lo que toques es bendecido
1. Filipenses 4:6-7
2. *Jamieson, Fausset, and Brown Commentary*, Electronic Database. Copyright © 1997, 2003, 2005, 2006 by Biblesoft, Inc. Todos los derechos reservados.
3. Génesis 37:8
4. Génesis 37:19-20
5. Salmos 127:1
6. Gálatas 5:4
7. Hebreos 13:5

Capítulo 3
Cómo estar a salvo para triunfar
1. 1 Timoteo 6:10
2. Génesis 12:2
3. Gálatas 3:29
4. Isaías 53:5
5. 2 Corintios 8:9
6. 2 Corintios 3:18
7. Lucas 5:6-7
8. Juan 6:13
9. Mateo 6:33
10. Mateo 6:25-32
11. Génesis 39:4-5
12. Génesis 39:10
13. Génesis 39:9
14. Éxodo 20:14
15. Hebreos 8:10

Capítulo 4
Éxito más allá de tus circunstancias
1. Marcos 2:1-12
2. Isaías 54:17
3. Proverbios 3:5-6
4. Hebreos 13:5
5. Salmos 37:23-24
6. Proverbios 18:24
7. Mateo 27:46, DHH
8. Hebreos 13:5-6
9. NT:3364, Biblesoft's New Exhaustive Strong's Numbers

and Concordance with Expanded Greek-Hebrew Dictionary. Copyright © 1994, 2003, 2006 Biblesoft, Inc. and International Bible Translators, Inc.

10. Génesis 41:39-41

Capítulo 5
Vive la presencia de Cristo

1. Salmos 97:5
2. Salmos 3:3
3. 1 Pedro 5:7
4. Lucas 12:7
5. Juan 10:3, 14
6. Éxodo 15:25
7. 1 Samuel 16:18
8. Proverbios 22:1
9. Santiago 1:17
10. Salmos 34:3
11. Salmos 68:1

Capítulo 6
Tu derecho al inmerecido favor de Dios

1. 1 Juan 4:17
2. Gálatas 2:21
3. Isaías 53:5
4. Filipenses 3:8-9

Capítulo 7
La paz de Dios para tu éxito

1. Salmos 91:1,4
2. Isaías 54:17
3. Juan 6:35
4. Proverbios 4:20-22
5. Juan 14:27
6. OT:7965, The Online Bible Thayer's Greek Lexicon and Brown Driver & Briggs Hebrew Lexicon, Copyright © 1993, Woodside Bible Fellowship, Ontario, Canada. Con licencia del Institute for Creation Research.
7. 1 Juan 4:18
8. Isaías 54:9-10
9. Filipenses 4:7

Capítulo 8
Pacto para el éxito en la vida

1. Hebreos 8:7-8, TLB
2. Samuel 13:14; Hechos 13:22
3. Salmos 103:1-5
4. 2 Timoteo 2:15
5. Hebreos 10:12-14
6. Mateo 8:16-17
7. Romanos 8:3
8. Gálatas 3:24-25
9. Hebreos 13:5
10. Hebreos 8:6
11. Marcos 2:22
12. Coverdale's Dedication and Preface [Dedicatoria y prefacio], Coverdale's Bible. Accesado 23 abril 2009, www.bible-researcher.com/coverdale1.html.

Capítulo 9
El pacto de Dios con nosotros nos otorga favor inmerecido

1. Éxodo 14:11
2. Éxodo 15:23-25
3. Éxodo 16:3
4. Romanos 4:2-3
5. Éxodo 19:4-6
6. Éxodo 19:8
7. Éxodo 19:9-13
8. Éxodo 20:3
9. 1 Corintios 15:56
10. Números 21:6
11. Deuteronomio 28:13-14
12. Hebreos 10:1
13. Colosenses 2:17
14. Éxodo 20:25
15. Éxodo 20:26
16. Juan 19:30
17. Proverbios 25:2
18. Romanos 6:23

Capítulo 10
Perfeccionados por el favor inmerecido

1. Éxodo 29:38-39
2. Marcos 15:25; Lucas 23:44-46

3. Santiago 2:10
4. Mateo 5:22
5. Mateo 5:28
6. Mateo 5:29-30
7. Romanos 7:7-8
8. Romanos 7:24
9. Romanos 7:25
10. Romanos 8:1
11. Romanos 4:6
12. Juan 8:10-11

Capítulo 11
Transformemos a la próxima generación
1. Mateo 22:37-40; Marcos 12:29-30
2. Juan 3:16
3. Romanos 5:7-9
4. 1 Juan 4:10
5. Romanos 13:10
6. Génesis 39:9
7. 2 Timoteo 2:22
8. Gálatas 1:6-7
9. Gálatas 3:2-3
10. Carl Stuart Hamblen, "Is He Satisfied With Me?" *I Believe*, Hamblen Music Company, 1952.
11. Juan 19:30
12. Hebreos 8:7-9
13. Hebreos 8:13
14. Karen Lim, "I'm Held By Your Love," *You Gave*, CD album by New Creation Church, Singapore, 2005.
15. Hebreos 13:5

Capítulo 12
Nuestra parte en el nuevo pacto
1. Hebreos 8:11
2. Filipenses 2:13
3. Éxodo 20:5
4. Oseas 8:7
5. Lucas 8:11
6. Hebreos 7:27

Capítulo 13
De cómo se desvaloriza el favor inmerecido
1. Romanos 14:23
2. Santiago 2:10
3. Santiago 2:13
4. 1 Corintios 6:19
5. Efesios 1:1
6. 1 Corintios 1:2
7. 2 Juan 1:1-3
8. 3 Juan 1:1-2
9. Romanos 3:23
10. 1 Juan 1:3
11. 1 Juan 2:1-2
12. Hebreos 10:2
13. Mateo 22:36–38

Capítulo 14
El secreto del buen éxito
1. Deuteronomio 6:10-11
2. Hebreos 3:11
3. Éxodo 18:21
4. Mateo 4:10
5. Números 14:7-9
6. Números 13:31-33
7. Números 14:24
8. Josué 1: 6-7, 9, 18
9. Romanos 6:14
10. Josué 1:8
11. OT:1897, The Online Bible Thayer's Greek Lexicon and Brown Driver & Briggs Hebrew Lexicon, Copyright © 1993, Woodside Bible Fellowship, Ontario, Canada.
12. Salmos 39:3
13. Romanos 10:17
14. NT:5547, Biblesoft's New Exhaustive Strong's Números and Concordance with Expanded Greek-Hebrew Dictionary. Copyright © 1994, 2003, 2006 Biblesoft, Inc. and International Bible Translators, Inc.

Capítulo 15
El hombre bendecido y el hombre maldecido

1. Hebreos 5:13
2. Proverbios 10:22
3. NT:1680, Thayer's Greek Lexicon, Electronic Database. Copyright © 2000, 2003, 2006 by Biblesoft, Inc. Todos los derechos reservados.
4. NT:266, Thayer's Greek Lexicon, PC Study Bible formatted Electronic Database. Copyright © 2006 by Biblesoft, Inc. Todos los derechos reservados.

Capítulo 16
Cómo caminar en la bendición de Abraham

1. *Theological Wordbook of the Old Testament* [Manual teológico del Antiguo Testamento], The Moody Bible Institute of Chicago, 1980. Todos los derechos reservados. Utilizado con permiso.
2. Romanos 1:16-17
3. NT:4991, Thayer's Greek Lexicon, Electronic Database. Copyright © 2000, 2003, 2006 by Biblesoft, Inc. Todos los derechos reservados. NT:4991, Biblesoft's New Exhaustive Strong's Numbers and Concordance with Expanded Greek-Hebrew Dictionary. Copyright © 1994, 2003, 2006 Biblesoft, Inc. and International Bible Translators, Inc.
4. Gálatas 3:13-15
5. Gálatas 3:29
6. NT:2889, Thayer's Greek Lexicon, Electronic Database. Copyright © 2000, 2003, 2006 by Biblesoft, Inc. Todos los derechos reservados.
7. Génesis 12:2
8. Santiago 1:17
9. 1 Timoteo 6:10
10. Mateo 6:33
11. 1 Pedro 3:6 .

12. Mateo 14:20
13. Jewish Virtual Library, A Division Of The American-Israeli Cooperative Enterprise. (n.d.). *Jewish Nobel Prize Winners.* Accesado 22 mayo 2009, www .jewishvirtuallibrary.org/jsource/ Judaism/nobels.html.

Capítulo 17
Heredero del mundo

1. Romanos 5:17
2. 2 Pedro 1:5-7
3. Mateo 6:33
4. 2 Corintios 11:14-15
5. Romanos 10:5-6
6. 2 Corintios 4:13
7. NT:2842, Biblesoft's New Exhaustive Strong's Numbers and Concordance with Expanded Greek-Hebrew Dictionary. Copyright © 1994, 2003, 2006 Biblesoft, Inc. and International Bible Translators, Inc.
8. Daniel 9:24
9. Isaías 54:17
10. Apocalipsis 12:10
11. Romanos 4:14
12. Mateo 6:33

Capítulo 18
Ocúpate de ti mismo o de Cristo

1. 1 Juan 4:17, Biblia de Jerusalén
2. Romanos 7:24
3. 2 Corintios 3:18
4. Mateo 6:25
5. Mateo 6:32
6. Mateo 6:33
7. Apocalipsis 19:16
8. Éxodo 16:5
9. Éxodo 16:20
10. Juan 6:35
11. Colosenses 1:29
12. Lucas 10:40
13. Lucas 10:41-42
14. Juan 12:3-8

Capítulo 19
*La oración del sirviente
sin nombre*
1. 1 Corintios 1:29
2. 1 Corintios 1:30-31
3. Hechos 7:22
4. Éxodo 4:10
5. Éxodo 3:10
6. Éxodo 2:11-15
7. Éxodo 14:26-28
8. 1 Pedro 5:5
9. 1 Samuel 17:43
10. 1 Samuel 17:17-20
11. Zacarías 4:10
12. 1 Samuel 17:45-46
13. 1 Samuel 17:47
14. OT:7136, The Online Bible
    Thayer's Greek Lexicon and
    Brown Driver & Briggs Hebrew
    Lexicon, Copyright © 1993,
    Woodside Bible Fellowship,
    Ontario, Canada. Con licencia del
    Institute for Creation Research.
15. Hebreos 8:10
16. El sirviente sin nombre
    probablemente sea Eliezer de
    Damasco, el jefe de los sirvientes
    de Abraham.
17. Génesis 24:12
18. Rut 2:2
19. Rut 2:3
20. OT:4745, Biblesoft's New
    Exhaustive Strong's Numbers
    Expanded Greek-Hebrew
    Dictionary. Copyright © 1994,
    2003, 2006 Biblesoft, Inc. and
    International Bible Translators, Inc.

Capítulo 20
Sabiduría divina para el éxito
1. Colosenses 2:2-3
2. Juan 8:4-5
3. Juan 8:7
4. 1 Corintios 1:30
5. Juan 8:10-11
6. Juan 3:17
7. 2 Corintios 5:17

8. Efesios 1:3
9. Salmos 91:1
10. Deuteronomio 28:13
11. 1 Corintios 1:30
12. 1 Juan 4:17
13. Santiago 5:16
14. Santiago 4:2
15. Proverbios 28:1
16. Hebreos 4:16
17. 1 Corintios 8:1
18. Proverbios 4:7-9
19. 2 Crónicas 1:7
20. 2 Crónicas 1:10
21. 1 Reyes 3:10
22. 2 Crónicas 1:11-12
23. 1 Reyes 3:9
24. OT:8085, Biblesoft's New
    Exhaustive Strong's Numbers
    and Concordance with Expanded
    Greek-Hebrew Dictionary.
    Copyright © 1994, 2003, 2006
    Biblesoft, Inc. and International
    Bible Translators, Inc.
25. Juan 16:13
26. 1 Reyes 3:15
27. Isaías 55:12; Marcos 8:24
28. Isaías 2:20; Cantares 5:11, 14-15
29. Prince, Joseph. (2007). *Destined
    To Reign* [Destinados a reinar],
    22 Media Pte Ltd., Singapore, pp.
    208-209.
30. Proverbios 3:13-16
31. 1 Reyes 3:14
32. Génesis 41:38-41
33. Génesis 41:15-16
34. Santiago 1:5

Capítulo 21
*Grandiosamente bendecido,
altamente favorecido,
profundamente amado*
1. Mateo 27:51
2. Lucas 2:52
3. Nt: 5487, Biblesoft's New
    Exhaustive Strong's Numbers
    Expanded Greek-Hebrew
    Dictionary. Copyright © 1994,

2003, 2006 Biblesoft, Inc. and
International Bible Translators, Inc.
4. Mateo 10:30
5. Ester 2:15
6. Ester 2:17
7. 1 Pedro 5:5
8. 2 Corintios 12:9
9. Juan 18:6
10. Isaías 54:17
11. Salmos 5:12
12. Juan 21:20

Capítulo 22
El secreto de los tan amados
1. Hebreos 13:8
2. NT:5485, Biblesoft's New
   Exhaustive Strong's Numbers
   and Concordance with Expanded
   Greek-Hebrew Dictionary.
   Copyright © 1994, 2003, 2006
   Biblesoft, Inc. and International
   Bible Translators, Inc.
3. Marcos 1:10-11
4. Mateo 4:3
5. Juan 19:30
6. Génesis 45:9-10
7. Hitchcock's Bible Names
   Dictionary, PC Study Bible
   formatted electronic database
   Copyright © 2003, 2006 Biblesoft,
   Inc. Todos los derechos reservados.
8. Génesis 45:11
9. Filipenses 4:19
10. Salmos 91:7
11. Éxodo 8:22-23
12. Juan 17:11, 16
13. Mateo 4:4
14. NT:4487, Thayer's Greek Lexicon,
    PC Study Bible formatted
    Electronic Database. Copyright ©
    2006 by Biblesoft, Inc.
15. NT:2827, Biblesoft's New
    Exhaustive Strong's Numbers
    and Concordance with Expanded
    Greek-Hebrew Dictionary.
    Copyright © 1994, 2003, 2006
    Biblesoft, Inc. and International
    Bible Translators, Inc.